U0524811

本书系国家社科基金西部项目"清代苗疆乡村社会与中央王朝关系研究"(批准号:11XZS009)结项成果

清代清水江流域乡村社会与中央王朝关系研究

张中奎 ◎ 著

中国社会科学出版社

图书在版编目（CIP）数据

清代清水江流域乡村社会与中央王朝关系研究／张中奎著．—北京：中国社会科学出版社，2023.12

ISBN 978-7-5227-3391-3

Ⅰ.①清⋯　Ⅱ.①张⋯　Ⅲ.①乡村—社会关系—研究—贵州—清代　Ⅳ.①C912.82

中国国家版本馆 CIP 数据核字（2024）第 066817 号

出 版 人	赵剑英
责任编辑	张　林
特约编辑	宋英杰
责任校对	冯英爽
责任印制	戴　宽

出　　版	中国社会科学出版社
社　　址	北京鼓楼西大街甲 158 号
邮　　编	100720
网　　址	http://www.csspw.cn
发 行 部	010-84083685
门 市 部	010-84029450
经　　销	新华书店及其他书店
印　　刷	北京明恒达印务有限公司
装　　订	廊坊市广阳区广增装订厂
版　　次	2023 年 12 月第 1 版
印　　次	2023 年 12 月第 1 次印刷

开　　本	710×1000　1/16
印　　张	15.75
插　　页	2
字　　数	249 千字
定　　价	89.00 元

凡购买中国社会科学出版社图书，如有质量问题请与本社营销中心联系调换
电话：010-84083683
版权所有　侵权必究

目　　录

序 ··· 杨正文（1）

绪　论 ··· （1）
   第一节　研究对象 ··· （1）
   第二节　研究问题 ··· （2）
   第三节　研究综述 ··· （4）
   第四节　理论基础及研究方法 ······························· （9）
   第五节　研究意义 ··· （15）

第一章　中国历代王朝治理苗疆方略的历史演进 ··············· （17）
   第一节　开辟前的治理方略 ································· （18）
   第二节　开辟后的治理方略 ································· （24）
   本章小结 ··· （37）

第二章　爱新觉罗氏的民族观及其苗疆实践 ···················· （39）
   第一节　传统中国："一点四方"与"夷夏之辨" ··········· （39）
   第二节　康雍乾主张的"天下共主"与"帝王赤子"
          民族观 ··· （42）
   第三节　国家认同内篇："苗疆再造"与"帝王赤子"
          内涵拓展 ·· （47）
   第四节　国家认同外篇："天下共主"乾隆与"外夷"
          马戛尔尼 ·· （49）

本章小结 …………………………………………………………（51）

第三章　清水江流域乡村社会的内部管理制度 ………………（53）
　　第一节　清水江流域乡村社会的"四大支柱" ………………（54）
　　第二节　自然权威与传统权威共治：村寨内部的自我治理 ……（55）
　　第三节　乡村社会村际关系与首寨制度的运作 ………………（58）
　　第四节　清代清水江流域乡村社会的乡里制度 ………………（65）
　　本章小结 …………………………………………………………（70）

第四章　流官治理与"苗疆缺"官制的设置 …………………（72）
　　第一节　设置"苗疆缺"的动因 ………………………………（72）
　　第二节　"苗疆缺"的官阶、范围 ………………………………（74）
　　第三节　"苗疆缺"的嬗变 ………………………………………（77）
　　本章小结 …………………………………………………………（81）

第五章　清王朝清水江流域乡村社会法制秩序的重建 ………（82）
　　第一节　"苗例治苗"的形成与嬗变 ……………………………（82）
　　第二节　苗疆则例的陆续出台 …………………………………（88）
　　第三节　禁止滥派夫役钱粮 ……………………………………（92）
　　本章小结 …………………………………………………………（99）

第六章　清代国家政权对清水江流域乡村社会的经济管控 …（100）
　　第一节　清水江流域交通网络体系的建立与完善 ……………（100）
　　第二节　屯田实边与开发清水江流域 …………………………（105）
　　第三节　汉苗经济的互动与清水江流域农业林业开发 ………（112）
　　第四节　汉苗经济的互动与民族交往交流交融 ………………（118）
　　本章小结 …………………………………………………………（124）

第七章　清代苗疆土地政策的嬗变与王权的下移 ……………（125）
　　第一节　贯穿清廷始终的屯田政策 ……………………………（126）
　　第二节　乾咸时期：和平年代"抑客护苗"的政策 …………（129）

第三节　咸同"苗乱"善后土地政策 …………………………（137）
　　本章小结 …………………………………………………………（139）

第八章　"大治化苗"：苗疆学校教育与科考之路 ……………（141）
　　第一节　苗疆义学教育发展的坎坷之路 …………………………（142）
　　第二节　苗疆书院艰难的办学历程 ………………………………（149）
　　第三节　苗民跻身"主流"社会的曲折科考之路 …………………（157）
　　本章小结 …………………………………………………………（160）

第九章　清王朝大一统的教化冲动与汉苗文化互动 ……………（161）
　　第一节　流官的民族同化政策与苗民对汉文化符号的挪借 ……（161）
　　第二节　汉苗风俗习惯的文化互动 ………………………………（171）
　　本章小结 …………………………………………………………（176）

第十章　清代的苗民国家认同塑造与效度 ………………………（178）
　　第一节　王权表达与苗民国家认同的塑造 ………………………（178）
　　第二节　区别良莠与慕义向化：党堆寨与柳利寨 …………………（182）
　　第三节　苗民对清王朝科层式权威的认同 ………………………（184）
　　第四节　苗民国家认同的效度 ……………………………………（187）
　　本章小结 …………………………………………………………（189）

结论与讨论 …………………………………………………………（191）
　　第一节　博弈："苗"⟷"民" ………………………………………（191）
　　第二节　博弈中的平衡："赤子"与"帝王" ………………………（194）
　　第三节　清水江流域乡村社会与清中央王朝关系讨论 …………（195）

附　录 ………………………………………………………………（198）
　　附录一　清水江流域厅州县主要地名对照表 ……………………（198）
　　附录二　仰望"抗贡"碑 …………………………………………（199）
　　附录三　仰望地界碑 ……………………………………………（199）
　　附录四　烂土司信照条约碑 ……………………………………（200）

附录五　凤觉婚碑 …………………………………………（202）

附录六　清江府示碑 ………………………………………（203）

附录七　敬宗奉示碑 ………………………………………（203）

附录八　老场奉示碑 ………………………………………（204）

附录九　永定风规碑 ………………………………………（205）

附录十　镇压苗民碑 ………………………………………（206）

附录十一　排调严禁滥派夫役碑 …………………………（207）

附录十二　免夫碑 …………………………………………（208）

附录十三　万古流名碑 ……………………………………（209）

附录十四　例定千秋碑 ……………………………………（210）

附录十五　捐银买书立案碑 ………………………………（212）

附录十六　禁革驿站积弊碑 ………………………………（213）

附录十七　光绪二十六年闰八月十五日杨照珠父子
　　　　　卖地土字 ……………………………………（213）

附录十八　光绪二年三月陈万祖田土执照红契 …………（214）

参考文献 ……………………………………………………（215）

后　记 ………………………………………………………（228）

表 目 录

表4-1 清代贵州"苗疆缺"官制设置 …………………………（76）
表6-1 清水江流域府厅州县驿道干线 …………………………（102）
表6-2 乾隆初年贵州"新疆"屯制 ………………………………（110）
表8-1 清代黎平府、都匀府、镇远府书院建置 …………………（152）
表9-1 贵州"新疆六厅"学宫、会馆、庙宇、牌坊、
　　　祠堂统计 ………………………………………………（168）

序

杨正文*

翻开谭其骧先生主编的《中国历史地图集》，能清晰地看到中国疆域在几千年的朝代继替中呈现出来的伸缩性。这种伸缩性既是王朝时期经略边疆国家力量强弱的体现，也是全球范围内现代民族国家体系形成前国家疆域的共同特征。作为中国最后一个封建王朝——清朝的开疆拓土基本上奠定了现代中国疆域的基础。在清朝260余年间，经略西北、收复台湾和开辟苗疆等被时人认为是惊动朝野的边疆治理重大事件①。其中，雍正年间在西南地区大规模"改土归流"背景下对贵州黔东南"不隶版图"之"化外生苗"区域的开辟，先后设置了八寨厅、丹江厅、清江厅、古州厅、台拱厅、都江厅等，此后官方文献常以"新辟苗疆""新疆六厅"②等指称。开辟苗疆，以及开辟之后"新疆六厅"区域内发生的历史事件、地方人群社会生活变迁等，自20世纪下半叶以来逐渐成为历史学、民族学研究的热点。特别是近年来年轻学者的不断进取，成果丰硕，中奎君已经出版的《改土归流与苗疆再造：清代"新疆六厅"的王化进程及其社会文化变迁》以及即将付梓的《清代清水江流域乡村社会与中央王朝关系研究》即为代表。

---

* 杨正文，贵州省雷山县人，西南民族大学教授、博士生导师。
① 参见（清）方苞《方望溪先生全集》第八册《集外文》卷六《叙交》，咸丰年间刻本。
② 在张广泗等参与开辟苗疆的官员给皇帝的奏折及私人著述等各类文献中，"新疆""新辟苗疆"等词汇为常见，故序言里在不同处沿用"苗疆""新疆六厅""新辟苗疆"等表述。另，"新疆六厅"指雍正朝开辟苗疆过程中陆续设置的八寨厅、丹江厅、清江厅、古州厅、台拱厅、都江厅。

一　地方自在社会体系形塑的国家与地方关系结构

在中国，自国家对地方进行开辟建置始，地方即被纳入"王化"的轨道，也就意味原属"化外"、依赖地方自在体系的自主社会管理的终结，代之而起是新生成的国家与地方关系。王朝时期，中国边疆开拓经略的历史显示，与权力均衡落地到边疆基层社会每一个角落的现代国家不同。王朝时期，中央对地方开拓建置的力度是不均衡、不对称的，并非取决于"五服"所表征的圈层空间距离由近及远次第推进，而是取决于地方所拥有的资源对王朝政治经济的重要程度。区域在不同历史阶段对国家的意义是不同的[①]，一些蕴藏有丰富的盐、银、铜、铅等关系到国家财税收入、国家安全或军机大计的地方，哪怕地处僻远、道路崎岖，也早早被中央王朝开辟纳入版籍，编户齐民、完粮纳税，乃至委派皇亲国戚、亲信重臣前往驻牧。相反，那些对国家财税或国家安全影响较小的区域，则多采取较为松散的统治方式乃至放任其自理，从而造成若干内地"边疆"或"化外之地"的存在。雍正朝开辟之前的苗疆为何始终作为内地"边疆"，长期处于"化外之地"，值得进一步探讨。

同时，检视王朝时期对西南地区边疆经略大致显现为两种路径或两段过程。如温春来注意到早在《史记·西南夷列传》中所记载的"有君长""有某种政权形式"与"无君长，不相统属""缺乏制度化、阶层化的权力架构"两种社会类型。并将之视为形成两个并行且延续到近现代的秩序传统——西南国家传统和无君长传统。[②] 换言之，西南地区边疆少数民族社会，存在着"等级"与"平权"两种自在社会体系，这两种社会体系既影响了中央王朝的开辟经营策略，也形塑着开辟后不同的国家与地方关系结构。一般而言，作为等级社会的地方，权力来源大致两种，一种是内生的以"神授"（巫术性）为表征而逐渐形成的"大人物"或"强势氏族"，他们通过对地方的扩张、征战等登上区域（或族群界域）内权力的顶端；一种是在地方各种强势家族竞争、征战中，为了强化自

[①] 参见施坚雅《中国帝国晚期的城市》（中华书局2000年版）中的相关论述。
[②] 温春来：《西南代理人与王朝秩序的展开》，载卢树鑫《再造土司：清代黔东南的社会治理及变迁》（代序），社会科学文献出版社2022年版，第i—V页。

己的力量，一些家族（或氏族）向区域外更大的权力中心——国家（皇家）主动寻求庇护、认同或臣服于国家权力获得"授权"，以便在地方权力竞争中处于优势。对中央王朝而言，在这类地方社会开疆拓土时，因国力不足或出于治理成本等考虑，往往与某些地方势力结盟，先通过赋权使其成为代理人实现对地方的"羁縻"，"间接"辖制，进而再过渡到直接统治。土司制度在西南地区的置废变迁即是典型的例子。作为平权社会的地方，其社会中难以内生形成可以统辖区域地方社会（族群界域）内的权力中心，更难以诞生出代表地方权力顶端的"大人物"或强势家族。因而，难以出现主动寻求超越地方的对区域外或国家及其权力的认同、结盟诉求。在国家层面，对此类区域的"开辟"，寻求本土代理人是有难度的。于是，或直接将国家权力建制植入，或将强人派遣驻牧使用军事采邑制度方式治理。因此，在苗疆开辟过程中，难以实现内生与外来权力的衔接，只有任用"征苗有功者"为小土司或土弁等，某种程度上是清王朝的无奈之举。

聚焦开辟之后，清水江流域区域社会所形成的中央王朝与地方社会关系，是中奎君著作的核心议题。如何基于国家开辟策略和时代历史整体性去理解中央与地方的关系结构？如前所述，要准确理解清水江流域乡村社会与中央王朝的关系，首先要把握苗疆社会的本质特征。为此，关注主导开辟者对开辟前苗疆社会及生活期间"苗民"的认知是十分必要的。开辟苗疆的过程历经雍正和乾隆两位皇帝①，尽管高高在上的帝王对苗疆的认知主要来自地方官员的奏报，但他们形成的看法直接转化为决策，影响着苗疆的开辟与治理。开辟苗疆的主要策动者为时任云贵总督的鄂尔泰②，具体参与者、执行者为时任黎平知府张广泗和镇远知府方显③。从留存的史料记载看，他们对苗疆社会及苗民的认知是有偏见的。

---

① 以雍正五年（1727年）鄂尔泰奏请开辟苗疆始，至乾隆元年（1736年）平定雍乾"苗乱"善后止，视为苗疆开辟期。见《清史稿》（卷308，列传95）"方显传"载："自鄂尔泰议开贵州苗疆，事发于广泗，而策决于显，卒终始其事，崎岖前后七年而事集。"

② 有关鄂尔泰及其与雍正的关系，以及雍正认可并支持鄂尔泰在西南的"改土归流"及开辟苗疆等，已有不少学者讨论。参见张中奎《改土归流与苗疆再造：清代"新疆六厅"的王化进程及其社会文化变迁》（中国社会科学出版社2012年版）、马国君《论雍正朝开辟黔东南苗疆政策的演变》（《清史研究》2007年第4期）等。

③ 开辟苗疆过程中张广泗、方显职务屡有变动。

雍正对开辟苗疆的应对策略是"'恩威'二字，万不可偏用，偏用之，目前虽有小效，将来必更遗大患，非为国家图久安之策"①。鄂尔泰在《改土归流疏》中认为，"贵州土司向无钳束群苗之责，苗患甚于土司"②。有学者认为，在开辟苗疆态度及策略上，执行者张广泗为主"剿"者，方显为主"抚"者③，但纵使是主"抚"的方显，在给鄂尔泰献策时也认为，"苗性反复，难于善后。畏葸不足以图功，鲁莽适足以偾事"，并提出要"剿抚"并用，"二者不宜偏废"，应"先抚后剿，剿平之后，仍归于抚"。④ 鄂尔泰在听取张广泗、方显的建议后，形成了"若不先威后恩，则万难驯服，应定当剪伐，相机剿抚"⑤ 的看法。于是，"剿抚并用"成为主导开辟苗疆的基本方针。后人对当时开辟苗疆方略及开辟的意义已有各种评价，的确不能苛求300年前代表国家开疆拓土的官员们不带偏见去推进地方建置。但是，需要强调的是，应该"回到历史现场"去审视"剿抚"兼施之后可能给苗疆社会及苗民投下的影子，它或许是理解开辟之后中央王朝与苗疆地方社会关系结构的锁钥之一。

"化外""不隶版图"，不但是说开辟前的苗疆是一个无国家机构建置的自在体系社会，而且是"无君长"供奉、无完粮纳税制度责任、"不相统属"的平权社会。也意味着当时此地的"苗民"⑥ 尚不知国家为何物，没有国家概念，亦没有国家认同，更没有为国家纳税、服役的责任义务意识。进一步说，这就是开辟前苗疆地方与中央王朝的关系状况。在此背景下，鄂尔泰等一干封疆大吏以国家暴力机器为后盾，进入苗疆修城池，对"苗民"编户口，要求他们完粮纳税、服劳役等等。在鄂尔泰等官员看来，这是皇朝臣民对国家效忠，理所当然的责任义务。但这疾风暴雨式的国家制度植入，且在原本土地贫瘠、生产工具较为落后，生计不足以敷日常生活之用，处于极度贫困之下，还要完粮纳税、服劳役的

---

① 《清世宗圣训》卷十九，"雍正四年四月庚午"，载赵之恒《大清十朝圣训》，燕山出版社1998年版，第973页。
② 鄂尔泰：《改土归流疏》，载贺长龄、魏源等编《皇朝经世文编》卷86，"兵政"17。
③ 马国君：《论雍正朝开辟黔东南苗疆政策的演变》，载《清史研究》2007年第4期。
④ （清）方显：《平苗纪略》，清同治朝武昌刻本。
⑤ "鄂尔泰奏八万古州一带苗民情形折"（朱批谕旨），引自《清代前期苗民起义档案史料汇编》上册，光明日报出版社1987年版，第6—8页。
⑥ 主要指聚居于开辟苗疆后设置的"新疆六厅"区域内的苗族、侗族、水族。

苗民而言，无异于被外来势力"强取豪夺"，自然引起其激烈的反抗。于是，"反抗—平叛"在苗民和王朝君臣彼此都认为理所当然情况下，衍化成为开辟之后、有清一代苗疆出现的"三十年一小反，六十年一大反"奇特历史周期循环现象，个中原因值得深入探讨。这种"苗民"反抗与中央王朝平叛循环往复的关系，在多大程度上影响到地方各民族的国家认同，需要多长时间上才消弭地方与中央王朝的紧张关系，也是探讨清水江流域乡村社会与中央王朝关系中不能忽视的因素。仅就开辟苗疆过程中，如史料所记录的大量苗民在兵威之下，寨与寨间，寨内家庭间，乃至家庭内夫妻、父子、弟兄之间为了活命不得不相互举报、献拿、杀戮等，大批村寨精英被消灭①，由此造成的人际关系异化、社会性心理阴影，在多大程度上颠覆了苗疆社会人伦观念、道德体系与社会秩序，需要多长时间才得以修复等，都是值得思考的问题。对此，中奎君在著作中作了很好的反思与讨论。同时，兵燹之后"凡经兵火之地，无不患病之寨"②，造成清水江流域区域内村寨"户口较之从前繁盛之时，不过十存五六，或十存二三而已"③。此等惨烈，纵使是亲历此事的苗疆经略大臣张广泗也感叹"苗民虽属犬羊，其实具有人性，彼亦知无事为安，多事为扰。从前官吏之烦累，原不以赤子相看，而兵役之凌践，更不以人类相待，是以积忿成怒，积怨致变，其来已久"。④"且各苗寨自经大兵惩剿之后，巢穴燔毁，器具荡然，残败畸零，实属可悯。"⑤十之八九村寨

---

① 鄂尔泰奏折中有"前大兵惩剿之时，所有起事凶恶头人，歼除殆尽"，参见"鄂尔泰等奏革除苗疆派累并厘定屯堡章程折"，引自《清代前期苗民起义档案史料汇编》上册，前引书，259页；另《南征日记》记载有大批"巴尚""老虎汉"被捕正法，参见（清）李椅《南征日记》，载贵州省文史研究馆编《续黔南丛书·第7辑·上》，贵州人民出版社2014年版。

② "张广泗奏撤兵缘由折"（乾隆元年九月初十），引自《清代前期苗民起义档案史料汇编》上册，前引书，第202页。

③ "张广泗奏撤兵缘由折"（乾隆元年九月初十），引自《清代前期苗民起义档案史料汇编》上册，前引书，第202页。

④ "张广泗奏苗疆善后事宜折"（乾隆元年八月初八），引自《清代前期苗民起义档案史料汇编》上册，前引书，第195页。

⑤ "张广泗奏严禁兵役骚扰苗民折"（乾隆三年九月二十日），引自《清代前期苗民起义档案史料汇编》上册，前引书，第254页。

的损毁①，人口大幅度减少，幸存者奔匿逃窜，势必出现村寨的重组重建，人群的重新聚集。今黔东南苗族、侗族村寨普遍流传的祖先认弟兄故事正是拟宗族人群重组的历史记忆，此等为探讨开辟之后苗疆社会文化变迁不能忽视的现象。

二 王朝时期"因俗而治"与"移风易俗"的边疆治理传统政策

王朝时期的中国，边疆社会治理始终围绕着两个传统政策持续推进：一是"教化"（移风易俗），二是"因俗而治"。二者形影相随，相互交织，成为王朝国家边疆开拓和治理的主要举措。

"教化"与"因俗而治"的传统政策，源自"大一统"的王朝国家目标诉求。如中奎君在著作中所言，在中国的传统国家观念中，早已建构起"一点四方"或"华夏四夷"的王朝模式。它在"天下"观主导下秉持的是"溥天之下，莫非王土；率土之滨，莫非王臣"的王朝愿景，"大一统"始终是国家治理所追求的目标。因此，一方面开疆拓土渐次向外扩张为国家性质事所必然，面对诸如脱离"王化"但地理位置居处汉地包围之中的苗疆，自然不会任其久居"化外"。在雍正看来"尺地莫非王土，率土莫非王臣，番苗种类固多，皆系朕之赤子"②，"苗众繁多，朕亦不忍听其独在德化之外"。③另一方面，源于王权核心和文化中心主义的"五服"圈层空间"习俗"（文化）差异区隔，早早形成的"夷夏之辨"观，赋予了国家在拓殖过程中既要"因俗而治"，又要"移风易俗"的施政诉求。"夷夏之辨"即"依俗"对人群的文化类分，尽管有"修其教不易其俗，齐其政不易其宜"④的"因俗而治"治边传统，但整体而言"因俗而治"只是阶段性的权宜之计，"移风易俗"实现"大一统"

---

① "张广泗奏苗疆善后事宜折"（乾隆元年十一月二十日）载："剿寨八百有余，皆痛加歼除，有未剿之寨，亦必责令将该寨所有附逆凶徒，全数拿献。每寨皆献至数十百余人不等，务期凶逆净尽，方准收执。是以群苗畏慑，非复从前可比。"引自《清代前期苗民起义档案史料汇编》上册，前引书，第225页。

② 雍正朝《圣训》卷21，励将士，第11—12页，引自程贤敏选编《清〈圣训〉西南民族史料》，四川大学出版社1988年版，第29页。

③ 雍正朝《圣训》卷17，恤兵，第9—10页，引自《清〈圣训〉西南民族史料》，前引书，第25页。

④ （东汉）郑玄注：《礼记》第三册，中华书局2015年版，第83页。

才是治理的终极目标。"化外"与"化内"之分指向的是必须通过"教化"去差异、求同一,这至少是必须追求的目标。

基于此,中央王朝在推进"王化"过程中往往"武功"与"文治","戎"与"祀"① 并施。"武功"也好,"文治"也罢,目标在于"化生为熟",在"化外之地"设置国家机构治理在所必然,府、厅、州、县等国家标准化的行政建置是常态。"文治"则以类似华琛所说的神明"标准化"(standardization)和仪式"正统实践"② 的国家"礼仪标识"对边疆社会文化实施治理。在治理背景下,"文化被构建为既是管理的对象又是管理的工具:就对象或目标而言,指涉着下层社会阶级的道德、礼仪和生活方式;就工具而言,狭义文化成为对作为道德、礼仪和行为符码等领域的管理进行干预和调节的手段"。③ 因此,不难理解帝制时代国家在推进边疆民族社会治理中,除了兴办书院传播儒学进行"书同文"的文字治理外,城隍庙、文庙、武庙等象征性建筑成为治所城镇的标配,以"移风易俗"达成"化苗为民"是常见的边疆治理举措。④

检视苗疆历史,开辟之后采用什么框架进行治理是清中央王朝和苗疆大吏们必须面对的问题,也是探讨和理解开辟之后苗疆地方社会结构应该注意的问题。"理苗厅"之"厅"显然不同于府县制下的县,是开辟苗疆后建置的府级机构,属于高配的行政建置。陆韧认为它是清代在边疆民族地区创设的一种特殊行政区划,具有掌地、治民、控土司、兼汛防、理刑案等职权,并具有行政双结构、民族构成多样性、户籍管理分类性、赋役征收的差异性和军事控管等特征。⑤ 设厅而非设县本身足以表明中央王朝和封疆大吏们对苗疆地方特殊性的认知。在厅以下,保甲、

---

① 《左传》成公·成公十三年:"国之大事,在祀与戎。"
② [美]华琛:《神明的标准化——华南沿海天后的推广,960—1960 年》,陈仲丹、刘永华译,载刘永华主编《中国社会文化史读本》,北京大学出版社 2011 年版,第 124 页。
③ [英]托尼·本尼特:《文化、治理与社会》,王杰、强东红等译,中国出版集团·东方出版中心 2016 年版,第 210 页。
④ 如,雍正十二年(1734 年),雍正派遣钦差大臣吕耀曾到苗疆宣谕:"父教其子,兄勉其弟,族党亲朋,互相劝励,共敦善俗,永息刁风,以副朕育正群生之至意。"载中国科学院民族研究所贵州少数民族调查组《〈清实录〉贵州资料辑要》,贵州人民出版社 1964 年版,第 335—336 页。
⑤ 陆韧:《清代直隶厅解构》,《中国历史地理论丛》2010 年第 3 期。

塘汛、屯堡的设置，通事任用、土弁与寨头佥立①等是开辟之后落地苗疆乡村社会的制度框架，是其社会再结构的基础，也是中奎君所言的"苗疆再造""秩序重构"含义所在。值得注意的是保甲、汛塘、屯堡三种机构，都是在内地实践被证明对基层社会控制行之有效的制度，只是在苗疆复制或延伸而已。譬如，保甲这一缘起于宋代的制度，历经元明两朝的发展完善成为一项中国乡村社会治理行之有效的制度，且是元明以降帝制时代君臣治国理政的重要选项，有清一代又作为社会治理举措再次在全国推行。按常建华的观点，雍正朝君臣的西南大规模"改土归流"是因为在民族地区推行保甲、汛塘以控制地方社会而为之。② 但保甲制度的推行显然受到了苗疆社会特性的形塑。如张广泗奏折中所言，"查内地民间编设保甲，每乡每里俱有乡保牌头，今苗疆地面虽不能尽如内地设立保甲门牌，应请就各本寨择其良善守法者，将姓名公举报官，酌量寨分大小，或每寨一二人，或二三人，佥为寨头，注册立案，各本寨散苗听其约束"③。之后经乾隆批准实施的显然是编设保甲与佥立寨头混融一体的制度。此外，鉴于苗疆"苗人风俗因与内地百姓不同"，乾隆批准"苗众一切争讼之事，俱令照苗例完结，不必绳以官法"④ 等等，无疑是"因俗而治"治理政策的体现。另一方面，也应看到这些制度机制的设置，既是治理过程也是"教化"过程。依靠苗疆乡村社会的制度机制建设，以及屯堡、塘汛等机构建置带来的内地移民，最后让苗疆"渐染华风，变为内地"，苗民"尽归王化，然后成一道同风之盛"（乾隆朱批语）才是治理苗疆的终极目标。因而，开辟之初对苗疆巫师的禁止及后来对诸如"吃鼓藏"等习俗的禁革，都是出于"教化"目的而采取的"移风易俗"举措。开辟苗疆及其后的各种治理制度机制建设，以及由此

---

① 参见"鄂尔泰等奏革除苗疆派累并厘定屯堡章程折"，引自《清代前期苗民起义档案史料汇编》上册，前引书，第259页；"张广泗奏议冯光裕治理苗疆事宜折"（乾隆元年十月二十八），引自《清代前期苗民起义档案史料汇编》上册，引前书，第212—213页；"张广泗奏苗疆善后事宜折"，引自《清代前期苗民起义档案史料汇编》上册，引前书，第213—228页。

② 常建华：《清雍正朝改土归流起因新说》，《中国史研究》2015年第1期。

③ "鄂尔泰等奏革除苗疆派累并厘定屯堡章程折"，引自《清代前期苗民起义档案史料汇编》上册，引前书，第259页。

④ "鄂尔泰等奏革除苗疆派累并厘定屯堡章程折"，引自《清代前期苗民起义档案史料汇编》上册，引前书，第259页。

带来的社会文化变迁，学界已多有研究，中奎君著作中已做较深入的论述。

三 作为苗疆"国家经纪"的通事与土弁

国家对地方基层社会的治理，机构设置与人员任用无疑缺一不可。帝制时代的中国并非如一些学者所说的"皇权不下县"，特别在清朝，不但将元明等朝行之有效的保甲、里甲、乡约等制度继承下来在基层社会广泛推行，而且创新设置乡约宣讲体系，要求参与科举考试的学子和地方乡绅在乡村宣讲"圣训"，将皇帝规训百姓的语录传达到基层，意在强化对基层社会的治理与思想控制。① 如前所述，苗疆在开辟之后除了设置"理苗厅"外，还设置了汛塘，驻扎绿营兵，在"形胜""津要"之处设置屯堡，征用"苗民绝产"实行军屯。这些军事化、准军事化机构形成一张大网，覆盖了整个清水江流域乡村社会。② 汛塘、屯堡错落分布在苗疆村寨之间，是探讨苗疆地方社会与族群关系结构不可忽视的因素。如中奎君著作绪论第一节中所述：

> 县级衙门并非封建官僚统治的最末端，传统中国社会之所以能够得以维持长期的、正常的、有效的运转，有赖于县级衙门借助高度发达的各种民间社会组织、乡贤代为管理乡村社会。县级衙门以下借助各种民间社会组织、乡贤实际上还可以再细分出若干等级的次级县级衙门，通过民间社会组织、乡贤与乡村社会村民的直接联系成为可能。在清代的苗疆乡村社会里，县级衙门以下主要是通过土司、寨老、族长等非体制内的人员实施间接管理，维系乡村社会的日常运行。

更需要注意的是，在苗疆的通事任用和土弁设置，从某种程度上说

---

① 萧公权：《中国乡村：十九世纪的帝国控制》，张皓、张升译，九州出版社2018年版，第219—303页。
② 《清史稿》载："古州、八寨、台拱、丹江、清江等五厅，设立九卫，共一百二十堡，屯军八千九百三十户。"载《〈清实录〉贵州资料辑要》，前引书，第635页。

是清朝对苗疆乡村社会控制的制度创设。仅从开辟之初和开辟后引发雍乾"苗乱"短短几年间（雍正五年至乾隆元年［1727—1736］）经理苗疆要员的奏折、皇帝的朱批及大臣们议政往复档案史料可见，对苗疆治理的制度设计曾有不同的论争。其他事项暂且不表，仅就苗疆是否需要设立"土司"一项有两种不同意见：一是直接参与开辟、后升任贵州总督兼苗疆经略的张广泗和升任贵州按察使的方显等，希望在新辟苗疆能如内地一样编立烟户册，设立保甲；二是兵部侍郎王士俊、两广总督鄂弥达为代表，奏请按照过去"以夷治夷"策略治理，设立土司管辖苗民。爆发"苗乱"之后，被乾隆委任苗疆经略的张广泗等人的意见占据上风，通事与土弁之设成为定案。从张广泗的"奏苗疆善后事宜折""奏革除苗疆派累厘定屯堡章程折""奏屯户不敢滋扰苗民折"、鄂尔泰等"奏革除苗疆派累并厘定屯堡章程折"等史料看，张广泗等反对在苗疆设立土司的理由是：

> 所谓土司者，推其源流，多缘伊等祖人窃据山僻地方，自为酋长，在从前之廓清疆宇，此等土司或首先效顺，或慕义归诚。事定之后，悯其微劳，锡以爵赏。迨至积久相沿，尾大不掉，凶残贪暴，无所不为。①

按他的说法，苗疆的情况与有土司管辖的地方大不相同：

> 维此苗疆迴环二千余里，错杂数十万人，犹幸其各为雄长，向无统率，其情涣而不相联，人散而无所属，惟无所属，斯无定谋，惟不相联，斯无固志。上年生熟逆苗互相煽惑，凶焰炽张，几乎有不可扑灭之势。臣以三路进攻，一经创败，则力不能支，数节之后，迎刃自解，奔溃惟恐不速，窜匿惟恐不深。数月以来，渠魁授首，党恶就擒，虽父子兄弟各不相顾，此则散而不整、无所统率之明验也。今设立才能土司以管辖之，设以阴谋狡黠之土司，统此凶悍繁

---

① "张广泗奏遵旨复议王士俊条陈折"（乾隆元年八月初八日），引自《清代前期苗民起义档案史料汇编》上册，引前书，第192页。

多之苗众，联其心志，统以尊卑，兼以黔省山岭崇深，田畴错杂，路通一线，山险千寻。一旦凭险负嵎，深沟高垒，其为害有不可胜言者。且此一带苗人，向无首长，今欲强立一人以为土司，苗人安肯听其约束。①

其实，不论是议设土司，还是议设保甲，都是牵涉寻找代理人的问题，也就是说官吏们都清楚要对清水江流域基层社会治理必须依靠扎根在苗疆乡村社会里的人，最好是由其社会土壤中内生者。但在苗疆社会能找到让官吏们满意的代理人有难度，原因如前文所说的国家权力难以在平权社会找到内生的权力衔接。开辟苗疆之初，方显向鄂尔泰献计时说"难于得人，得人则有志竟成，不得人则垂成亦败"。当然，这个"得人"无疑主要指开辟、经略苗疆的封疆大吏，但清楚苗疆"无君长，不相统属"的方显此处能否还意指难以从苗疆乡村社会中找到可以依赖的代理人呢？

苗疆经略张广泗为什么提出在苗疆任用通事的方案呢？他在奏报中说：

> 查苗疆初辟，言语不通，路径不熟，文武衙门各就近选取谙晓苗语、熟悉路径之人，委设通事，令其招徕苗民。凡宣布化导等事，借其传谕办理，各寨苗民，亦各惟其言语是听。迨后相沿日久，一切征收钱粮、查缉罪犯等事，俱借该通事传催，其奉差勤慎、办事小心者，固不乏人。②

其实，早在雍正十年（1732），张广泗还任贵州巡抚时就上奏，请求将开辟苗疆的"效力通事人等"，"分别勤惰等次，给予养赡，并授以土外委、千把总札付，令其宣布条约，化导苗民"③。乾隆元年（1736），张

---

① "张广泗奏遵旨复议王士俊条陈折"（乾隆元年八月初八日），引自《清代前期苗民起义档案史料汇编》上册，引前书，第192页。

② "张广泗奏革除苗疆派累厘定屯堡章程折"（乾隆三年七月二十八日），引自《清代前期苗民起义档案史料汇编》上册，引前书，第240页。

③ 《〈清实录〉贵州资料辑要》，前引书，第334页。

广泗提出的善后方案获得乾隆批准实施之后，有大批通事被任用，由官府发放俸禄，还有部分"征苗有功"的通事被授予"土千总""土把总""土舍"等，即在苗疆部分地区，通事与土弁身份是交叠的。从此后地方志将通事列入"土官"记载，通事同土把总等土官一样有职权范围、拿国家俸禄情形看，他们都是治理苗疆乡村社会的"官"。不论实施者张广泗等人是否承认，这就是因势而设、因时而变的苗疆"土司"制度。需要提醒的是这些通事作为"双语人"，大多出生、成长于"新疆六厅"周边府县，或为"熟苗"或为"汉民"，抑或土司后代，对"新疆六厅"内"苗民"而言，均属于外来的"他者"。换句话说，通事和土弁其实是苗疆社会的"国家经纪"（State brokerage），杜赞奇称之为"赢利型经纪"①。正因为意识到他们是"赢利型经纪"，包括张广泗在内的一批流官一开始就对通事、土弁设置了各种禁令，以防他们欺凌苗民滋生事端。

行文至此，有必要归纳一下开辟之后清水江流域乡村社会形成的权力阶序：军事化的塘汛官兵，准军事化的屯堡屯民，国家经纪的通事、土弁，金立的寨头。除金立寨头勉强算杜赞奇笔下的"保护型经纪"外，其他人员都为国家掌控，属于"赢利型经纪"。杜赞奇认为，"由于赢利型国家经纪视其职权为谋利的手段，故其不能被视为正统权威之母体的文化网络的组成部分。与此相反，保护型经纪体制则包容于文化网络之中"②。很显然，在苗疆区域社会这张权力之网中，"苗民"处于权力的最底层，因而权力阶序化在根基上颠覆苗疆平权社会所带给"苗民"观念上的震撼以及催生社会分层是不能忽视的。

四 清王朝经略苗疆的历史经验总结

由于清代开辟苗疆的历史不太久远，历史脉络清晰，文献资料丰富，成为探索国家与地方互动、边疆治理实践经验、地方社会再结构、民族地方社会文化变迁等的优选案例。因此，中奎君在出版《改土归流与苗疆再造：清代"新疆六厅"的王化进程及其社会文化变迁》著作之后，

---

① 杜赞奇：《文化、权力与国家——1900—1942 的华北农村》，王福明译，江苏人民出版社 2010 年版，第 37 页。

② 《文化、权力与国家——1900—1942 的华北农村》，前引书，第 48 页。

获得国家社科基金资助，再次聚焦苗疆，对清代清水江流域乡村社会与中央王朝的关系展开探讨，将一些在前著中暂未展开深入讨论的问题进行了深入细致的剖析，且意在从王朝时期国家经略边疆民族地区历史经验中为当代国家边疆治理提供某些有价值的参考借鉴。诚如中奎君在研究意义中所表述的，一是研究清代治苗政策，以史为鉴，改进、完善当下的民族政策；二是研究清代管理清水江流域乡村社会的成功经验，古为今用，加强对民族地区乡村社会的有效管理，努力实现民族事务治理体系和治理能力现代化。为此，通过研究之后，中奎君在总结清水江流域乡村社会与清中央王朝的互动关系所提出的五点启示是非常有价值的。

作为青年学者，中奎君在方法论上力求有所贡献，意在通过清水江流域区域社会的"小历史"研究着眼来把握国家全面的、整体的"大历史"。因此，本书中他力求从清王朝皇室族别身份引发的雍正等关于"夷夏之辨"到"天下共主"再到对苗疆治理方略的理解，从苗疆社会特性探索清水江流域地方乡村社会与土司、中央王朝的关系等，还涉及"苗疆缺"、驿道及水陆交通的改扩建、书院与科举、土地制度等，都是力求从整体上把握地方"小历史"的全貌。当然，本书所研究时间段是有清一代两百余年苗疆社会发展变迁，所呈现的中央王朝在不同时期对苗疆的施策是不同的，特别指出了开辟之初所设置的苗疆治理体系随着时间的推移出现的松弛乃至失控所带来的社会问题。在一定程度上提醒后人国家对乡村社会控制松弛带来的危险性，无疑加深人们对提升乡村社会治理能力和完善治理体系重要性的理解。

阅读中奎君著作，掩卷而思，检视清代开辟苗疆及其治理苗疆经验，在少数民族社会或边疆治理中如何处理好差异性与同一性的问题呢？鄂尔泰、张广泗等开辟苗疆之初，基本按照内地保甲、里甲制度疾风暴雨般将"苗民"编户齐民，完粮纳税，在短短几年内引起了"苗民"的激烈反抗，出现雍乾"苗乱"。如其著作中所言，中央王朝遭遇到这一地区作为"无君长""不相统属"的"生界"社会所呈现出的是与大传统文化迥异的独特社会结构。于是，乾隆不得不下诏永免苗民赋税，且容许苗民"内部一切争诉俱照苗例完结"，并推行了前文所述的任用通事、设立土弁、佥立寨头等治理措施。这些政策措施的调整实际上是对开辟苗疆依照内地乡村治理模式僵化地推行保甲、里甲等制度的否定，是基于清水江流域社会文化差异进行"因俗而治"的回归。由此检视，从"因俗而治"到"移风易俗"以实现"大一统"是王朝时期国家边疆治理实践中用血的代价形成的经验。要言之，"修其教不易其俗，齐其政不易其宜"，只能通过包容边疆差异性进行渐进式、阶段性的"因俗而治"，然后通过文化治理推进同一性、强化同一性，最终达成"大一统"的目标。

对于清代清水江流域社会还有很多需要解答的问题，诸如苗疆处于汉地包围之中，为什么直到清初才作为"新疆"开辟？开辟之后"新疆六厅"已获永免赋税，苗民"内部一切争诉俱照苗例完结"情况下为何还出现"三十年一小反""六十年一大反"等等，相信中奎君等青年学者会有更多成果问世。

承蒙中奎君的信任，有机会提前阅读即将付梓的《清代清水江流域乡村社会与中央王朝关系研究》书稿。以上几点浅见，权当为序。

绪　　论

第一节　研究对象

20世纪以降，随着中国由传统社会向现代社会急速转型，有关国家与乡村社会之间治理的问题，如国家政权与乡村治理、乡村精英与乡村社会治理、乡村社会纠纷解决机制等问题日益成为历史学、社会学、法学、人类学、民族学等学科关注的热点。尤其是20世纪90年代以来，用国家—社会的二元解释模式来分析上述问题成为学界的研究趋向。本书即是在这一研究背景下，探究清代清水江流域乡村社会与中央王朝①的关系。

传统中国中央政府长期坚持"德治"理念，一般只维持人数极少的官僚队伍，在这样一个大背景下，官僚们不可能对广大的乡村社会实施直接管理。费正清在《剑桥中国晚清史》就对此表示惊叹："它能用一个

---

① 本书多次使用"中央王朝""王朝"等词，"王朝"的英文为"dynasty"，但笔者在发表的课题阶段性成果论文又使用到"清帝国""帝国"等词，"帝国"的英文为"empire"。究竟这两个词如何区别呢？经查阅资料及张新民教授指点，笔者认为，国外的"新清史"研究一般使用"清帝国"，普遍有解构我们民族国家认同的倾向。"帝国"一般意味着行"霸道政治"，欧洲殖民者对非洲、美洲、亚洲许多国家的征服，对原住民赶尽杀绝，掠夺资源即为帝国做派，而中国的清朝，乃至更早的一些朝代，他们对中国周边的少数民族尽管有种种妖魔化的历史书写，在这些少数民族地区推行"输粮纳籍"的过程中也难免滥用武力，兵戎相见，但是，中央政府更多的时候是在民族地区推行儒家的文化教育，从文化上去改造"蛮夷"，行孔孟的"王道政治"，故使用"中央王朝""清王朝"较妥。此外，"清水江流域"大致等同于本书中"苗疆"这一区域，故笔者在书中论述时常常将二者混用。笔者在本书中，已经将前期发表的一些研究论文的内容作了修改，特此说明。

很小的官员编制来统治如此众多的人口。"① 1840 年前后，大清国人口已突破四亿，"清朝官制全国文官约 20000，武官约 7000，平均 14814 人才有一名官员。以这样小的官员队伍来实现对全国的统治，实际上是力不从心的"②。因此，过去一般认为，传统中国的中央王朝对地方的行政控制只能触及州县级衙门，县以下的乡村社会基本上是地方精英如绅士和族长所控制的领域。实际上，县级衙门并非封建官僚统治的最末端，传统中国社会之所以能够得以维持长期的、正常的、有效的运转，有赖于县级衙门借助高度发达的各种民间社会组织、乡贤代为管理乡村社会。县级衙门以下借助各种民间社会组织、乡贤实际上还可以再细分出若干等级的次级县级衙门，通过民间社会组织、乡贤与乡村社会村民的直接联系成为可能。在清代的清水江流域乡村社会里，县级衙门以下主要是通过土司、寨老、族长等非体制内的人员实施间接管理，维系乡村社会的日常运行。本书选择清代清水江流域乡村社会与中央王朝关系作为研究对象。本书讨论的苗疆范围重点在贵州省境内的清水江流域和一小部分都柳江流域，但为了说明问题，偶尔也扩大到对黔省"下游"③ 苗疆的讨论。

第二节 研究问题

研究人文社会科学的学者，无论是形而上的理论研究还是形而下的田野调查研究，都应当持有一种强烈的人文关怀意识，不应该脱离自身所处的现代社会所面临的重大现实问题，注重将学术研究与解决现实问

---

① ［美］费正清主编：《剑桥中国晚清史》，上卷，中国社会科学院历史研究所编译室译，中国社会科学出版社 2007 年版，第 24 页。
② ［美］费正清主编：《剑桥中国晚清史》，上卷，前引书，第 16 页。
③ 湘黔驿道共设有平溪驿（今玉屏）、清浪驿（今镇远青溪）、水马驿（青溪、镇远间）、偏桥驿（今施秉）、东坡驿（今黄平东坡）、兴隆驿（今黄平县城）、清平驿（今凯里清平）、平越驿（今福泉市）、新添驿（今贵定县城）、龙里驿（今龙里县城）、贵州驿（今贵阳市）。其间，又设有路濑站（属平溪卫），杨老站、黄丝站（均属平越卫），兴隆站、重安站、东坡站（均属平溪卫），新添站（均属新添卫），龙里站（属龙里卫），贵州站（属贵州卫）。以上共计 11 驿、9 站，史书习惯上称之为黔省"下游"。参见（明）郭子章《黔记》，"驿传"，《北京图书馆古籍珍本丛刊》，第 43 册，明万历刻本影印本，书目文献出版社 1998 年版。

题有机结合起来。就当下中国乡村研究的学者而言,主要出于对乡土社会的关怀,对乡民的同情及怜悯,以及为改造乡土社会的激情所驱动,这种中国知识分子阶层的入世情怀,"救世"思维模式,可以作为研究者田野调查时所应拥有的情感,而不能作为与研究对象沟通时所持的价值立场。

自20世纪以来,中国国家与乡村社会之间的关系研究已经形成了不同的解释模式,如费孝通的"双轨政治"、杜赞奇的"经纪模型"、黄宗智的"三角结构"、张研的"双重统治"、徐勇的"二元权力体系"等。改革开放以来,中国学术界兴起的乡村社会与中央政府的互动关系研究,倾向于用近代西方的国家——社会理论去检验中国的乡村社会,先后用宗族论、士绅论、精英论、权威论、文化网络论等学术话语加以解释,侧重宗族、士绅、精英、权威、文化等方面的作用,而普通民众长期处于失语的状态,被视为懦弱、顺从、无知的群氓,其所起的作用往往被忽略、被遮蔽。"传统史学的研究局限于社会上层,而将社会下层排斥于研究的范畴之外。其实,社会下层才是历史的主体,也是社会史研究的重要方面。"① 尤其是清代清水江流域乡村社会的研究,如果我们将眼光向下,聚焦到普通苗民②身上,或许会发现另一个清水江流域乡村社会的生活图景:清水江流域乡村社会与中央王朝的博弈过程中,苗疆的普通民众与土司、衙役乃至流官处在一个博弈、制衡的互动社会网络中,他们都必须遵守某些共同的社会惯例,必须遵守一定的界线,不断地自我调适,寻找到自己合适的位置,都同样受到权利义务关系的制约,以保证各自相安无事。

在苗疆发展史上,明代长期经营苗疆积累了丰富的政治经验,在苗疆"生界"附近汉苗杂居区域设立了许多小土司。特别是在清代开辟苗疆之后,清王朝政治力量伴随着军事力量进一步深入苗疆,清水江流域、都柳江流域得以大规模的开发。美国的保罗·柯文早就指出:"中国的区

---

① 唐力行编:《国家、地方、民众的互动与社会变迁》,商务印书馆2004年版,"总序"第3页。
② 本书中,笔者多次使用"苗民"一词,一般指清代苗疆的主体民族苗族、侗族、布依族、水族、瑶族,但是在某些非常具体的案例分析中,则可能直接用苗族、侗族、布依族、水族、瑶族中的某一个民族加以阐释。特此说明,以免读者阅读时产生概念上的混淆。

域性与地方性的变异幅度很大,要想对整体有一个轮廓更加分明、特点更加突出的了解——而不满足于平淡无味地反映各组成部分间的最小公分母——就必须标出这些变异的内容和程度。"① 因此,我们不仅仅要关注传统中国的内地②,还需要将研究视野扩大到中国范围内的边疆民族区域的乡村社会,深入研究下去,由此才能真正地、详细地和全面地理解、认识清代乡村社会与中央王朝错综复杂的关系。

第三节 研究综述

作为一种独特的社会现象,中国乡村社会研究超越了某一具体学科的界限,作为一个跨学科研究的综合性论题,已经成为历史学、社会学、人类学、民族学、民俗学、经济学和法学等学科研究的焦点。围绕中国乡村社会的相关论题,学界多次召开过专题学术研讨会。此外,近二十年来黄宗智主编的《中国乡村研究》辑刊是当下诸多学科的学者对中国乡村社会研究思想交锋的阵地。综合来看,探讨中国历史上乡村社会与国家的关系,国内已有的研究大致分为两种类型。

第一,总体研究:传统中国国家与乡村社会的治理,是由国家政权和乡村权威两者共同组成的。诸多学者通过分析国家政治资源和权力的分配结构与制度安排,考察中央政权对乡村社会的统合和吸纳能力。张仲礼认为:"中国拥有一个在文化上同质的精英,即所谓士大夫,他们既是国家政权的后备军,又是乡村社会中的富豪,他们作为一个阶层平衡着国家与社会的利益,维持着国家与社会的协调。"③ 吴晗、费孝通等人从不同的角度对中国传统社会的权力结构进行剖析,指出:"中国传统社会的权力结构有四个重要部分,即皇权、绅权、帮权和民权。"④ 以后的

---

① [美]柯文:《在中国发现历史:中国中心观在美国的兴起》,林同奇译,中华书局1989年版,第178页。

② 本书中,根据清代皇帝的谕旨和大臣的奏折,常常将"内地"与"苗疆"形成一对约定俗成的概念使用。从当下的话语体系出发,笔者又常常将"中原地区"与"苗疆"并列使用。

③ [美]张仲礼:《中国绅士——关于其在19世纪中国社会中作用的研究》,李荣昌译,上海社会科学院出版社2002年版。

④ 吴晗、费孝通:《皇权与神权》,岳麓书社2012年版,第5页。

众多学者在此基础上继续对中国乡村社会及其相关论题展开了广泛而扎实深入的基础研究。赵旭东在《从质疑秩序到质疑文化》一文中，探讨中国乡土社会权威的"多元性"，以及各类权威的建立条件和建立过程，试图找到可以相互沟通与协调的途径，以便让国家法律与地方社区的"习俗观念"之间能够和谐运作。① 兰林友通过与杜赞奇的学术对话，补充了后者的学术观点，提出"情境性社会关系解说与权力的文化网络解说模式更能说明华北村落的政治实质"。② 此外，孙立平提出"过程—事件分析"的研究策略，"主张把国家与社会关系看作是一种过程，国家与社会的关系是处于实践中的，是动态的、流动的，通过对这样一种动态关系的观察，可以看到一些潜在的因素是如何被激活的，衰败的东西是如何得到强化的，散乱的东西是如何重组的，而更重要的是，从整个过程中可以看到国家与社会的关系是如何再生产出来的"③。黄金兰通过对中国社会治理史的梳理，揭示出传统中国的乡村社会控制方式，既不是长期以来人们所认为的纯粹宗族自治，也不是新近研究所表明的"编户齐民"处于皇权的全面包围之中，而是一种以皇权为经、宗族为纬的交叉治理模式。④

第二，个案研究：通过对中国某一地区乡村社会的研究，来关注社会本土性资源的利用、官方权力与民间权力的交叉运作及其实现过程。首先，宗族研究方面，唐力行揭示徽州宗族记忆系统由文本与仪式两个子系统所组成，这两个子系统相互作用相互制约，构成为一个完整、复杂的记忆系统。⑤ 其次，士绅与乡村社会问题方面，科大卫、刘志伟分析了宗族意识形态向地方社会扩张和渗透的具体渠道，宗族礼仪在地方社

---

① 赵旭东：《从质疑秩序到质疑文化》，《民俗研究》2003年第3期。
② 兰林友：《村落研究：解说模式与社会事实》，《社会学研究》2004年第1期。
③ 孙立平：《"过程—事件分析"与对当代中国国家—农民关系的实践形态》，《清华社会学评论》2000年第1期。
④ 黄金兰：《传统中国的乡村社会控制方式——兼及宗族的社会控制功能》，《民间法》2013年第12卷。
⑤ 唐力行：《"千丁之族，未尝散处"：动乱与徽州宗族记忆系统的重建——以徽州绩溪县宅坦村为个案的研究》，《史林》2007年第2期。

会的推广方式和手段,以及地方认同与国家象征结合的过程。① 行龙在《怀才不遇:内地乡绅刘大鹏的生活轨迹》一文中,希望打破"问题意识"的惯有研究模式,从历史叙事的角度去重绘晚清内地乡绅社会生活的变迁轨迹。② 最后,国家与乡村社会权力关系方面,邱捷的文章指出,控制乡村基层权力机构的人物有士绅、商人、回乡官吏、退伍军官等,有军事经历、直接掌握武力者通常在这些机构中担任主角,乡村基层权力机构获得很大的独立性。③ 此外,还有其他一些学者在中国乡村社会研究这一领域上有诸多建树。

欧美中国学研究在对中国乡村社会与国家关系的研究过程中,形成了一系列较为成熟的理论模式,主要有马克斯·韦伯的"儒教调节器理论"、莫里斯·弗里德曼的"中国宗族理论"、施坚雅的"中心—边缘理论"、吉尔兹的"内卷化理论"、杜赞奇的"权力的文化网络理论"、萧公权和周锡瑞的"士绅社会理论"、黄宗智的"经济过密化理论"等。马克斯·韦伯认为,中国的儒学虽然算不上严格意义上的宗教,但是它对于中国人的意义比宗教还重要。儒学可以看作是中国政治、行政体系、经济和社会过程的最高调节器。总之,他认为儒学是整个中国生活方式的基础、社会组织的原则、文明的精髓。④ 莫里斯·弗里德曼以宗族理论来理解中国东南的乡村社会。他指出,必须通过对中国东南地区稻作文化经济与商业的发展、共有族产的普遍存在、地方社会精英的作用、地处"边陲"等因素作全面的了解和把握,才能弄清宗族组织的构成机制,从而对传统中国乡村社会表现出来的复杂面貌达到某种程度的理解。⑤ 施坚雅以区域模式来解释传统中国的社会结构,在《中国农村的市场和社会结构》一书中,他以四川成都平原的个案研究为基础,从市场网络的

---

① 科大卫、刘志伟:《宗族与地方社会的国家认同——明清华南地区宗族发展的意识形态基础》,《历史研究》2000年第3期。

② 行龙:《怀才不遇:内地乡绅刘大鹏的生活轨迹》,《清史研究》2005年第2期。

③ 邱捷:《同治、光绪年间广东首县的日常公务——从南海知县日记所见》,《近代史研究》2008年第4期。

④ [德]马克斯·韦伯:《新教伦理与资本主义精神》,康乐、简惠美译,广西师范大学出版社2007年版。

⑤ [英]弗里德曼:《中国东南的宗族组织》,刘晓春译,上海人民出版社2000年版。

角度来解释传统中国的社会结构。① 施坚雅在《中华帝国晚期的城市》一书中文版前言中指出,"如果要获得对一个文明的历史的整体认识,我们必须全面理解它的各组成部分的独特又相互作用的历史"②,他将中国划分为九大经济区。这样,通过由"中心—边缘理论"发展出来的对传统中国市场等级和区域划分的理解,施坚雅提出了一种对中国各大区域之间的经济联系与社会互动的解释框架。③ 施坚雅讨论流寓人士的社会组织,他们所依据的纽带经常是"同籍",他们结成同乡会、会馆、同盟、公所等各种社团。另外,同学、同年参加科考者、一起乘船渡河者都可能凝成团体,从而利用各种关系,为自己的事务服务。④ 美国人类学家吉尔兹在《农业内卷化》一书中提出:"'内卷化'是指一种社会或文化模式在某一发展阶段达到一种确定的形式后,便停滞不前或无法转化为另一种高级模式的现象。"⑤ 对晚清和民国时期的华北农村地方政治的研究,杜赞奇的《文化、权力与国家:1900—1942年的华北农村》揭示如宗教或庇护的权力关系对乡村公共权力(包括对村民的权力和义务的规定、对乡村公共资源的分配和利用等)施加的影响。⑥ 杜赞奇希望能够打通历史学与社会学之间的间隔,从"大众文化"视角提炼出"权力的文化网络",论述了国家权力通过商业团体、经纪人、庙会组织、宗教、神话等渠道,以及通过象征性资源等深入社会底层的方式。⑦ 此外,孔飞力与史景迁两位汉学家则善于从浩瀚的清代宫廷档案、奏折、地方志、官绅笔记和回忆录中寻找线索,以讲故事的方式生动地刻画出清代中国的君权

---

① [美]施坚雅:《中国农村的市场和社会结构》,史建云、徐秀丽译,中国社会科学出版社1998年版。

② [美]施坚雅主编:《中华帝国晚期的城市》,叶光庭等译,中华书局2000年版,"中文版前言"第4页。

③ [美]施坚雅主编:《中华帝国晚期的城市》,前引书,"中文版前言"第5页。

④ 转引自王日根:《近年来明清基层社会管理研究的回顾与展望》,《江苏社会科学》2001年第3期。

⑤ 转引自[美]杜赞奇《文化、权力与国家:1900—1942年的华北农村》,王福明译,江苏人民出版社2010年版,第53—54页。

⑥ [美]杜赞奇:《文化、权力与国家:1900—1942年的华北农村》,前引书。

⑦ 转引自王日根《近年来明清基层社会管理研究的回顾与展望》,《江苏社会科学》2001年第3期。

与官僚、知识分子、普通百姓之间的关系。① 他们在著作中对于地方志、传说、官绅笔记等资料的把握和运用，对"小历史"细致入微的还原性描述②，也为本书提供了重要的参照。

从上述国内外中国乡村社会的研究回顾来看，总体趋向是日益具体和细化，在理论上也不乏宏观建构，但是存在一个重要的偏向就是研究重点都放在传统中国的中原地区，也就是汉人聚居区。

目前关于清代清水江流域乡村社会的研究，学界已有不少成果问世。如苗疆卫所制度的研究③、苗疆屯田制度的研究④、苗疆进入国家统治视野后的法律制度研究⑤、苗疆土司制度的研究⑥、苗族"议榔"和"寨老"社会组织的研究⑦、侗族款组织的研究⑧、古代水族乡村社会的研究⑨等。

但是，上述研究还存在一些不足：第一，缺乏对清水江流域乡村社会与中央王朝关系作长时段的考察研究。明清以来，国家政权将苗疆由

---

① ［美］孔飞力:《叫魂·1768 年中国妖术大恐慌》，陈兼、刘昶译，上海三联书店 1999 年版；［美］史景迁:《皇帝与秀才：皇权游戏中的文人悲剧》，邱辛晔译，上海远东出版社 2005 年版。

② 关于"小历史"与"大历史"的概念，赵世瑜作如下定义：所谓"小历史"，就是那些"局部的"历史，比如个人性的、地方性的历史；也是那些"常态的"历史：日常的、生活经历的历史，喜怒哀乐的历史，社会惯制的历史。所谓"大历史"，就是那些"全局性的"历史，比如改朝换代的历史，治乱兴衰的历史，重大事件、重要人物、典章制度的历史等等。参见笔者（《"小历史"中的"小历史"——历史人类学视野下的苗疆货郎担》，《贵州民族研究》2010 年第 5 期）与赵世瑜"小历史"与"大历史"的对话。

③ 刘如仲：《明代贵州卫所的建置》，《中国历史博物馆馆刊》1985 年第 6 期；缪坤和：《明初贵州卫所屯田与财政金融》，《云南行政学院学报》2009 年第 6 期。

④ 潘洪钢：《清代乾隆朝贵州苗区的屯政》，《贵州文史丛刊》1986 年第 4 期；郭松义、桑士光：《清代的贵州古州屯田》，《清史研究》1991 年第 1 期。

⑤ 徐晓光：《清政府对苗疆的法律调整及其历史意义》，《清史研究》2002 年第 3 期；周相卿：《清代黔东南新辟苗疆六厅地区的法律控制》，《法学研究》2003 年第 6 期。

⑥ 余宏模：《试论清朝前期贵州的土司制度》，《贵州民族研究》1997 年第 1 期；龚荫：《20 世纪中国土司制度研究的理论与方法》，《思想战线》2002 年第 5 期。

⑦ 李廷贵：《简论苗族的社会组织》，《贵州文史丛刊》1999 年第 4 期。

⑧ 邓敏文、吴浩：《侗款的历史变迁》，《民族论坛》1994 年第 2 期；粟丹：《传统侗款的法文化探析》，《贵州社会科学》2008 年第 12 期。

⑨ 韩荣培：《古代水族社会基层组织和土地、山林的管理方式》，《贵州民族研究》1999 年第 4 期；蒙爱军：《国家化进程中的水族传统宗族社会》，《西南民族大学学报》（人文社会科学版）2010 年第 5 期。

"生界"基本上变成王朝的"熟地",经历了长期的、渐进的历史过程,这一复杂的进程需要研究者作长时期的历史关注,才能得出全景式的历史镜像。第二,缺乏整体史的研究视野。在前民族国家时代,苗族、侗族或水族等在中央王朝的视野中,都是需要加以教化、改造的"苗蛮",因此涉及国家对清水江流域乡村社会的管理与控制方面,需要研究者从整体史的视野作跨族群、跨地域、长时段、全景式的研究。第三,近年来,在清水江流域陆续发现大量民间契约文书,除山林土地契约外,尚有账簿、税单、纳粮执照、诉状、判词、官府告示、算命书、休书、碑铭、日记、教材稿本等乡土文献,简称"清水江文书"①,上述研究中鲜有体现。有效利用这一批乡土文献,可以丰富清水江流域乡村社会研究,甚至局部颠覆已有中国乡村社会研究的结论。基于以上列数的种种理由,本书把清代清水江流域乡村社会与中央王朝关系作为问题的切入点。

第四节 理论基础及研究方法

一 理论基础

（一）区域研究理论

一直以来,历史学、社会学、人类学、民族学对明清时期中国区域社会结构、区域经济秩序、国家权力的地方实践等问题特别感兴趣。认识整体中国,要从一个个的区域社会研究开始,虽然整体中国并非区域社会的简单相加所得,但是不可否认,下层民众是生活在整体中国下面的一个个具体区域社会中的,因此,对若干个具有代表性的区域社会展开深入的研究,有助于我们对整体中国全面的、深入的理解与把握。有学者认为:"我们要眼光向下,关注历史上下层民众的社会生活、组织结构、宗教信仰、传统文化,以及他们与社会大变动的关系等,重建社会生活的实态,都离不开区域史的研究。"②

"人类学要研究乡村,但是人类学绝不仅仅是为了研究乡村,而是通

---

① 张新民:《清水江文书的整理利用与清水江学科的建立——从〈清水江文书集成考释〉的编纂整理谈起》,《贵州民族研究》2010年第5期。

② 唐力行编:《国家、地方、民众的互动与社会变迁》,前引书,"总序"第2页。

过研究一个个的乡村进而认识中国社会。"① 中国疆域广阔，兼有农耕、游牧、渔猎、海洋等文化的特点，"地区性差异很大，因而把中国的历史变迁置于有限的空间维度下进行考察，是最切实可行的研究方法，它有利于研究者从限定的地域环境去发掘社会生活、文化资源、权力网络等各方面的整体性结构，并可通过指定的区域社会的建构过程去整理国家与社会之间的关系"②。因此，在微观的地方史研究中，研究者逐渐打破学科界限，"努力把田野调查和文献分析、历时性研究与结构性分析、国家制度研究与基层社会研究真正有机地结合起来"③，从"眼光向下"转变为"自下而上"地看待中国社会的历史。④

（二）文化认同理论

一个民族、一个国家发展的历史长河中，其文化的发展是十分重要的因素，特别是其文化认同，直接影响到该民族、该国家的兴衰存亡。张乃和认为："文化认同是人类对于文化的倾向性共识与认可。这种共识与认可是人类对自然认知的升华，并形成支配人类行为的思维准则与价值取向。"⑤ 人类文化从产生开始，就源于不同的群体，其扩散融合为一体的过程，也同样是文化认同发展的过程。以民族为载体的文化发展过程，同样也是人类文化认同发展的一个阶段，在这一阶段中，一个民族对于其文化及族群的认同，也就是民族文化认同。"民族认同是文化认同的一个阶段，人类在超越了这一阶段之后，才进入到文化的大同时期。"⑥ 民族认同非常重要的一个因素就是民族文化的认同，在人类历史缓慢发展的过程中，文化之间的差异主要以"民族之间的差异表现出来，一种文化体系以民族为载体，而民族也是以文化为聚合的"⑦。认同于某一民族，同样也是认同于这一民族的文化。因为一个民族的文化，涵盖了这

---

① 拙文《"小历史"中的"小历史"——历史人类学视野下的苗疆货郎担》，《贵州民族研究》2010年第5期。
② 刘凤云：《理论与方法的推陈出新：清史研究三十年》，《史学月刊》2013年第1期。
③ 陈春声：《走向历史现场》，《读书》2006年第9期。
④ 赵世瑜：《小历史与大历史：区域社会史的理念、方法与实践》，生活·读书·新知三联书店2006年版，第19页。
⑤ 张乃和：《认同理论与世界区域化研究》，《吉林大学社会科学学报》2004年第5期。
⑥ 郑晓云：《文化认同与文化变迁》，中国社会科学出版社1992年版，第125页。
⑦ 邓伟龙、尹素娥：《试论刘三姐文化符号的多民族文化认同》，《创新》2012年第3期。

个民族群体的精神、行为与物质创造以及结果。清代中央王朝塑造的国家认同，是把满族、汉族、蒙古族、藏族以及南方的苗族、侗族、布依族、水族等在内各民族都培育认同爱新觉罗氏为天下共主，认同儒家文化为共同的文化。但在这一过程中，总体上恪守"修其教，不易其俗；齐其政，不易其宜"①的原则。

（三）文化变迁理论

美国学者克莱德·M. 伍兹认为："文化变迁和社会变迁都是同一过程的重要部分，但在必要的时候，在概念上也可以区分，倘若文化可以理解为生活上的多种规则，那么，社会就是指遵循这些规则的人们有组织的聚合体。"② 文化变迁，作为文化人类学的主要研究课题之一，在人类学学术史上具有悠久的渊源。文化一般被定义为："不论是一个民族内部发展的结果，还是两个具有不同生活方式的民族之间接触所引起的，在一个民族生活方式上发生的任何改变。"③ 社会变迁和文化变迁有诸多相似之处，一般是指同一过程的重要部分，但在许多时候概念也是不同的。社会变迁是指"社会结构或功能的改变，社会变迁伴随着文化变迁，因此常称为社会文化变迁"。④ 文化变迁就是社会文化生活不断发生变化的过程，我们需要从文化变迁的角度切入，研究国家与苗疆的互动关系以及由此导致的苗疆社会文化变迁，因此讨论苗疆社会文化变迁可以从苗民的日常社会生活及其社会观念着手。在特定的时代环境下，"社会生活的质量和评价体系并不一定理性，但是我们知道，社会生活具有极强的社会应用性和影响力，必须将社会生活置入具体的历史背景中，才能得到合理的、现代理念的解释"⑤。研究者必须从社会文化的角度观察清水江流域乡村社会的变迁，特别是国家与苗疆的互动，苗民生活方式与观念变迁的互动，比较能体现社会的综合因素的视野。在苗民的社会观

---

① （东汉）郑玄注：《礼记》，第三册，中华书局2015年版，第83页。
② ［美］克莱德·M. 伍兹：《文化变迁》，何瑞福译，河北人民出版社1989年版，第6页。
③ 孙九霞：《文化变迁的类型》，《中山大学研究生学刊（社会科学版）》1995年第3期。
④ 孙九霞：《文化变迁的类型》，前引文。
⑤ 唐力行、吴建华、张翔凤：《国家、地方、民众的互动与社会变迁国际学术研讨会综述》，《历史研究》2003年第1期。

念变迁中,居于社会文化深层的社会信仰是社会生活史的重要精神养料,随文化变迁发生变化,反之也会导致文化变迁。

(四)博弈论

国内学者对中国乡村社会的研究,部分地借鉴了西方学者的相关成果,有学者总结其研究趋向主要是从"市民社会(公共领域)、士绅阶层、国家权力与基层社会、民间信仰和传说、宗族社会、民间社团"① 等方面,研究"国家、地方、民众三者的相互关系"。② 清代的治苗政策是以皇帝为首的封建贵族地主统治阶层为调整民族关系、规范和引导社会成员对待和处理苗疆问题的态度、行为的准则以及遵守、执行这些准则的策略、措施的总称。它既要满足清中央王朝主动进行社会调适的愿望,也要反映清水江流域乡村社会积极回应的态度,因此清水江流域乡村社会与中央王朝之间存在着极其复杂的互动关系。本书用博弈论来研究清代清水江流域乡村社会与中央王朝的关系。

何谓博弈论? 博弈论也称为对策论或者赛局理论,是研究具有斗争或竞争性质现象的理论和方法。一般来说,它是指"研究若干个体或团队之间,在特定条件制约的形势中利用相关方的策略,进而实施对应策略的理论"③。当前,博弈论在经济学、国际关系学、历史学、社会学、政治学、军事战略学等学科研究中都有广泛的应用。运用博弈论对清水江流域乡村社会与清中央王朝进行研究,涉及双方的社会互动、社会整合和社会调适等问题。

社会互动是个体对他者采取社会行动,同时对方作出反应性社会行动的过程,也称社会相互作用或社会交往。德国学者马克斯·韦伯最早在理论上强调社会互动,而美国学者乔治·赫伯特·米德是最早将社会互动付诸实施的系统研究者之一。社会互动就其性质可分为良性互动、中性互动、恶性互动三种类型。清水江流域乡村社会与清中央王朝的互动先是政治领域的互动,进而引起经济领域的互动,导致清水江流域乡

---

① 唐力行等:《"国家、地方、民众的互动与社会变迁"国际学术研讨会述评(代序)》,载唐力行编《国家、地方、民众的互动与社会变迁》,前引书,第3页。

② 唐力行、吴建华、张翔凤:《国家、地方、民众的互动与社会变迁国际学术研讨会综述》,前引文。

③ 梁丹:《博弈论于文化的嬗变分析》,《齐鲁师范学院学报》2012年第3期。

村社会的文化变迁。将社会互动的理论推而广之,可以指社会结构之间的双向互动,这就涉及中央王朝的治苗政策、苗疆社会风俗习惯、苗民心态等方面的互动。国家、地方、民众的互动与社会文化变迁的关系,从社会互动视角来看,这就要求我们一方面"从国家对于地方、民众的正向关系来看待历史问题"①,另一方面"从地方、民众与国家的反向关系来观察社会历史现象"②,通过正反两方面的比较研究,从中总结出更加全面的、客观的,符合历史发展的规律。社会整合,就是把社会的各种要素或不同的社会力量结合为一个统一的有机整体,通过相关制度规范人们的行为、调节人们的社会关系。社会调适,是指国家与苗疆博弈过程中,社会各阶层之间进行调整并互相适应的过程。自国家力量进入苗疆伊始,清水江流域乡村社会与中央王朝之间便进行相互的调适,究其原因主要是双方追求各自利益的最大化。在此基础上,结成了真正的"利益共同体"和"命运共同体"。

二 研究方法

本书立足于整体史的视角,采用文献研究法、田野调查法、比较研究法。除了对传统的历史文献进行研读分析外,必要时进行田野调查,尽可能将文献材料所记录的清水江流域乡村社会去伪存真,尽可能加以还原,呈现清代清水江流域乡村社会与中央王朝之间鲜活互动的历史。此外,将清代不同时期的治苗政策进行比较,或者将清代开辟苗疆后不同时期的苗民社会文化变迁情况进行比较,对于本书的研究都是有积极意义的。

(一) 文献研究法

文献研究法是本书采用的主要方法,清代留存下来的大量档案、苗疆府厅州县地方志、清水江文书等是本书采用的基础史料,关键是对史料解读的方式与角度。笔者在利用文献研究法解读清代清水江流域乡村社会的历史时,既要避免陷入民国时期苗族学者梁聚五、石启贵等人利

---

① 唐力行、吴建华、张翔凤:《国家、地方、民众的互动与社会变迁国际学术研讨会综述》,前引文。

② 唐力行编:《国家、地方、民众的互动与社会变迁》,前引书,第3页。

用对苗夷民族史的研究，争取苗夷民族政治地位的潜在偏向，也要注意避免用阶级斗争历史观来解释"苗乱"① 起因，遮蔽民族矛盾的时代局限性。本书对于清中央王朝的苗疆政策作实事求是的研究，对其导致的苗疆社会文化变迁作出具有说服力的历史解释。此外，笔者还特别注意，在用较晚时期产生的文献来解释更早时期的历史时，对其合理性进行说明。

（二）田野调查法

笔者在研究中秉承文化人类学的文化相对论、文化普同论的立场和理念，尽量做到不偏不倚地对清代中央王朝与清水江流域乡村社会的关系进行历史还原，考察苗疆的节庆、议榔制度、合款制度、屯田、义学、书院、学宫、会馆、庙宇、牌坊、场市、地名等，可以使用田野调查法。笔者借用叶舒宪提出的四重证据法，即传世汉文献（如各种地方志、碑刻等）、出土文献和档案馆的契约实物（如苗疆地区博物馆馆藏考古和实物文献、清水江文书）、异文化的比较（如苗民与周边汉民历史文化的比较）、图像叙事（如百苗图）结合使用作为研究方法。民国时期学者苗疆研究的田野调查资料、20世纪五六十年代少数民族识别资料和少数民族社会历史调查资料、20世纪80年代贵州"六山六水"调查资料等，都是本书可以利用的资料。笔者在研究中尽量做到各种类型的田野调查资料综合参照，同时与本人的田野调查资料相结合，分析清代清水江流域乡村社会与中央王朝的互动过程中国家治苗政策的调整，以及清水江流域乡村社会的政治、经济、法律、土地政策、文化教育、国家认同、地名等方面的文化调适、文化变迁。

（三）比较研究法

研究清代清水江流域乡村社会与中央王朝关系这一论题必须要注意的是，清中央王朝制定的许多治理苗疆的政策、措施和制度初衷是好的，但是政策、措施和制度的实践与制度设计并不一定吻合。在苗疆发展史上，许多治苗政策的执行既有可能因为地广人稀而存在差异，也可能因为执行者（流官、土司、寨老、族长等）的个人素质、代表立场、文化歧视等因素呈现出巨大的差异。笔者在研究中有意识地使用比较研究法，

---

① 文中提及苗乱、生苗、熟苗、开辟等，尽量采用清代文献记载的原话表述，例如苗乱不再表述为苗民起义等，适当的地方加引号表明笔者并不认同文献记录者的观点而已。

如前后各朝的纵向比较、跨地域比较、跨族群比较等等，希望得出比较客观中肯的研究结论。

通过对清朝不同时期治理苗疆的政策及其所起的作用进行比较研究，梳理总结出清中央王朝治理苗疆的若干经验和教训。弄清楚哪些政策是正确的，哪些政策是错误，去其糟粕，取其精华，做到古为今用。

第五节　研究意义

一　现实意义

目前民族问题仍然是一个关系中国国家边疆和谐稳定的重要问题。中共中央总书记习近平在第五次中央民族工作会议上强调，要以铸牢中华民族共同体意识为主线，推动新时代党的民族工作高质量发展。加强对中国历史上各民族地区乡村社会与国家关系的比较研究，必将对当下民族地区民族政策制定和经济发展有更多的借鉴作用。本书希望总结出中央政府与乡村社会良性互动的地方性模式，为构建社会主义和谐民族关系提供可行性政策借鉴和实践指导。

第一，研究清代治苗政策，以史为鉴，改进、完善当下的民族政策。从历史的长河来看，清朝是中国古代封建王朝中将少数民族关系处理得较好的朝代。清代，在苗疆地区将苗族、侗族、布依族、水族等民族纳入了中央王朝的直接统治之下，推动了苗疆社会在政治、经济、思想、法律、文化、教育等方面的发展，促进了中国统一多民族国家的最终形成。全面了解清代清水江流域乡村社会与中央王朝之间的关系，检讨清王朝治理苗疆的政策，总结清朝历史上处理民族关系的成功经验和失败教训，为我们今天制定正确的民族政策提供借鉴，有助于更加妥善地处理好我国当前的民族关系，共建团结友好的中华民族大家庭。同时，为相关政府部门提供科学的、系统的、全面的、可操作性的决策参考，促进民族地区经济社会持续、健康地向前发展，为全面推进乡村振兴作出新贡献。

第二，研究清代管理清水江流域乡村社会的成功经验，古为今用，加强对民族地区乡村社会的有效管理，努力实现民族事务治理体系和治理能力现代化。少数民族地区乡村社会管理是一项涉及历史与现实的重要论题，当前在全面推进乡村振兴的过程中，历史上中国乡村社会尤其是少数民族地区乡村社会管理经验更应该受到高度的重视。研究清水江流域乡村社会管理，关注国家政权自上而下的控制如何加强和推进，关注清水江流域乡村社会自下而上的反控制如何不断扩大。随着清代中央王朝与清水江流域乡村社会的社会互动、社会整合和社会调适的不断演进，国家与乡村社会在更多领域出现了对立与合作。检讨其经验教训，颇具现实意义。

二　理论意义

第一，进一步拓展苗学研究[①]的范围和深度。具体来说，要打破过去苗学研究囿于阶级斗争的主题，集中于政治史、军事史、经济剥削关系史的局限，向文化史、观念史、农业史、林业史、经济史、法制史、贸易史、教育史、地名史等多元史学研究范围拓展并深化研究。

第二，进一步认识和理解中华民族多元一体的理论。认识到中国统一多民族国家形成的必然性，各民族相互依存共同进步的必要性，认识到清代苗疆社会发展的特点和规律，增强少数民族群众的国家认同，增强中华民族凝聚力。

第三，进一步深化"小历史"的研究。从国家的大历史研究向清水江流域乡村社会的小历史研究转变，从苗疆内部的族别史（如苗族史、侗族史、布依族史等）研究到苗疆总体史、区域史研究的转变。今天中国学界的社会文化史研究，正力求摆脱以往研究"大历史"的束缚，眼光向下，关注"小历史"，进而得出较为全面的、整体的历史。这一学术转向暗合20世纪上半叶法国年鉴学派领军人物雅克·勒高夫在《新史学》中倡导的理念，"历史不仅是政治史、军事史和外交史，而且还是经济史、人口史、技术史和习俗史；不仅是君主和大人物的历史，而且还是所有人的历史；这是结构的历史，而不仅仅是事件的历史；总之是一种总体的历史"。[②]

---

①　本书所指的苗学研究均是广义上的，泛指苗族学、布依族学、侗族学、水族学等在内的族别研究。参见拙著《改土归流与苗疆再造：清代"新疆六厅"的王化进程及其社会文化变迁》，中国社会科学出版社2012年版，第25页。

②　[法]雅克·勒高夫：《新史学》，姚蒙译，上海译文出版社1989年版，第19页。

第 一 章

中国历代王朝治理苗疆方略的历史演进

国家权力对苗疆的治理方略经历了复杂的历史演变过程。历代中央王朝不断调整治理民族地区的政策，目的在于扩大和强化统一多民族国家的中央王权。从唐宋到元明清，在羁縻思想的指导下，中央王朝治理民族地区先后采用了羁縻州制、土司制、土流并治、流官制等，显示了中央王朝对民族地区统治的逐步加强，其间的变化经历了从松散到收紧、从间接统治到直接统治的渐进过程。尤其是清代雍正、乾隆年间的改土归流（实为开辟苗疆）将苗疆正式纳入了国家的整体控制体系，强化了对这些地区的直接控制。清代雍正年间开辟苗疆的举措，甚至在苗疆设置了"新疆六厅"①，直接将苗疆"生界"纳入中央王朝的流官统治体系。从羁縻州制、土司制、土流并治到流官制历史性的变迁过程，甚至在某些苗疆"生界"，直接从"有族属""无君长""不相统属"的状态跃入流官统治阶段，意味着国家加强了对苗疆的控制，中央王朝对清水江流域乡村社会的权力控制日益强化。特别是清代，开辟苗疆以后，中央王朝设置了府厅州县等政权机构和镇、协、营、汛、塘、堡等军事机

---

① "新疆六厅"，即雍正时期开辟苗疆，新设的八寨厅、丹江厅、清江厅、古州厅、台拱厅、都江厅。其中的都江厅（今三都水族自治县）主要是水族聚居区，古州厅（今榕江县）主要是侗族聚居区，其余四厅主要是苗族聚居区，但也包含侗族、布依族等民族，可见清王朝视野中的苗民是泛称，并非仅仅指今天的苗族。本书多次提到"新疆六厅"和"苗疆"所指并不一致，大体而言，古代"苗疆"广义上包括西南尤其是贵州民族聚居区，狭义上特指黔东南雷公山地区、黔东北苗岭地区、湘西腊尔山地区，"新疆六厅"仅仅指雍正年间在雷公山地区新设的六个厅，属于狭义苗疆的一个部分。

构，同时分封若干小土司，对广大清水江流域乡村社会进行了严密的控制。

第一节 开辟前的治理方略

一 "生界"时期

历代中央王朝把居住在经制州或羁縻州之内的苗民称为"熟苗"，把州治范围之外的苗民称为"生苗"，把他们聚居的地区称为"生界"。"生界"这一称呼，一方面表明这些民族地区的封闭性，中央王朝势力尚未进入该地区；另一方面表明了该地区的苗民社会文化水平还处于极其低下的阶段。居住在"生界"的苗民社会内部，一般靠"鼓社""议榔""理老""款"等组织来管理一寨或数寨苗民，维持苗疆内部的社会秩序，共同抵御外敌侵略。村落之间则主要依靠大寨管理小寨的制度来维系社会稳定。在清代对苗疆实施改土归流和开辟之前，黔省的长寨（今长顺县）、定番（今惠水县）、雷公山地区和湘黔交界的腊尔山地区被认为是传统的"生界"。这些地区的社会状况，长期处于"有族属""无君长""不相统属"的分散状态，他们内部既没有形成统一的行政机构，也没有统一的政治、军事首领，只是各个村寨之间形成独立的一个或几个自然领袖。从社会经济水平来看，由于他们与周边汉民接触少，尚未引入汉移民先进的生产技术和种类繁多的农作物品种，主要从事刀耕火种、广种薄收的原始农业，加上辅助的渔猎，只能勉强维持自给自足的生活水平。

据史籍记载，苗疆地区的古州（今榕江县）地阔山峻，苗类繁多，叛服无常，自汉至隋羁縻而已。唐时古州属岭南道，五代时复陷于蛮。元至正中叶，设古州八万军民总管府。明洪武时，以"外古州"设潭溪、龙里、洪舟、八舟、新化、亮寨、中林、曹滴、西山、湖耳、赤溪、永从……十四长官司，而"里古州"遂弃之"化外"。① 从上述史料可知，苗疆的"外古州"，清雍正之前经历了"生界"→羁縻制→流官制→"生界"→

---

① 贵州省文史馆点校，任可澄、杨恩元等撰：（民国）《贵州通志·前事志》，第三册，贵州人民出版社1988年版，第212页。

土司制→"生界"的过程。雍正年间开辟苗疆之后，古州才重新归入"王化"。许多苗疆地区归入"王化"，并非一蹴而就的过程，其间经历了多次反复，甚至出现多次的历史倒退，可见，苗疆一直是历代中央王朝难啃的一块"硬骨头"。此外，最新的考古发现，清水江中出土的青铜器有铜剑、铜矛、铜钺、铜镞，① 可以推测早期其地曾经有较高文明的民族生活过，并非一直是所谓苗疆"生界"。

当然，"生界"和"熟地"并没有泾渭分明的畛域，其居民"生苗"和"熟苗"之间有着千丝万缕的关系，每次"苗乱"，必定都是有"熟苗"参与的。从遭遇上说，他们共同受到流官、土司、不法奸商的欺压剥削，从民族认同上看，他们都有共同的椎牛祭祖、跳月、议榔、埋岩讲款等习俗，这是长期形成的，绝非中央王朝短期内的"教化"可以改变的。

二 羁縻制时期

《尚书》记载有一种理想的"五服"模式："五百里甸服：百里赋纳总，二百里纳铚，三百里纳秸服，四百里粟，五百里米。五百里侯服：百里采，二百里男邦，三百里诸侯。五百里绥服：三百里揆文教，二百里奋武卫。五百里要服：三百里夷，二百里蔡。五百里荒服：三百里蛮，二百里流。"② 根据"五服"理想模式的设计，以天子为核心根据距离和亲疏画五个同心圆，天子直接统治的地区成为甸服，环绕天子建立起来的列国为侯服，侯服之外为绥服或宾服，其外是要服和荒服。在王居住的京城之外的土地分为五等，每一等四方各五百里。从京城往外，第一等是甸服，以农业为主的直接统治区；第二等是侯服，即诸侯统治区；第三等是绥服，需要绥抚怀柔的地区；第四等是要服，即边远地区；第五等是荒服，即蛮荒之地。要服和荒服就是中央王朝需要采取羁縻政策进行统治的地区。

何谓羁縻政策？汉武帝时期，司马相如曾经说："盖闻天子之于夷狄

---

① 李飞：《静静的清水江》，《贵州文化遗产》2008 年第 3 期。
② 《尚书·禹贡》。

也，其义羁縻勿绝而已。"①《史记索隐》云："羁，马络头也；縻，牛绁也。《汉官仪》云：'马云羁，牛云縻。'言制四夷如牛马之受羁縻。"②从上述材料对羁縻的解释看，在中央王朝的眼里，统治"四夷"如同驾驭烈马蛮牛，只需要牵引其头领就可以了。从羁縻政策的执行情况来看，确实也是这样的。中央王朝封授少数民族首领虚衔，不过问其内部事务，只需要他们对朝廷表示臣服，有时候再象征性地缴纳少量的贡赋或者派土兵参与镇压其他地区的少数民族"叛乱"，就可以世代统治辖区内的人民。

羁縻政策的统治方式，衍生出羁縻制度。羁縻制大约起于中国秦汉时期，终于南宋，是中央王朝对鞭长莫及的西南、西北等民族地区实行的一种形式上、名义上统治的宽松政策。在中国历史上，各朝羁縻制的实施略有不同："夏商周三代的要服、要荒政策，春秋战国时期的攘夷政策，两汉时期的属国制，汉唐时期的羁縻府州制，唐宋时期的'五管'制等。"③到元明清时期，随着中央王朝势力的不断加强，逐渐用管理较为严格的土司制取代了羁縻制。就"新疆六厅"而言，一下子由苗疆"生界"过渡到流官统治为主，土司管理为辅的状态，从"荒服""要服"跳跃到"绥服"阶段。汉苗之间骤然发生激烈的碰撞，自然引起了双方军事、政治、文化上的种种冲突。

中央王朝采取羁縻政策统治少数民族地区，与其一贯主张的"溥天之下，莫非王土；率土之滨，莫非王臣"的宗旨大不相合，主要根据形势、地域、族群等因素，针对鞭长莫及的少数民族地区采取的权宜之计。蜀汉的诸葛武侯南征时，对于远在泸水以外的孟获，就采取"七擒七纵"办法，降服其心，继续利用孟获代为管理"夷地"，原因是："若留外人，则当留兵，兵留则无所食，一不易也。加夷新伤破，父兄死丧，留外人而无兵者，必成祸患，二不易也。又夷累有废杀之罪，自

---

① （西汉）司马迁：《史记》卷一百一十七，《司马相如列传》，第五十七，第九册，中华书局2007年版，第3049—3050页。

② （西汉）司马迁：《史记》卷一百一十七，《司马相如列传》，第五十七，第九册，前引书，第3049—3050页。

③ 杨永俊：《我国古代民族羁縻统治政策的变迁及其原因探究》，《西北史地》1999年第2期。

嫌衅重，若留外人，终不相信，三不易也。今欲使吾不留兵，不运粮而纲纪粗定，夷汉粗安也。"① 这不但是诸葛武侯对孟获采取羁縻政策的原因，而且是历代中央王朝采取羁縻制来治理西南和西北民族地区的重要原因。能否顺利推行羁縻制，关键在于能否有效执行土官制度，即在保证中央王朝的统治权威下，允许边疆之地"修齐教，不易其俗；齐其政，不易其宜"，尊重少数民族文化习俗的基础上，允许少数民族用自己人管理自己人。

三 土司制时期

对民族地区进行统治的土司制度作为一种有别于传统中国中原地区的治理模式，由古代中国中央王朝在统治疆域内的民族地区推行，主要是西南和西北民族地区。土司，"司者，官职官守之谓；土司者，即以土著之人分封官职官守也"。② 秦汉以来的羁縻制度奠定了土司制度的雏形。元代征服西南，分封少数民族首领统治其地。这种封官设治，加强了土官的势力。明代继续沿用并完善了元代的做法，形成了成熟的土司制度。土司制度主要在元明清三代盛行，到民国还残留有一部分土司，新中国成立后民主改革时期被彻底废除。土司制度有点类似于古代的"封贡制度"，③ 只不过土司制度是对内，后者是对外，封贡制度严格说来是对更大范围的"内"。吴永章认为，土司制度的责任和义务是双向的，一方面，中央通过土著首领对民族地区实行间接统治，并对民族地区履行一定的国家义务；另一方面，各土著首领必须服从中央王朝的领导，听其驱调，并上缴数量不等的贡赋。④ 中央王朝管控土司秉承的原则是："其道在于羁縻"，"其要在于抚绥得人，恩威兼济"。⑤ "土司制度本质上是古代中国中央王朝针对暂时难以直接统治的少数民族地区实行间接统治的权宜之计。土司制度是一种割据性的地方政治制度，其发展过程中，

---

① （清）张澍编：《诸葛忠武侯文集》，转引自（民国）余贻泽《中国土司制度》，正中书局1944年版，第6页。
② （民国）余贻泽：《中国土司制度》，前引书，第10页。
③ 徐新建：《西南研究论》，"总论"，前引书，第4页。
④ 吴永章：《中国土司制度渊源与发展史》，"导言"，四川民族出版社1988年版。
⑤ （清）张廷玉等：《明史》，卷310列传198土司，中华书局1974年版，第7981页。

中央王朝和土司之间就一直进行着控制与反控制、削弱与扩张的较量。"① 一旦时机成熟,中央王朝一般会顺应历史发展的潮流,推行改土归流。

元朝在西南少数民族地区建立了土司的授职、承袭、升迁、惩罚等一套完整的规章制度,并确立了朝贡、纳赋章程等,基本上奠定了土司制度的雏形。到了明代,土司制度在沿袭元代做法的同时又有所发展。《明史》载:"踵元故事,大为恢拓,分别司郡州县,额以赋役,听我驱调,而法始备矣。然其道在于羁縻。彼大姓相擅,世积威约,而必假我爵禄,宠之名号,乃易为统摄,故奔走惟命。然调遣日繁,急而生变,恃功怙过,侵扰益深,故历朝征伐,利害各半。其要在于抚绥得人,恩威兼济,则得其死力而不足为患。"② 由此可见,明朝对于推行土司制度的方针、政策、办法、目的等都有一套成熟的运行规则。明对元代土司制度加以改进和完善,使其成为当时的历史条件下一种较为有效的治理西南民族地区的政治制度。据龚荫的研究,明王朝在四川、云南、贵州、广西、广东、湖广、陕西等七个行省均设置有土司制度。③

民国学者余贻泽分析了土司制度形成的原因有六点:(1)以蛮治蛮之策;(2)以流官统治,言语不通,风俗各异,交通不便,加之地无所出;(3)羁縻招抚之策,即不愿多事四夷,轻启征伐也;(4)中央王朝统治者的傲慢和轻视:不屑以中国礼教治"化外"之民;(5)中国政府无意开化其地,又不愿在"四海之内"有非王臣者在,故只求其朝贡,奉正朔而已。土族首领为保留势力,亦愿上贡称臣,双方达成妥协。(6)清代土司在"腹地"者日弱,在边地者仍旧。清廷的用意在于利用土司以防遏边患。④ 清代在开辟苗疆之后设置了大量的小土司,就是基于第六条原因,采用土司来防止、遏制"苗患"。

清廷进兵西南追剿南明残余势力,对于各大小土司,只要顺从新朝,均以原官授之。清初继续实施土司制度的原因有三:一是客观形势的发

---

① 吴雪梅:《国家、民间权威、族群:清代民族边缘地区乡村社会的权力关系——以鄂西南土家族地区为中心的考察》,《中南民族大学学报》(人文社会科学版) 2009 年第 1 期。
② (清)张廷玉等:《明史》,卷310 列传 198 土司,前引文,第 7981 页。
③ 龚荫:《中国土司制度》,云南民族出版社 1992 年版,第 57 页。
④ (民国)余贻泽:《中国土司制度》,前引书,第 13—14 页。

展；二是清初政权稳定的需要；三是有效利用土司的需要。随着政治形势的变化，清代西南地区部分土司势力大增，武装叛乱时有发生，土司制度的落后性日益凸显，严重威胁中央王朝的统治。此外，经过清康熙朝半个多世纪的苦心经营，国力日益强盛，特别是雍正时期，当时云贵总督鄂尔泰认为，"云贵大患，莫甚于苗蛮，欲安民必先制苗，欲治苗必改土归流"，① 种种因素叠加遂促使雍正决定在苗疆实施大规模的改土归流②，实施中央王朝对苗疆的直接统治。

　　苗疆并非都经历羁縻制、土司制到流官制三种统治方式的螺旋式上升过程，三种统治方式有时候并不是那么泾渭分明，土司制度只是羁縻制度的一种变形。明末清初，由于中央王朝实力不足，战乱频生，清水江流域又恢复了土司统治和苗民自治并存的局面。但随着雍正朝军事力量的加强，苗疆再度归于清王朝统治之下。清王朝时期土司制度和流官制度有时候是混合实施的，最终目的都是更好地经略苗疆。"明初建立的潭溪、八舟、新华等长官司在顺治十五年（1658）归附，其中分管三郎司和赤黔浦洞司，在康熙二十三年（1684）实行了改土归流。"③《八寨县志稿·叙·土司》云："历代驭夷之道，大都顺其土俗，用厥渠魁戢乱止乱，以蛮治蛮，钱粮征解可免酷吏之浮收，夫马照供不漏。"④ "土"即"土官"，是土生土长的由中央王朝委任的世袭的少数民族地方官员，"流"即"流官"，是中央王朝从外地派遣来的地方官员。"土官"与"流官"其实也是相对而言，在苗疆发展史上，有许多土官是祖上当流官或军官"变服从俗"演变而来；有一些土官后裔同样走上仕途，到外地为官，变成流官。在土司制度由盛转衰的历史进程中，中央王朝逐渐用府、厅、州、县取代土司的辖区，防控少数民族的卫所也逐渐并入附近府厅州县，土官逐渐被流官所取代。"设吏则必来五方之民"，少数民族

---

① （清）魏源：《圣武记》，卷七"雍正西南改土归流记"，中华书局1984年版。
② 实际上雍正时期新设的"新疆六厅"境内，土司很少，基本上无"土"可改，反而设置大量的小土司。严格来说，只能是开辟苗疆，而非改土归流。详见拙著《改土归流与苗疆再造：清代"新疆六厅"的王化进程及其社会文化变迁》，前引书，第4—5页。
③ 唐莹：《清水江流域的乡村社会生活》，硕士学位论文，贵州大学，2011年，第23—24页。
④ （民国）任可澄、杨恩元等：《贵州通志》，第102册，土司志五，贵阳文通书局，民国三十七年（1948年）铅印本。

地区的文化结构逐渐变成以儒家文化为主导，并与当地少数民族文化共同发展的局面。

第二节　开辟后的治理方略

一　开辟苗疆

贵州地处川、滇、湖、粤四省之间，地理位置十分重要。明太祖朱元璋在《平滇诏书》中就强调："若霭翠辈不尽服之，虽有云南不能守也。"① 明末清初史地学家顾祖禹曰："尝考贵州之地，虽偏隅逼窄，然驿道所经，自平溪、清浪而西，回环达于西北凡千六百里。贵阳尤人之心腹也，东西诸府犹人之两臂然。守偏桥、铜鼓以当辰、靖之冲，则沅、靖未敢争也；据普安、乌蒙以临滇、粤之效，则滇、粤不能难也；扼平越、永宁以拒川蜀之师，则川蜀未敢争也。"② "欲争云南，必争贵州"，明中央王朝高度重视贵州的战略地位，在平定思州、思南两宣慰司内斗之后，趁机废除两大土司，明永乐十一年（1413）设贵州布政使司。同时，置思州、思南等八府，派遣流官管理，并设立卫、哨、塘、甲、司、所，控制沿线驿道，这就是贵州历史上最早的"改土归流"。

治理好贵州，有利于中央王朝在湖广、四川、云南推行统治。反之，一旦贵州治理不好，中央王朝无法对云南进行有效统治，甚至会动摇东南亚藩属国长期以来对中国藩主效忠的信心。此外，从历史上看，南宋被蒙古大军从大理国南上，南北夹击所亡，南明王朝流亡贵州、云南达十余年，这些经验教训都使清统治者更加重视贵州的战略地位。清代贵州，是贵州行政建置史上最重要的阶段，经历了几次大的省域变革，划入了邻省的部分疆土，同时进行大规模的改土归流和开辟苗疆，基本上奠定了今天的疆界。"朝廷硕画远过前明，其'熟苗'之在我时日夜间者徐徐化导，广储天庾以图久安长治之术，将见风气日厚，富庶有加。枕

---

① （清）张廷玉等：《明史》，卷316列传240，贵州土司，前引书。
② （清）顾祖禹：《读史方舆纪要》，"贵州方舆纪要叙"，中华书局2005年版。

滇带蜀可作屏障，金、锡、丹砂足资日用，亦西南一大要都也。"①

清初，由于各地反清势力此起彼伏，局势动荡不安，经济萧条，中央王朝暂时无暇顾及西南少数民族地区。甚至为了安抚土司，以免其追随南明王朝残余势力，除继承明制继续实行土司制度统治，还对有功土司大肆封赏，并任用流官统治苗疆大小城镇。顺治五年（1648），朝廷下令："各处土司，原应世守地方，不得轻听叛逆招诱，自外王化。凡未经归顺，今来投诚者，开具原管地方部落，准与照旧袭封；有擒执叛逆来献者，仍厚加升赏；已归顺土司官，曾立功绩及未经授职者，该督抚按官通察具奏，论功升授。"② 这一时期，苗疆的一批土司纷纷归附清中央王朝，被"照旧袭封"。如黎平府下辖的潭溪、八舟、龙里、中林、古州、新化、欧阳、亮寨、湖耳、洪州等地长官司，隶属镇远府的偏桥长官司、邛水长官司，隶属都匀府的烂土长官司等。

清代康熙年间，中央王朝无暇顾及治理苗疆，听任土司蹂躏苗民，苗民不堪压迫奋起反抗的情况时有发生。康熙四年（1665），定番州苗民杀死小龙土司龙象贤、丹平土司莫大成。康熙十二年（1673），土民又杀死小龙土司龙象宾、龙正吟。③ 同年，都匀府苗民杀死夭坝土司夭应禄。④ 康熙四十年（1701），黄平州苗民杀死土司何瓒远。⑤ 与此同时，贵州雷公山一带"千里苗疆"长期处于"化外之地"的状态，不但对清廷统治贵州构成威胁，而且还影响到周边湖广、四川的边界安定。因此，无论是为了满足统治者大一统的需要，还是地方政府扩大税源的考虑，处于府厅州县包围却具有半独立性质的苗疆"生界"都不可能长期存在。整饬贵州苗疆土司及"化外"之苗，进行改土归流及开辟苗疆的行动，是巩固清廷在黔省统治的大势所趋。

清雍正朝开始在西南地区实施大规模的"改土归流"，雍正四年到十三年（1726—1735年），"湖广、四川、云南、广西、贵州五省被改流的

---

① （清）潘文芮：《（乾隆）贵州志稿》，卷一黔省开辟考，贵州省图书馆复制油印本，1965年。
② 《世祖实录》，卷41，顺治五年十一月辛未。
③ （清）年法尧：（康熙）《定番州志》，"大事"，巴蜀书社2006年版。
④ （清）鄂尔泰：（乾隆）《贵州通志》，"师旅"，巴蜀书社2006年版。
⑤ （清）李台：（嘉庆）《黄平州志》，"武备"，巴蜀书社2006年版。

60多个县，长官司以上的土司中，湖广有36个，贵州只有7个"①。就改流的土司职衔而言，其他省尚有宣慰司、宣抚司、土知府、土知州，贵州只有长官司、长官副司，可见其时贵州已经没有尚未改流的大土司，所改者只是一些中小土司。明清两代在西南等地区推行的一般意义上的"改土归流"，雍正朝之前贵州即已基本完成。雍正年间，清廷把在黔省大规模的改土归流、开辟苗疆等事，一律称之为"改土归流"。雍正二年（1724），清世宗严谕："朕闻各处土司，鲜知法纪，所属土民，每年科派较之有司征收正供，不啻倍蓰。甚至取其马牛，夺其子女，生杀任情，土民受其鱼肉，敢怒而不敢言，莫非朕之赤子？天下共享乐利而土民独使向隅，朕心深为不忍。"② 在这一整治土司、拯救赤子理念的驱使下，雍正遂任命鄂尔泰着手西南民族地区的改土归流事宜。但实际上，在定番（今惠水县）、长寨（今长顺县）及雷公山地区，朝廷主要着力于开辟苗疆，把处于"化外之地"的"生苗"纳入清王朝统治体系当中。雍正年间，清王朝在贵州陆续设立清江厅（今剑河县）、八寨厅（今丹寨县）、都江厅（今三都县）、台拱厅（今台江县）、丹江厅（今雷山县）、古州厅（今榕江县）、长寨厅（今长顺县）、归化厅（今紫云县）、仁怀厅（今赤水市、习水县一带）、郎岱厅（今六枝区）、松桃厅、水城厅等。清代雍乾"苗乱"失败以前，雷公山地区还是清廷鞭长莫及的地带。这一地区地域辽阔，据雍正朝镇远府知府方显粗略估计："黔省故多苗，自黎平府以西，都匀府以东，镇远府以南，皆'生苗'地。广袤二三千里，户口十余万，不隶版图。"③

清雍正年间开辟苗疆，其实也是封建君主专制和苗民民主自治制度之间的一次文化大碰撞。苗民发起的抗争被镇压后，短期内被强制剃发改装、禁止椎牛祭祖等，固有的民族文化遭到严重破坏。温春来认为，"在流官和土司统治的两种不同制度下，清廷在同一地区所能征派的赋役

---

① 张捷夫：《论改土归流的进步作用》，载中国社会科学院历史研究所清史研究室编《清史论丛》第二辑，中华书局1980年版。
② （民国）任可澄、杨恩元等：《贵州通志》，第102册，土司志五，前引书。
③ （清）方显：《平苗纪略》，清同治朝武昌刻本。

以及必须付出的经济代价"①都是大不相同的,他归纳这些代价为驻军费用、修建衙署、官员薪俸等。此外,汉苗之间巨大的文化差异,苗民大大小小的抵抗也影响着清廷的决策。在苗疆设置流官意味着增加日常行政经费、支出衙门官舍建设费用、支出一笔数量不菲的军费开支等,付出的经济代价过大,对朝廷的武力扩张行为亦是重要的制约。这些因素在一定程度上影响了朝中大臣与流官对开辟苗疆后其乡村社会控制手段、管理方式的选择。

二 设土置流

自明初"改土归流"开始,中央王朝为了实现国家权力在苗疆的扩张,最终实现政治一体化的目标,只要具备适当的条件和机会,就会以各种借口对土司实行改土归流。到了清雍正时期,国家一统,疆域空前辽阔,综合国力大增,具备开辟苗疆及后续治理苗疆所需的实力,"卧榻之下岂容他人酣睡"?中央王朝将国家权力扩张到苗疆的欲望日益增强,开辟苗疆成为必然之选。中央王朝凭借武力进入苗疆地区,打破苗民原有的传统社会秩序,改造苗疆的政治、经济、文化等,开始建立流官统治秩序。

水陆交通的改善以及清王朝势力逐渐深入苗疆,加上中原地区的天灾人祸和人口压力,这些因素促使中原地区人民纷纷移民苗疆,贵州迎来了建省以来的又一次移民潮。开辟苗疆之后,清廷开始建立一整套新的政权机构,并健全苗疆的官僚体制。"清初国家对转型后民族地区的控制是大大地加强了,使其在整体上被纳入了国家控制体系之中。"②历史、文化、语言、习俗的隔膜,使得清王朝对苗疆的治理比中原地区要困难得多。苗疆原来基本上没有土司,清廷未能在短期内培养出一个忠于中央王朝的基层力量如传统中国乡村士绅阶层来协助流官治理苗民。乾隆朝《贵州通志》编撰者认为,改土归流之后在苗疆设置土司的原因是:

---

① 温春来:《行政成本、汉夷风俗与改土归流——明代贵州贵阳府与新贵县设置始末》,《中山大学学报》(社会科学版)2004年第5期。

② 吴雪梅:《国家与地方势力:清代鄂西南土家族地区乡村社会权力结构的演变》,前引文。

"修其教，不易其俗；齐其政，不易其宜。近世土司之设，亦王者达志通欲之权也。况其先人大抵以军官莅诸彝，久而相安。亦或故为蛮彝长，及国家定鼎，咸能率先效顺，故得久席其荫世不替则，仰体上德以抚柔其人。"① 清中央王朝一方面采取"土流并置"，将卫所军屯改建或并入州县，逐渐以流官取代土官，加强对苗疆的统治；另一方面，大力推行儒学教育，"使之同于中国"，将苗疆纳入与全国同步发展的轨道。

清中央王朝开辟苗疆后，加强对苗疆的军事控制，于古州设镇，增一名总兵②、三名游击、三名守备、六名千总、十二名把总，分左中右三营，安兵三千；升都匀营为协，设副将驻扎八寨厅，增两名游击、一名守备、安兵一千六百名；设清江协，增一名副将、两名游击、两名守备、六名千总，分左右二营，安兵二千名；设丹江营，驻一名参将、两名守备、一名千总、两名把总，安兵一千六百名。此外，由黄平州黄施营移驻施秉兵三百名；稿贡驻兵二百名。③ 常年驻兵总数达9100名。开辟苗疆后，当清廷觉得自然权威势力过大时，改变明朝打压、剪除土官的做法，改为设置并扶持土官的势力，强化科层式权威，消解寨老的自然权威。清廷对参与开辟和清理苗疆的通事或向导大加封赏，"就苗民之随征有功卓著劳绩者，给予世袭土职"，④ 用土司代为管理苗寨。例如，清江厅设土千总6名，管119寨；土把总8名，管72寨；土舍3名，管15寨；土通事4名，管12寨。"土官多为邛水司人，因应募充当通事等授职。"⑤ 台拱厅设置：高坡土千总、方召土千总、南市土千总；乌漏土把总、榕山土把总、掌下土把总、方拢土把总、龙塘土把总。⑥ 古州厅设四十堡，于各路苗寨中置土千总7名，土把总6名，外委土舍10名。23名

---

① （乾隆）《贵州通志》，转引自（民国）任可澄、杨恩元等《贵州通志》，第102册，土司志五，前引书。
② 清制，总兵，从二品；副将，从三品；参将，从三品；游击，四品；千总，从五品；把总，从六品；外委，不入流，多由地方委任的下级小军官。
③ 吴荣臻等编：《苗疆通史》，第二卷，民族出版社2007年版，第354页。
④ （民国）任可澄、杨恩元等：《贵州通志》，第102册，土司志五，前引书。
⑤ 贵州省剑河县地方志编纂委员会编：《剑河县志》，贵州人民出版社1994年版，第76—77页。
⑥ 贵州省台江县志编纂委员会编：《台江县志》，贵州人民出版社1994年版，第32页。

土司均系通事改成。① 清平县（今凯里市）新设的土司有崖头司（恐为元崖岭司），淳毓雍正十三年以功授土千总。② 乐榜司，雍正十三年，孙堃以功授土把总。③ 雍正七年设古州同知，下设通事 22 名分管各寨。乾隆四年（1739），在古州厅又"准给通事以土千把总、土舍之职"。乾隆九年（1744），古州厅仍然有土千总六名、土把总二名、土舍七名④。其中，八开土千总设土司汛弁驻守八开寨。

开辟苗疆后，清廷在苗疆"设土置流"，任命许多小土司代为掌握苗疆基层政权。苗疆只能算是"半土半流""流土并置"，境内流官政府直接控制的地方其实很有限，主要是厅城所在地、军屯及周边苗寨，其余苗寨都是通过朝廷封赐的土司代为管理，实行间接统治。清代苗疆设置的土司，实际上只能称之为土官。土官主要是为流官政府催粮派夫，对辖区内虽有收取各种赋税的权力和上交贡品的义务，但对辖区内民众开田种地、筑坝修渠、修路架桥等扩大生产、发展经济文化的事务，基本上不予过问。实际上，土官对苗民主要着眼于军事上的控制、政治上的管束而已，在"苗乱"等非常时期协助朝廷剿灭叛乱，在经济、文化、教育等方面根本无力参与，只能起到管制苗民的作用。土司的社会属性主要归于统治者，由于与当地少数民族有密切的联系，又具有"本民族"的民族属性。有的土司就是本地少数民族，或者是汉人被"苗化"的，熟悉本地少数民族语言的另类土著。清廷当然知道利用土司管理苗民有许多弊端，但土司具有熟悉苗情、通晓苗语等优势，依靠他们的协助管理才能实现对清水江流域乡村社会的控制。清王朝的流官反而在苗疆基层缺乏权威，各种劳役摊派和命盗案件，必须依靠土司的协助才能顺利处理。但是，土司却乘机欺压、剥削苗民。"查内地武弁不许干预民事，而苗疆则不然。文员怯懦，不敢轻入峒寨，惟催粮及买物、派夫，则差役前去，持票滋扰。此外，一切争讼、劫杀等事，多系武弁管理。千把

---

① 贵州省榕江县地方志编纂委员会编：《榕江县志》，贵州人民出版社 1999 年版，第 218 页。
② （清）爱必达：《黔南识略》，载杜文铎等点校《黔南识略·黔南职方纪略》，贵州人民出版社 1992 年版，卷 11，清平县。
③ （清）爱必达：《黔南识略》，前引书，卷 11，清平县。
④ （清）爱必达：《黔南识略》，前引书，卷 22，古州同知。

微员,皆受理讼词。汛兵营目,全皆勾当公事。威权所及,摊派随之,于是因公科敛,甚而辱其妇女。苗人不甚其忿,而又无所告诉,是以发愤而与之拼命。"①

清中央王朝在国家权力扩张到苗疆的过程中采取"设土置流""土流并重"的措施。杨庭硕认为,"土流并重"的目的,一方面消除土司统治的弊端,另一方面减少国家直接管理的政治成本、经济成本。当国家权力在苗疆乡村社会扩张过程中遇到一定阻力时,中央王朝和地方官员便借助小土司的力量实现国家权力扩张的目的。②清中央王朝开辟苗疆后,通过一系列治理实践完成了管理权延伸到清水江流域乡村社会底层,实现了中央王权权力的渗透与支配。苗疆除了享有免除"钱粮征收"的优惠政策外,与中原地区已经没有太大的区别,总体上融入了国家管理体系中,国家对清水江流域乡村社会的控制大大地加强了。

学术界通常认为,清代中央王朝统治权力只到达苗疆厅州县衙门的观点,并不十分准确。苗疆土司作为流官的属官,肩负缉捕盗贼、盘查奸伪的职责。清王朝通过厅州县以下的土司和设于水陆交通要道的营、汛、铺、哨、堡,把国家控制深入远离县城的乡镇和场市,构成了统治清水江流域乡村社会的控制网络。清咸丰同治年间,中原地区先后爆发了太平天国起义、捻军起义等,中央王朝因而放任了流官对苗民的剥削、压迫,加之战争导致清水江、都柳江水路不通,商旅阻塞,清水江流域乡村社会四处匪警,动荡不安。此时,对清中央王朝而言,亟须维护清水江流域乡村社会治安,保持政治稳定,但是中央王朝过去一直倚重的土司、屯军,却已经失去其功能和作用,成为无足轻重的职位和群体,从而导致"苗乱"一发不可收拾。贺跃夫认为,"清中叶以后,随着人口的增长和基层社会控制的复杂化,清朝国家如果想要维持和加强其在基

---

① 乾隆七年五月十一日批(军录),"孙家淦奏陈绥抚苗瑶之法以靖边圉折",载中国第一历史档案馆、中国人民大学清史研究所、贵州省档案馆编《清代前期苗民起义档案史料汇编》中册,光明日报出版社1987年版,第95页。

② 杨庭硕、李银艳:《土流并治:土司制度推行中的常态》,《贵州民族研究》2012年第3期。

层的行政控制网,就必须相应扩大它的基层'管民之官'的官缺设置"①。贺跃夫所论述的是传统中国中原地区的基层社会,但推而论之,清水江流域乡村社会确实存在类似的情况,需要扩大"管民之官",或者说在土司、屯军已经失效的情况下,亟须寻求新的乡村社会管理者。

三 以苗治苗

"以苗治苗"至少包括两个层面:一是掌握苗民的文化习俗,用流官、土司配合苗疆的寨老和族长治理苗民,减少清廷统治苗疆的政治阻力;二是尊重苗俗,不用大清律例,而以"苗例治苗"。大部分时期,清中央政府对于清水江流域乡村社会实行的是非正式的管理方式。清政府派遣流官到府厅州县进行直接统治,对厅县下面苗寨的管理,则实行土司与寨老、族长并置的管理模式。"不管是由于无为渗透,还是出于制度设计,总之没有将国家的正式机构和行政人员延伸到县以下的乡村社会。"② 清水江流域乡村社会是清中央王朝的统治制度化层面中薄弱的一环,国家法律在清水江流域乡村社会中不起作用,苗民的习惯法才是指导行动的准则,而苗民的习惯法在大多数情况下得到自觉遵守的原因在于习惯法是苗民长期处于自治状态的产物。

寨老制,或称头人制,是苗寨原有的乡村社会管理模式。清代苗疆的寨老和族长不可否认地在苗民社会生活中发挥着上传下达的重要功能,使中央王朝与清水江流域乡村社会之间保持一种动态的平衡。寨老和族长如同一个"缓冲器",减少中央王朝与清水江流域乡村社会之间的摩擦,增强社会结构的弹性,使苗疆流官系统得以正常运转。寨老和族长是活跃于广袤苗疆乡村的一个重要而特殊的社会阶层,他们作为地方精英与苗民有着地方性知识上的共识,流官委任他们作为"在野之官",使他们拥有中央王朝所赋予的法定特权,并因此产生了一种"非正式权力"。③

---

① 贺跃夫:《晚清县以下基层行政官署与乡村社会控制》,《中山大学学报》1995 年第 4 期。
② 李照艳:《清至民国桂北民间纠纷治理研究——以桂林地区契约、碑刻为研究视角》,《枣庄学院学报》2014 年第 6 期。
③ 瞿同祖:《清代地方政府》,范忠信、晏锋译,法律出版社 2003 年版,第 282 页。

对于苗寨的管理，主要采取"各本寨择其良善守法者，仍其苗俗，听于本寨内将姓名公举报官。酌量寨分大小，或每寨一二人，或二三人，签为寨头，注册立案，各本寨散苗，听其约束……"① 议榔和侗款组织中的寨老，对外的公共事务中的输粮、纳税②、派夫、应役等，一般只与土司交接任务，再由土司与流官政府打交道。晚至道光三年（1823），贵州巡抚程国仁因为湘西红苗窜入黔省"新疆"，与当地黑苗发生土地纷争，奏请由苗民"公举诚实者""官给腰牌"的头人，管理苗疆社会较小的民事或刑事案件。较大的案件则由头人上报流官政府，"不得擅自仇害"。"生苗"犯事，头人若是"查办未协，或讳匿不报，将该头人分别究惩"。③ 从这一史料可以看出，清廷推行以苗治苗政策，将苗民推选的头人，用官府的政治权威加以合法化认定，利用他们管理苗寨。苗疆的民间自然权威寨老因其"所占有的政治、经济、社会资本与苗民剥离开来，由于国家制度给予他们身份、财富及许多特殊的合法权力，与国家之间的特殊关系赋予了他们新的角色定位，使之与苗民相分离，成为一个居于国家与苗民之间的特殊权威阶层。一般情况下，他们有足够的理由向国家奉献其忠诚，并给予实际的支持；而当他们的利益因国家政策或地方政府的管理不当遭到损失或受到威胁时，他们则要有效地保护自己的利益，而且还控制着苗民"④。有学者认为，"（民间自然权威）当族群的整体安全受到威胁时，他们又会为族群说话，担当调和人的角色"⑤。

清廷对于苗疆的管理一直秉持"无事为上"的态度，尽量避免滋扰苗民。他们对清水江流域乡村社会主要采取以苗治苗的手段，由科层式权威小土司代管若干村寨，依赖寨老、族长等苗疆自然权威、传统权威直接管理苗寨。清中央王朝在开辟苗疆后采取"以苗治苗"的做法，设

---

① 乾隆三年七月二十八日（朱折），"张广泗奏革除苗疆派累厘定屯堡章程折"，《清代前期苗民起义档案史料汇编》，上册，前引书，第241页。

② 面对风起云涌的"苗乱"，为争取"苗"心归顺天朝，乾隆元年（1736年）上谕宣布停止在苗疆征粮纳赋，并承诺以"苗例治苗"，但承平日久，额外加派的粮赋仍然是存在的。

③ 王云五主编：《道咸同光四朝奏议》，第1册，台湾商务印书馆1970年版，第106页。

④ 吴雪梅：《国家、民间权威、族群：清代民族边缘地区乡村社会的权力关系——以鄂西南土家族地区为中心的考察》，前引文。

⑤ 吴雪梅：《国家、民间权威、族群：清代民族边缘地区乡村社会的权力关系——以鄂西南土家族地区为中心的考察》，前引文。

置众多小土官代为维护清水江流域乡村社会的社会治安等。中央王朝采取"以苗治苗"和"土流并置"的方式，在县以上设置流官，在县以下的清水江流域乡村社会用土司或寨老、族长等维持社会治安，形成了国家政治秩序的"一体化"。①靖道谟等编纂的（乾隆）《贵州通志》"艺文志"卷四十记载：雍正时镇远府知府方显，曾经借用"议榔"对苗民进行招抚诱降。在丹江、台拱、清江一带"游说各寨"，召集各处榔头议榔，"公举榔头管理寨事"。此外，（乾隆）《贵州通志》"师旅考"卷二十四记载，一些榔头"望风归附……愿为良民"，"于是清理户口，编里甲，版图登之"。因此，有的榔头被流官委任为不同名目的基层统治者。这部分榔头既是本榔社的领袖，又成为土官，在经济稍有发展的地方，还借助拥有的政治权力资本变成了地方的"富豪"。

人类学的研究表明，在许多传统的乡村社会，特别是古代中国的少数民族地区，普遍认为，陌生人、异乡人、外来者都是"用心难以捉摸的危险人物"，②其主要原因应该是清水江流域乡土社会的不流动性，"被土地宥住"的生活环境铸就了当地人对"外来人的敌意"。清王朝开辟苗疆后，并没有沿用在其他民族地区"剪除夷官"政策，而是在苗疆实施流官与土司、寨老、族长并存的混合管理制度，采取流官监控下的"以草捆草，以苗治苗"政策。

四　废土置流

清代康熙朝，大军进剿西南主要着眼于消灭南明残余势力，对于归降的土司，采取较为宽松的政策，大多允准以原职世袭。雍正朝开辟苗疆后，中央王朝根据当地的实际情况，采取设土置流、以苗治苗的办法管理苗疆乡村社会。但是，这种宽松的政策也带来诸多弊端，主要就是土司瞒上欺下、包揽词讼、贪虐无度等，土司变成尾大不掉的"土皇帝"，严重影响清中央王朝对苗疆乡村社会的统治。

---

① 李良品、李思睿：《乡里制度：国家权力在西南民族地区乡村社会的深入》，《西南民族大学学报》（人文社会科学版）2015年第7期。

② ［日］吉田祯吾：《宗教人类学》，王子今、周苏平译，陕西人民出版社1991年版，第185页。

今留存下来的一块碑文就详细地记载了土司压迫苗民，导致苗民愤而越级告状的史实。"贵州黎平府正堂加口级纪录五次姚。为土司违例殃民，叩天作主，雨露均恩事。康熙五十六年三月初三日，奉布政使司转奉护理巡抚贵州督察院加三级纪录二次白批：本司详据著府详复土民欧齐苏呈控潭溪司、龙里司、亮寨司、欧阳司、中林司、新化司、八舟司等银粮，先经土民具控土司贪虐，构讼多载，于康熙三十九年间，奉前院王饬行民粮归府完纳。直念土司自批申解在案。今欧齐苏等复以土司加派收粮杂项，原敛谋求印等情，上吁宪辕查报遵行，黎平府确审后，兹据详复前来，土司索派各情均无实据，土民之意，不过欲赴府领经粮草，以免土司之需索耳。夫粮已归府，而仍责以批解，不肖土司借以苛索，情之所有关，审无实据，而民之控岂尽于虚？今请宪台不许土司苛虐派累苗民外，其各寨民粮，俱令造报花名清册，以绝隐瞒。该府给发由单，使绝苛索包揽，则土司不能苛索，而差棍无由侵渔。至所控土司干预词讼一节，亦应檄行该府严饬土司，只许缉查匪类，不许干预民词，私征钱粮，勒折浮收等弊，勒石示禁，以安民生者也。……倘该土司故违苛索，即行揭报，以凭参处。至收府地方钱粮，如有土司差棍包揽，该府务须照例穷治，毋使苗民出汤火而复罹汤火也。比檄奉此，拟合就行，为此仰府官吏遵照牌内宪札事理，即使饬行各土司遵照，不许土司苛虐苗民。各寨民粮俱造报花名清册，使民自封投柜，即给串票，以绝隐瞒，毋须土司差棍包揽。如违，严拿究治，仍严饬土司，只许缉查匪类，不许干预民词钱粮……"① 按清王朝的规定，土司的主要职责是管束苗民、缉查匪类、守卫疆土，不能干预"民词钱粮"。但是，碑文内容记载潭溪司、龙里司、亮寨司、欧阳司、中林司、新化司、八舟司的长官司"贪虐、构讼"，任意"加派收粮杂项"，苛索现象十分严重，导致土民（即"苗民"）欧齐苏等越级到黎平府呈控。当然，土民越级呈控，一方面反映其对流官政府的信任，希望通过流官政府之手解决中间商（土

---

① 转引自高崇、吴大旬《试论清朝初期对侗族地区土司的管理》，《贵州民族大学学报》（哲学社会科学版）2006年第2期。原载杨有赓《锦屏清代碑林撷萃》（上），载贵州省民族研究学会编《贵州民族调查（之八）》，贵州省民族研究所内部出版1990年，第123页。广义上来说，苗疆碑刻文献，与纸质的林业、土地交易契约等文献同类，均可纳入清水江文书的范畴，下文亦是，不复赘言。

司）欺上瞒下的问题；另一方面，也是流官政府势力不断深入苗疆，"王法"深入人心，土司力量日趋式微的表现。黎平府为了苗疆的政治稳定，专门勒石示禁，强调"不许土司苛虐派累苗民"，"只许缉查匪类，不许干预民词钱粮"。①

任何一项制度最初都是考虑到利大于弊才制定执行的。开辟苗疆之初，苗民与汉民之间文化风俗迥异，语言不通，苗民的反抗非常激烈。在这种情况下，清政府设置"新疆六厅"并在战略要地设置营汛弁兵、屯军，用重兵控制苗疆。同时，清廷封赏一批追随清军参与征苗、立有军功的土通事（汉苗兼有）为土千总、土把总、土外委、土舍等。利用他们熟悉苗语和苗情的优势，希冀达到"以苗治苗"的效果。但是，世袭任职的土司，积久成弊，利用汉苗之间的语言、文化隔阂，瞒上欺下，使下情不能上达，成为"苗乱"的重要原因之一。咸丰朝宦游黔省的胡林翼即指出："官取于苗者十之三，土司、通事、差役之取于苗者十之七。……台拱、丹江、古州、八寨、清平，其弊尤深。"②

咸同"苗乱"中，受到冲击最大的就是平时剥削苗民最厉害的土司。咸同"苗乱"镇压下去以后，流官普遍认识到，土司横行乡里是导致"苗乱"的原因之一，主张将土司概行裁革。《苗疆闻见录》载，"土司借威官府，往往因而科索之。历来'苗乱'，半由土司激愤而成。此次苗疆肃清，不复袭设土司，亦靖苗之一大端云"。③ 作者此处所云的"此次苗疆肃清，不复袭设土司"指的是咸同"苗乱"之后，不再设置土司。湘军将领邓善燮《禀陈苗疆善后事宜十五事》曰："裁革土司，以免隔阂。……分设里长、甲长，而迁其土目于内地。"④ 邓善燮极力主张裁革土司，他说："从前改土归流，留此分制苗众，在当时或有不得已之故。后来流弊滋生，实酿祸乱。该土司尽系汉人，与苗素不相洽，无事则凌虐暴戾，有事则相率窜逃；而且钱粮词讼从中隔阂，多为不便。今如一

---

① 杨有赓：《锦屏清代碑林撷萃》（上），《贵州民族调查（之八）》，前引书，第123页。
② 《胡文忠集》，转引自贵州省文史馆点校《贵州通志·前事志》，第三册，前引书，第521页。
③ （清）徐家干：《苗疆闻见录》，吴一文点校，贵州人民出版社1997年版，第215页。
④ （清）徐家干：《苗疆闻见录》，吴一文点校，前引书，第215页。

律裁革。"① 邓善燮说"该土司尽系汉人"，此说与历史事实不符合。可能的原因是这些苗土司自认为属于社会上层，为了与属下的苗民区别，显示自己高贵的身份，长期仿效汉文化，隐瞒自己的原来族类，使得时人认为他们是汉人而不是苗人，这应该是文化上而不是血缘意义上的。邓善燮的主张经过其他黔省大员讨论后形成如下共识："土司朘剥苗民，在承平时确有如此情状。军兴以来，土司颠沛流离，无复从前气习。若改为云恩骑尉世职，亦属太多，似非尽善之道。……谕令各土司自今以往，于所部苗民，不准科敛凌虐，并不准包揽钱粮，擅理词讼，违者即先革除治罪，不另请袭职，则土司之弊可除。"② 晚至同治十二年（1873），贵州镇远籍官员谭钧培再次上书主张彻底裁撤土司，原因是"贵州理苗之官，虽经改土归流，而土司之未尽裁者，恒得恃其世守之职，鱼肉苗民。故苗每由此而构衅，且自鄂尔泰开辟苗疆后，苗民之生齿日繁，今复苗屯杂处，尤不可不裁土司以杜纷扰"。③ 上述材料表明，平时土司盘剥苗民甚重，引起其刻骨的仇恨，在咸同"苗乱"中被苗民打击得所剩无几。但是地方官考虑到骤然废除土司，善后安置成为一个大问题，裁革土司成为一个议而难决的话题，只能采取严加管束土司的权宜之计。光绪九年（1883），署理云贵总督岑毓英、贵州巡抚林肇元再次提出酌改土司为世职的建议，认为土司确实是"苗乱"之源，"地方官为流水父母，土司为万年父母"，土司利用苗汉文化的隔阂，以及"苗夷"不识文字等，"反假地方官之教令，颠倒诡诈，以行其朘削，恶归官而利归己"。岑毓英、林肇元建议采取调虎离山之计，安排土司到外地担任千总、把总等职务，将土司所管地方编入保甲，另设保正、甲长管理。④ 此奏议的批复因史料缺失，结果不详，但地方志中记载的土司多数于光绪年间被废除，可以推测岑毓英、林肇元的奏议应该是被批准了的。

清代后期，处理苗疆土司的方式大致分为四种情况：第一，土司本身尚有势力并积极参加镇压"苗乱"者，继续准予世袭。第二，被苗民

---

① "邓善燮禀陈苗疆善后事宜十五事"，参见贵州省文史馆点校《贵州通志·前事志》，第四册，贵州人民出版社 1991 年版，第 608 页。
② 贵州省文史馆点校：《贵州通志·前事志》，第四册，前引书，第 747 页。
③ 王云五主编：《道咸同光四朝奏议》，第 6 册，前引书，第 2530 页。
④ 贵州省文史馆点校：《贵州通志·前事志》，第四册，前引书，第 761—762 页。

义军杀绝的土司，参照湘西做法另设不世袭的苗官治理。如台拱、清江、丹江、八寨、古州、都江、下江七厅部分地区施行。① 台拱厅高坡土千总周钧瑞等，皆于咸同"苗乱"中受打击身亡绝嗣。② 都匀府都匀正长官吴永文咸同"苗乱"中被苗军击毙，后裔衰微，在办理善后事宜中被废。③ 大塘州（今平塘县）之通州、丹行、丹平三土里杨氏，"咸同'苗乱'被杀，荡然无存"。④ 清江厅柳旁土千总曾氏，受到"苗乱"的打击，官府认为没有承袭的意义而被裁革。第三，对苗民仍有苛虐情事的土司，予以革职。对已衰落的土司，只要不继续作恶，让其继续任职，死后不再世袭，让其自行消亡。如贵定县大小平伐、新添等长官司宋氏，光绪年间势衰，钱粮归县征收，遂停袭。第四，削弱土司权力，或改授流官名号，给世俸供其养家，使其有职无权。如锦屏县亮寨长官司龙氏，"直至民国初年，皆有里准继袭者，然仅有虚名，并无实权之可言"。⑤ 平越直隶州杨义长官司金家良，以及中坪、高坪两土舍，虽仍继续承袭，只不过为官家代征钱粮，不能干预民间词讼，不过问地方行政，事实上亦已失权。⑥

本章小结

长期以来，中国历代中央王朝高度重视边疆地区及民族地区的社会治理，从羁縻州制、土司制到流官制，中央王朝对民族地区的统治不断从间接统治走向半直接统治、直接统治。清代开辟苗疆之前，这一地区作为"无君长""不相统属"的"生界"社会，呈现出的是与大传统文化迥异的独特的社会权力结构，甚至完全脱离中央王权的权力架构体系。清雍正年间，中央王朝在开辟苗疆的过程中，重兵进剿"苗乱"，迅速完成了对苗疆的军事控制。因此，苗疆社会产生了剧烈的变迁，与之相伴

---

① 贵州省文史馆点校：《贵州通志·前事志》，第四册，前引书，第39页。
② 贵州省文史馆点校：《贵州通志·前事志》，第四册，前引书，第6页。
③ 贵州省文史馆点校：《贵州通志·前事志》，第四册，前引书，第5页。
④ 贵州省文史馆点校：《贵州通志·前事志》，第四册，前引书，第5页。
⑤ 贵州省文史馆点校：《贵州通志·前事志》，第四册，前引书，第5页。
⑥ 贵州省文史馆点校：《贵州通志·前事志》，第四册，前引书，第5页。

而生的是新的民间自然权威形态的崛起,这与国家大传统文化的强行植入息息相关,同时也是少数民族地区逐步向主流社会靠拢的标志。但是,少数民族文化尽管经历了剧烈的变迁,并不意味着其独特而丰富的地方性知识体系的崩溃和消亡,相反,少数民族文化在汲取其他民族的优秀文化的同时仍然顽强地保留着自身的文化特色。

清中央王朝治理苗疆的总方针是"恩威并用,剿抚并施"。如雍正所言:"恩威二字,万不可偏用,偏用之,目前虽有小效,将来必更遗大患,非为国家图久安之策。"① 鄂尔泰认为:"治苗之法,固应恩威并用,然恩非姑息,威非猛烈,到得用着时必须穷究到底,杀一儆百,使不敢再犯,则仍是恩,所全实多。"② 从"恩威"并用的治理理念出发,清中央王朝对苗疆采取一系列的统治手段:第一是封爵授官,借助土司实现对苗民的间接统治。第二是炫耀国威,邀请侗、土家、瑶等民族上层人物到承德避暑山庄朝觐,通过"合内外之心,成巩固之业",③ 达到了"恩益深而情益联""俾滞所欲,无二心焉"④ 的政治目的。这些做法满足苗疆土司的经济需求,也利用参观的机会有效遏制了土司的政治野心,增强了他们归附中央王朝的向心力。第三是在改土归流与开辟苗疆之后,陆续实施"设土置流""以苗治苗""废土置流"的统治方略。这些统治方略,以是否有利于清王朝对苗疆的统治为前提,"如果相安,在土原无异于在流;如不相安,在流亦无异于在土"。⑤ 清王朝这种机动灵活的治苗政策,有利于促进国家的政令得到进一步统一,加强了对苗疆的统治,推动苗疆政治、经济、文化等方面的发展。当然,清廷开辟苗疆,并非牧歌式的过程,在遭遇反抗时采取了残酷的镇压手段,这是必须给予否定的。

---

① 《清世宗圣训》,卷十九,"雍正四年四月庚午",载赵之恒《大清十朝圣训》,燕山出版社1998年版,第973页。

② 哈恩忠:《雍正初年镇压长寨苗民史料(上)》,《历史档案》2008年第3期。

③ 乾隆《避暑山庄百韵诗》,转引自别廷峰《乾隆御制〈避暑山庄百韵诗〉注释和说明》,《河北民族师范学院学报》1986年第4期。

④ 乾隆《普乐寺碑记》,转引自齐敬之《避暑山庄和外八庙碑文选注之四——普乐寺碑记(1)》,《河北民族师范学院学报》1983年第1期。

⑤ 清世宗胤禛批,允禄、鄂尔泰等编:《朱批谕旨》,第26册,北京图书馆出版社2008年版,雍正六年二月初十日鄂尔泰奏。

第二章

爱新觉罗氏的民族观及其苗疆实践

在传统中国的国家观念中,早已建构起以华夏族为中心的"一点四方"王朝模式。同时,利用"夷夏之辨"对少数民族加以排斥。清朝立国之后,爱新觉罗氏的历代帝王面对汉人知识精英利用"夷夏之辨"号召此起彼伏的反清复明运动,对内自行建构起一套爱新觉罗氏为"天下共主"的新理念。在这一新理念指导下,雍正、乾隆对待苗民的态度采用"帝王赤子"(君与臣)替代"华夏蛮夷"("文明"与"野蛮")叙事,对外却继续沿用"夷夏之辨"的理论武器,对抗工业革命后迅速发展起来的西方工业文明。

第一节 传统中国:"一点四方"与"夷夏之辨"

一 "一点四方"的王朝模式建构

翻检先秦史料,中国(华夏)、蛮、夷、戎、狄、氐、羌、猃狁等都是书写民族关系时常见的词汇。华夏族位于古代中国的中原地区,土地肥沃、气候宜人、雨水充沛,适应农耕为主的生计方式,创造了较多的社会财富,因而有余力创造更为先进的精神文明。在漫长的历史发展过程中,华夏族以先进的物质文明和精神文明为依托,初步实现多民族国家的统一。从历史事实看,华夏族一向以华夏文明统一天下为己任,具有天下一家的博大胸怀,"溥天之下,莫非王土;率土之滨,莫非王臣"①。华夏族的"天下"观或"四海"观,指的是中央王朝权力所及之

---

① 《诗经·小雅·北山》。

地，是一个统一的整体概念，包含多民族共存空间的意思。

《尚书》按距离王都的远近，将其认为的天下建构为甸服、侯服、绥服、要服、荒服五个层次。《国语》进一步阐释了"五服"之间的分类和区别，"夫先王之制：邦内甸服，邦外侯服，侯、卫宾服，蛮、夷要服，戎、狄荒服。甸服者祭，侯服者祀，宾服者享，要服者贡，荒服者王。日祭、月祀、时享、岁贡、终王，先王之训也"。① 这些分类和区别，表明了彼时华夏族对实现政治统一的向往，同时也是王道政治理念下理想社会格局的建构。《礼记》说得更为透彻，"民生其间者异俗。……修其教，不易其俗；齐其政，不易其宜"②，在《礼记》看来，"中国、戎夷，五方之民，皆有性也，不可推移。……五方之民，言语不通，嗜欲不同，达其志，通其欲"。③ 这段文献资料说明：一是各族群形成的风俗习惯与自然环境是相适应的，因此自然地理、气候原因的不同，导致五方之民的制度、民风民俗不同。二是中原华夏诸国与周边族群相比较，有根本不同的心理素质（"性"）。三是华夏族与蛮夷戎狄区别的重要标准，是根据吃熟食和五谷粮食来衡量。华夏族的饮食习惯上，吃熟食和五谷粮食本来没有孰优孰劣之分，"但被后来者认为衣食住行习惯有个进化过程"④。四是华夏族具有和而不同的文化思想，"修其教，不易其俗；齐其政，不易其宜"。周边的少数民族即使臣服于华夏族，仍然可以"不易其俗"和"不易其宜"，保持自己的习俗特色和相对的政治独立性。当然，华夏族对四周少数民族并不是放任其文化和政治永远保持"不易其俗"和"不易其宜"，而是逐步有文化提升和政治统一的诉求，要求"修其教""齐其政"。概而言之，"和而不同"，就是说，华夏文化统一的过程中包含多元文化的成分，在共同的文化追求与政治体制中，多元文化成分得到统一。

《尚书》《国语》《礼记》《史记》等文献建构了以华夏族为中心，东

---

① 《国语·周语上》。
② （东汉）郑玄注：《礼记》，第三册，前引书，第83页。
③ （东汉）郑玄注：《礼记》，第三册，前引书，第90页。
④ 林开强：《"华夷"之别思想的辩驳与消弭——以清雍正年间思想整合运动为中心》，《中华文化论坛》2009年第3期。

夷、西戎、南蛮、北狄居四周的"一点四方"王朝模式。① 以《史记·西南夷列传》为例，尽管司马迁有着超越同时代人的史观，但由于浓厚的中原文化中心主义时代氛围，对异族形象的书写仍然有诸多想象的成分。在鄙夷和妖魔化的历史书写中，"一点"有可能是移动着的位于中原某地的"正统"政权，"四方"即围绕该点之东西南北方的少数民族政权。

二 "夷夏之辨"的思想渊源

从文献记载来看，儒学创始人孔子对"夷"没有歧视，也不排斥夷狄，他眼中的夷夏之别主要在于礼乐互变的观念。《论语》曰："子欲居九夷，或曰陋，如之何？子曰：君子居之，何陋之有？"② 这句话有两重意思，一是"九夷"这个地方是可居之处，一般人所谓的"陋"是片面性看法；二是"君子"承担传播先进文化与教化"蛮夷"的责任，不能因为条件艰苦就知难而退，应该要迎难而上。孔子的弟子子夏认为："四海之内皆兄弟也。"③ 一般认为是指诸夏与夷狄同源共祖，包含血缘上的认同。

"夷夏之辨"衍生出"华夷"之别，也称"夷夏"之别，他们的区别不是血统、种族、地域的不同，而是生产、生活和习俗的差异，即文化的差异。作为华夏族的文化象征符号，"衣食住行"与"礼"的关系非常密切。《礼记》曰："夫礼之初，始诸饮食。"④ 华夏族把"礼"作为本民族独具特色的文化软实力，具有整合、约束国家和社会的重要功能。"礼，国之大柄也。……故象天地而制礼、乐，所以通神灵、立人伦、正性情、节万事者也。"⑤ "华夷之别"遂把"礼"作为区分彼此的最高标准，并使用"礼"来检视"蛮""夷""戎""狄"的社会风俗习惯和文化制度。

在汉文历史书写中，"蛮""夷""戎""狄"被建构成具有"耳聋"

---

① 徐新建：《西南研究论》，云南教育出版社1992年版，第4—5页。
② 《诸子集成》，上海书店1986年版，第1册，"论语·子罕篇"。
③ 《诸子集成》，前引书，第1册，"论语·颜渊篇"。
④ 《礼记·礼运》。
⑤ 《汉书·礼乐制第二》。

"目昧""心顽""口嚣"①的"四奸"文化特征,因此"中国礼义之盛,而夷狄无也"②。《春秋》有强烈的"夷夏之大防"观念,但不是强调消灭"夷",而是主张在文化上"用夏变夷"。孟子特别赞赏少数民族主动认同华夏文化的行为:"吾闻用夏变夷者,未闻变于夷者。"③ 韩愈在《原道》中表达了以"文化"来区别"夷夏"的思想主张:"诸侯用夷礼则夷之,进于中国则中国之。"陈寅恪在《唐代政治史述论稿》一书中指出:"在北朝时代文化血统尤为重要。凡汉化之人即曰为汉人,胡化之人即曰胡人,其血统如何,在所不论。"④ 由此可见,夷夏之间并不存在泾渭分明的界限,夷夏之别主要在于是否认同"礼义",守"礼义"即为"夏";反之则为"夷"。

古代中国,尽管"蛮""夷""戎""狄"非常惧怕"华夏"政治势力的扩张,但是却普遍仰慕华夏族文化,一旦进驻中原执掌政权即积极学习华夏族的文化,夷夏双方表现出共同的文化认同意识。因此,夷夏双方共同的文化认同意识成为中华境内各民族永不枯竭的凝聚力源泉,推动了各民族的共同发展与融合,成为中国统一多民族国家形成的思想基础。

第二节 康雍乾主张的"天下共主"与"帝王赤子"民族观

一 "夷夏之辨"极端派对清朝政权合法性的质疑与挑战

"夷夏之辨""夷夏之大防"是儒家文化的传统观念。华夏文化成为正统文化的代表,儒家主张"尊王攘夷""以夏变夷"。而"夷"文化成为中原地区四周蛮戎夷狄文化的泛称,与华夏文化相对,需要华夏文化不断加以浸染、熏陶、改造乃至同化。由于儒家主张的"夷夏之辨"不是强调地域之分和种族之别,而是文化的区别,这种理念有助于推动华

---

① 《左传·僖公二十四年》。
② 《诸子集成》,前引书,第1册,"论语·八佾篇"。
③ 《孟子·滕文公上》。
④ 陈寅恪:《唐代政治史述论稿》,上海古籍出版社1982年版,第17页。

夏族和"夷"族之间的文化融合，促进各族群之间政治、经济、文化、社会诸方面的共同进步，促进统一多民族国家的形成。从历史发展的长河来看，华夏族及其文化形成和不断壮大发展的过程，也是"夷"夏之间文化互动、文化融合的过程。这一过程中，一方面"夷狄"借鉴华夏族的文明，另一方面华夏族也吸收"夷狄"值得学习的风俗习惯。

晚至北宋，宋王朝偏安一隅，被辽、金、西夏、大理、蒙古等少数民族政权团团包围，生存环境堪忧。宋儒欧阳修在编写《五代史》时，出于对汉民族生存状况的焦虑和汉文化中心主义的立场，反复强调赵宋王朝的中心地位，以鄙视性言辞描写周边的"蛮戎夷狄"。北宋被金攻灭后，南宋大儒朱熹每每论及"夷狄"，更是强调"君父之仇，不共戴天"。这些名重一时的知识分子所持的基本立场是将中原的汉民族政权视为正统王朝，将周边的少数民族政权视为僭越政权，在各种文献中建构出汉人与夷狄、正统与非法、文明与野蛮的二元对立叙事模式。

朱明政权亡于清后，当时的清王朝在扑灭各地的反清力量时杀戮甚多，极大地刺激了大儒王夫之的民族感情，他提出"华夷文野论"的主张作为思想武器，成为"夷夏之辨"极端派的代表。他说："夷狄非我族类者也。"① "可禅、可继、可革，而不可使异类间之。"② 他视清为夷狄、异类，认为中原汉人政权宁可失之于贼臣，而不可亡于异族，主张不必遵守任何仁义信用道德，可使用任何手段对付"夷狄"。王夫之从汉文化中心主义的立场，对清入主中原的合法性提出质疑。"夷夏之辨"极端派代表者王夫之的观念与现代种族主义的理念异曲同工："人由于其自然归属于价值不等的种族，价值也不同，应当以不同的方式对待他们。"③

中国历史上的"夷夏之辨"思想经过长期的发展，成为儒家知识分子认识"天下"的重要理论基础。生于汉民族政权偏安一隅或重挫于游牧民族的时代，欧阳修、朱熹、王夫之等人对"夷夏之辨"思想的阐释，带有强烈的种族主义色彩。当代学者罗志田就欧阳修等人对"夷夏之辨"

---

① 王夫之：《读通鉴论》，全三册，卷十二，中华书局1975年版。
② 王夫之著，张子正蒙注：《黄书·噩梦·思问录·俟解》，中华书局1983年版，"黄书·原极第一"。
③ [法]皮埃尔-安德烈·塔吉耶夫：《种族主义源流》，高凌瀚译，生活·读书·新知三联书店2005年版，第3页。

思想的狭隘理解，认为："夷夏之辨是以文野之分为基础的。一般而言，文野是后天可变的。故夷夏也应该是可以互变的。夷夏之间的族类区别虽然是文化的，但在此观念的演变中，有时也因政治局势的影响，发展出非文化诠释夷夏之辨的认同。此时则倾向于以一条线划断夷夏，而不允许夷可变夏，夷夏之辨乃成一封闭体系。"①

二　从事实到观念的"天下共主"形成

入关以后，清朝统治者推行了有效的政治策略，稳定了自己的政权。一方面，满族统治者不断强调满人要传承游牧技能训练及语言风俗等方面。乾隆就反复强调："满洲素习，原以演习弓马骑射为要，而清语尤为本务，断不可废。"② 另一方面，满族统治者也大量接受汉文化尤其是儒家文化，运用其统治中原的百姓。徐新建总结的"一点四方"王朝模式，无疑契合中国历史上汉人统治的中央王朝情况。但是，清朝的统治者不再是汉人。清朝在借用这个"一点四方"王朝模式叙事时，"一点"不再是"华"而是"满蒙"，因为满族人不可能把自己及其政治盟友蒙古人归结为"北狄"。

在康熙二十八年（1689）中俄签订《尼布楚条约》之前，历代中央政府的"天下"更多情况下是中央政府用来表示理想的、没有界限的国家。依据《尼布楚条约》，清朝所立界碑的碑文如下："大清国遣大臣与鄂罗斯国议定边界之碑③。一、将……凡山南一带，流入黑龙江之溪河，尽属中国。山北一带之溪河尽属鄂罗斯。一、将流入黑龙江之额尔古纳河为界，河之南岸属于中国，河之北岸属于鄂罗斯……一、凡……仍与中国和好，毋起争端。一、从前一切旧事不议外。中国所有鄂罗斯之人，鄂罗斯所有中国之人，仍留不必遣还。"④ 在碑文中，"大清国"和"中国"是同义的，"中国"的范围从过去仅限于中原汉人地区转变为"大一统"的"大清国"疆域，成为一个多民族统一国家的称呼。康熙帝作为

---

① 罗志田：《夷夏之辨的开放与封闭》，《中国文化》1996 年第 14 期。
② （清）官修：《高宗实录》，卷 138，乾隆六年三月己巳。
③ 鄂罗斯即"俄罗斯"，下同。
④ （清）官修：《圣祖实录》，卷 143，康熙二十八年十二月。

所有中国人的"共主",代表中国与俄罗斯交涉边疆划界事务。自《尼布楚条约》签订之日起,在国际社会清帝开始以统一多民族的"中国"主人身份自居,中国疆域的范围至少在北方有了明确的国界,"天下"指代的范围也从过去模糊不清变得日益清晰起来。

顺治、康熙两朝,民间一直存在"夷夏之辨""反清复明"的思潮,雍正上台后,觉得有必要展开一场正本清源的批判运动,从源头打击"反清复明"的思潮。雍正七年(1729),雍正发动并领导了一次全国性的事关满族政权问题合法性的辩论。辩论的主要议题是夷夏之辨、君臣之义与雍正继位的合法性等,总称为"大义"。① 雍正化用孔子"为政以德,譬如北辰,居其所而众星共之"的德政思想,提出"有德者可为天下君"来抨击夷夏之辨。雍正认为,"生民之道,惟有德者可为天下君",清朝"仰承天命,为中外臣民之主……何得以华夷而有殊观"。雍正认为大清一统是"天下一统,华夷一家之时",那些强分华夷之别的人,乃是"不务修德行仁,而徒事口舌相讥;为至卑至陋之见"。② 雍正还突破汉民族政权统治区域囿于传统农耕文化区的观念限制,认为:"自我朝入主中土,君临天下,并蒙古极边诸部落俱归版图……何得尚有华夷中外之分论哉!"③

康熙、雍正、乾隆时期的清朝面临着一系列转型:"在多民族国家疆域层面存在着由传统王朝国家向近现代国家的转化;在国家属性的层面存在着由'夷狄'王朝向'中国'王朝的转换;皇帝个人层面则存在着'夷狄'统治者身份向'大一统'王朝皇帝身份的转换等。"④ 康熙、雍正和乾隆的应对策略把爱新觉罗氏树立为"天下共主",摒弃"夷夏之辨",把疆域内的汉人、蒙古人及其他少数民族统统视为"赤子"。清代国家强盛,版图辽阔,奠定了今天中国疆域的基础,促进了统一多民族国家的形成。

---

① 中国社会科学院历史研究所清史研究室编:《清史资料》第4辑,中华书局1983年版。
② 《清史资料》,第4辑,前引书,第4页。
③ 《清史资料》,第4辑,前引书,第9—10页。
④ 李大龙:《多民族国家构建视野下的土司制度》,《云南师范大学学报》(哲学社会科学版)2012年第6期。

三 雍正对"夷夏之辨"的批驳

雍正七年(1729),雍正借曾静投书案,将汉人知识精英以"反满"为目的的"夷夏之辨"公开化,他亲自撰写长文驳斥"夷夏之辨"。长文汇编成册取名为《大义觉迷录》,核心思想是大清为"天下共主"乃天经地义。雍正相信"无物不可化诲",下令将辩论内容"通行颁布天下各府州县远乡僻壤……并令各贮一册于学宫之中,使将来后学新进之士,人人观览知悉。倘有未见此书、未闻朕旨者,经朕随时察出,定将该省学政及该县教官从重治罪"①。

在《大义觉迷录》中,雍正纵向分析历代王朝疆域,"自古中国一统之世,幅员不能广远,其中有不向化者,则斥之为夷狄。……自我朝入主中土,君临天下,并蒙古极边诸部落俱归版图……何得尚有华夷中外之分论哉"!②雍正认为此时"中国"就是清王朝,清王朝就是"中国",中国疆域即清王朝所管辖的领土,包含"蒙古极边诸部落",而非过去狭义的"中原"概念。清王朝消除了事实上的畛域界限,实现了国家大一统,理应受到臣民的一致拥戴。

雍正认为:"夷狄之名,本朝所不讳。……本其所生而言,犹今人之籍贯耳。盖从来华夷之说,乃在晋、宋六朝偏安之时,彼此地丑德齐莫能相尚。……在当日之人,不务修德行仁,而徒事口舌相讥,已为至卑至陋之见。"③他认为,中国历史上,偏安一隅的中原朝廷遭遇少数民族强大的军事威胁和打击时逞口舌之能,所以产生"华夷之分"。雍正借用周朝以来的"敬天保民""皇天无亲,惟德是辅"传统观念作为立论基础,力证清王朝政权的合法性和合理性。他认为,"惟有德者可为天下君"④,顺应天意,保护万民,施恩德于四海是君王应该具备的德行,履行了这一系列的职责即为合格的君主。

雍正强调"君权神授",认为爱新觉罗氏的政权是"天命眷顾"。他

---

① 《清史资料》,第4辑,前引书,第9页。
② 《清史资料》,第4辑,前引书,第9—10页。
③ 《清史资料》,第4辑,前引书,第4页。
④ 《清史资料》,第4辑,前引书,第5页。

认为，清朝的历代君王，都继承了儒家圣王治国传统，"从来为君上之道，当视民如赤子；为臣下之道，当奉君如父母"①。雍正在驳斥"夷夏之辨"时，充分表明了清王朝作为儒家传统文化坚定的维护者和受惠者，应当"视民如赤子"。雍正选择性利用儒家传统文化资源，巧妙地回避了"夷夏之辨"，有效地整合了众多汉人知识精英的思想，同时在现实政治遵循"视民如赤子"的原则，强化了广大臣民的国家认同，逐渐获得了广泛的政治认同和文化认同。

第三节　国家认同内篇："苗疆再造"与"帝王赤子"内涵拓展

笔者在《改土归流与苗疆再造》一书中，认为清中央政府"苗疆再造"的目标是使"新疆六厅"的"生苗"化为"熟苗"，"熟苗"化为"民人"；"新疆"变为"旧疆"，"旧疆"变为"腹地"。这一"生苗/番/瑶/蛮"→"熟苗/番/瑶/蛮"→"民人"，"新疆"→"旧疆"→"腹地"的改造模式，普遍存在于中央王朝/帝国向边疆/"新疆"拓展的历史进程之中。②《书经·康诰》曰："若保赤子，惟民其康乂。"③ 此处的"赤子"是婴儿的意思。安琪在《护佑子民：清代早期的西南边疆政策》一文中指出，清代早期的满族统治者往往把西南边疆的苗夷作为孩子来看待，认为苗夷的作乱是受汉人蛊惑所致。④ 留存下来的雍正朝文献，特别是记录雍正在讨论治理苗疆的文献，集中地反映了雍正的"帝王赤子观"。雍正三年（1725），上谕称："尺地莫非王土，率土莫非王臣，番苗种类固多，皆系朕之赤子。"⑤ 雍正的这番论述表明当时清中央王朝决策层受时任云贵总督鄂尔泰的影响，开始考虑开辟苗疆事宜，其

---

① 《清史资料》，第 4 辑，前引书，第 5—6 页。
② 拙著《改土归流与苗疆再造：清代新疆六厅的王化进程及其社会文化变迁》，前引书第 5 页。
③ 《书经·康诰》。
④ An Qi. "Protecting the 'Children': Early Qing's Ethnic Policy towards Miao Frontier—A Historical Study of Multiethnic China", in *Journal of Cambridge Studies*, June 2009, Vol. 4, No. 2.
⑤ 雍正朝《圣训》卷 21，励将士，第 11—12 页，转引自程贤敏《清〈圣训〉西南民族史料》，四川大学出版社 1988 年版，第 29 页。

立论的基础是传统中国"溥天之下莫非王土,率土之滨莫非王臣"的政治理念。雍正六年(1728),上谕称:"朕念普天率土之民,皆吾赤子,岂肯令边省苍黎,独受苗人之侵扰。而苗众繁多,朕亦不忍听其独在德化之外。"①《大义觉迷录》中,雍正重新解释君臣大义,正式提出"帝王赤子观"。雍正认为,"从来为君上之道,当视民如赤子;为臣下之道,当奉君如父母"。②他认为,"明之天下丧于流贼之手","崇祯殉国,明祚已终",清朝为明朝报仇雪恨,天下得之于"闯贼","今之臣民,不忘明德者,正当感戴本朝为明复仇之深恩,不应更有异说"。"履大清之土,食大清之粟,而忍生叛逆之心,倡狂悖之论乎!"③

雍正十二年(1734),雍正派遣钦差大臣吕耀曾到苗疆宣谕:"朕为天下生民主,抚御万方,凡有血气,皆吾赤子,莫不望其遂生复性,以同受朝廷之德化。是以各省苗、瑶、猓、僮,种类虽殊,皆渐次经理,化其顽梗,期其善良……尔等苗众,其仰体朕心,只遵朕训,父教其子,兄勉其弟,族党亲朋,互相劝励,共敦善俗,永息刁风,以副朕育正群生之至意。"④雍正把西南各少数民族当作"赤子"而不是"蛮夷",认为他们都可以教化而"共敦善俗,永息刁风"。乾隆继承大统后,第一要务就是处理平定苗疆叛乱事宜。他认为"苗众……在皇考与朕视之,则普天率土皆吾赤子,此特赤子中之不肖者耳",⑤希望他们"当各思悔过迁善,安分守法,永为天朝良民,以长享太平之福泽"⑥。乾隆把反叛的"逆苗"解释为"赤子中之不肖者",希望他们改过自新,"永为天朝良民"。

雍正、乾隆的赤子观既回避了夷夏之辨,避免把满人自身排斥在外的尴尬,又强调了清王朝的中心地位。雍正、乾隆强调赤子观,一方面是为了抵制"反清复明"运动倡导者的华夷观宣传,另一方面则是为满

---

① 雍正朝《圣训》,卷17,恤兵,第9—10页,转引自程贤敏《清〈圣训〉西南民族史料》,前引书,第25页。
② 《清史资料》,第4辑,前引书,第5—6页。
③ 《清史资料》,第4辑,前引书,第21页。
④ 中国科学院民族研究所贵州少数民族社会历史调查组、中国科学院贵州分院民族研究所编:《〈清实录〉贵州资料辑要》,贵州人民出版社1964年版,第335—336页。
⑤ 《〈清实录〉贵州资料辑要》,前引书,第635页。
⑥ 《〈清实录〉贵州资料辑要》,前引书,第643—644页。

人统治这样一个超级大国寻找新的理论武器，为清朝开辟苗疆寻求道义上的支持，使其军事行动变得合法化。当然，文字叙事和现实操作是有差距的，此处我们对文献进行分析，暂不讨论具体操作上流官是否能够把雍正和乾隆强调的"帝王赤子"观落到实处。

虽然清中央王朝决策层面上已经认识到汉苗一体的重要性，但是要普通官民都有这种认识还是很困难的。雍正皇帝早就察觉到："（官弁等）以为土民昔在水火，今既内服，已脱从前之暴虐，即略有需索亦属无伤。"① 乾隆元年（1736），贵州学政邹一桂奏报："向闻黔省积习，无论军民人等，素以欺压苗民为事……贵州之人以犬马待苗，又从而鱼肉之，且以为理之当然，群不为怪，揆之天道，亦有不得其平者矣。"② 几千年来"华夷之辨"，汉苗民族之间风俗文化的差异，心理上的隔阂，使任职黔省苗疆的大多数流官很难把苗民真正地当作清王朝的"赤子"来平等对待，当时主流社会的舆论也不会谴责流官以及汉民对苗民的欺压盘剥。晚至嘉庆初年，张澍在贵州所看到的情况仍然是："宦斯土者往往夷之，愿旦夕即去，若陋者不可居也。"③ 这些思想认识上的误区和实践操作中的民族歧视、民族压迫行为严重恶化了苗民与周边汉民、苗民与流官政府之间的关系，加深了民族之间的隔阂，导致清中央政府把苗民视为"赤子"，汉苗一体的政治主张很难真正落实，反过来也导致整个清代"苗乱"不断。

第四节　国家认同外篇："天下共主"乾隆与"外夷"马戛尔尼

满人从 1644 年入关后相当长的时期内，被汉人视为不具备统治资格的"夷"。清统治者为此多次大兴文字狱，以武力压服汉人。但是，1793年，英国特使马戛尔尼来华访问，试图扩大中英商贸规模时，两国围绕

---

① （清）官修：《世宗实录》，卷64，雍正五年十二月己亥。
② 中国第一历史档案馆、中国人民大学清史研究所、贵州省档案馆编：《清代前期苗民起义档案史料汇编》，上册，光明日报出版社1987年版，第229—230页。
③ 罗书勤等点校：《黔书·续黔书·黔记·黔语》，贵州人民出版社1992年版，第137页。

朝觐礼仪问题发生了争执。此时此刻的乾隆却摇身一变，以中国的君主身份自居，把英国特使马戛尔尼公爵视为前来朝贡的"外夷"。乾隆的上谕中洋洋得意地说："天朝物产丰盈，无所不有……茶叶、磁器、丝帛为西洋各国及尔国必需之物，是以加恩体恤，在澳门开设洋行，俾得日用有资，并沾余润。"① 显然，乾隆沿袭了传统中国的"夷夏之辨"，故而把英使视为"外夷"，乾隆相关谕旨中累次提及英国这一"外夷"。清朝统治者对待"夷夏之辨"的态度此时陷入了自相矛盾的境地，一方面，"夷夏之辨"关涉清政权的合法性，康熙、雍正、乾隆甚至不惜为此大兴文字狱，雍正还亲自编订《大义觉迷录》来展开舆论宣传，以消解"夷夏之辨"为要务。另一方面，令人啼笑皆非的是，当18世纪末清朝在中原的统治稳定之后，乾隆教训"外夷"所用的理论武器却是自己曾经极力反对的"夷夏之辨"。面对英国特使马戛尔尼，乾隆沿用历代封建王朝的"中国中心观"来解释所处的世界，以"夷"指称未经儒家文化"濡化"的人群，尽管有狭隘的一面，但是他义正词严地以中国的"天下共主"自居的文化自信，应该是值得肯定的。

回归到"夷夏之辨"的逻辑结构去分析，乾隆前后不一、自相矛盾的言辞和做法实际上有迹可循。作为"康乾盛世"的最终完成者，乾隆已经树立了清朝统治者自身的文化自信，视自己为理所当然的"夏文化"的代表，中国臣民的"天下共主"。按照"夷狄进于中国，则中国之"的理念，乾隆认为自己掌控着爱新觉罗氏王朝，掌控着文化解释话语权，拥有以"夏文化"标准来区别"夷文化"的法理性权利。有学者认为，恰恰也因为"夷夏之辨"的封闭性阻碍了对"外夷"的认识。② 中国的清朝统治者继续沿用以往封建王朝的"中国中心观"来理解所处的世界，以"夷"指称未经儒家文化"濡化"的族群，在"夷夏之辨"的旧有认识框架下，"夷"与"夏"的相互对立构成了整个"天下"。如同霍布斯鲍姆认为的那样："'被发明的传统'意味着一整套通常已由被公开或私

---

① 中国第一历史档案馆编：《英使马戛尔尼访华档案史料汇编》，国际文化出版社1996年版，第79页。
② 朱文哲：《"夷"与"满汉"：晚清民族主义起源探微》，《北方民族大学学报》（哲学社会科学版）2012年第1期。

下接受的规则所控制的实践活动，具有一种仪式或象征特性，试图通过重复来灌输一定的价值和行为规范，而且必然暗含与过去的连续性。"①

本章小结

传统中国的国家观念中，早已建构起"一点四方"的王朝模式。儒家主张的"夷夏之辨"是一种包容性观念，不是强调地域之分和种族之别，而是文化的区别，这种观念有助于推动华夏族和"夷"族之间的文化融合，促进各族群之间政治、经济、文化、社会诸方面的共同进步，促进统一多民族国家的形成。

"夷夏之辨"极端派容易滋生和培养出汉文化优越感以及汉人中心主义，在思想观念上形成一个封闭文化圈，将四周少数民族排斥在中原文化圈之外。"夷夏之辨"极端派既不利于多民族国家"大一统"局面的形成，也不利于各民族相互的交往、交流、交融。在"天下共主"观的主导下，雍正、乾隆在"苗疆再造"过程中，对待苗民的态度采用"帝王赤子"（"君主"与"臣民"）来替代"华夏蛮夷"（"文明"与"野蛮"）的叙事。从历史发展的长河来看，雍正年间"夷夏之辨"的讨论，以及雍正要求天下儒生都要熟读《大义觉迷录》的谕旨，有利于统一多民族国家认同的形成，也是近现代"中华民族"观念形成的肇始。

清朝是一个满蒙贵族联姻并联合汉人地主、官僚、贵族统治中原的王朝，对于北方的少数民族，自然是不能称之为"狄"。清王朝的治苗政策常常自相矛盾，实际上反映了皇帝和地方满汉流官摇摆不定的态度：一方面把苗民看作捣乱的"野蛮人"，另一方面又强调他们"皆为赤子"；一方面认为苗民是"赤子"，主张对其进行教化、汉化，另一方面又把他们视为"愚苗"，时刻提防"汉奸"教唆苗民捣乱。雍正、乾隆打破传统中国把南方少数民族作为"蛮"的"夷夏之辨"认识，认为"苗、瑶、猓、獞"等皆属"赤子"，都可以教化而"共敦善俗，永息刁风"。雍正、乾隆把满、汉、蒙、回、藏、苗、瑶、猓、獞等民

---

① ［英］E. 霍布斯鲍姆、T. 兰格：《传统的发明》，顾航、庞冠群译，译林出版社2004年版，第2页。

族的人民都视为"赤子",把爱新觉罗氏的统治者建构为"天下共主",具有积极的意义,强化了各族人民的国家认同。值得注意的是,18世纪末期,乾隆在对待英国特使马戛尔尼来华寻求扩大通商事宜上却继续套用"夷夏之辨"的理论武器,对抗工业革命后迅速崛起的西方资本主义文明。在深化民族团结进步教育,铸牢中华民族共同体意识的今天,加强对统一多民族国家认同的历史经验研究,吸取历史经验教训,有利于"更好地促进各民族像石榴籽一样紧紧抱在一起,共同团结奋斗、共同繁荣发展"。

第三章

清水江流域乡村社会的内部管理制度

村落是传统中国社会最基本的单元,农民拥有对土地的实际使用权,中国古代社会结构中以自然经济为主体,因此村落自然而然地成为各王朝最为稳定的基层组织。要把握清水江流域乡村社会历史发展的脉络,了解苗疆社会的内部关系,必须要认识"鼓社""议榔""理老"和"首寨"的内容、变化和相互关系及其历史作用,否则很难弄清古代清水江流域乡村社会的性质及其发展规律。德国社会学家马克斯·韦伯在分析传统社会制度向现代资本主义制度转型过程及其动因时,总结出三种权威类型:第一,神异性权威。又称"自然权威",指的是个人利用对众人创造福利的机会,作为回报积攒相应的社会声望,获得相当的支配能量和个人尊严。[①] 第二,传统权威。指的是在长期的历史发展过程中,某种制度获得大众的共同认可,具有道德感召力、符号象征力和行为约束力。[②] 第三,科层式权威。指的是以行政等级作为存在的基础,官僚式的制度建制,其力量来源于正式的官府以及工作单位上级的任命。[③] 尽管归纳这三种权威类型产生的背景是传统社会制度向现代资本主义制度转型过程,但笔者认为,苗疆从无国家管理、刀耕火种的粗放型农耕社会向有国家管理、成熟的农耕社会转型,同样存在自然权威、传统权威和科

---

① [德] 马克斯·韦伯:《支配社会学》,康乐、间惠美译,广西师范大学出版社2004年版,第43—46页。
② [德] 马克斯·韦伯:《支配社会学》,前引书,第91—100页。
③ [德] 马克斯·韦伯:《支配社会学》,前引书,第19—22页。

层式权威，具有一定的相似性，三种权威类型可以应用来分析清水江流域乡村社会。当然，不应生搬硬套。在清水江流域乡村社会的日常生活中，三种权威之间常常互相杂糅、不可分割。"自然权威"（寨老）能够参与到清水江流域乡村社会公共生活去，起到维持地方社会秩序的作用；"传统权威"（族长）在苗疆传统的社会结构中，通常维持宗族共同体秩序，并与寨老、土司等共同主持完成公共事务；"科层式权威"（土司、里长、甲长等地方精英）也是清水江流域乡村社会公共生活不可或缺的力量。此外，苗疆寨老、族长有时候身兼数种社会身份，常常具备两种乃至三种权威。

第一节 清水江流域乡村社会的"四大支柱"

苗疆原先没有土司管辖，更没有中央王朝的行政建制。境内苗民无徭役、赋税之累。社会组织尚停留在以血缘关系为纽带形成的"鼓社"，或者以村寨相联合的"议榔""侗款"组织，处于相对封闭、自给自足的状态。清代雍正朝开辟苗疆之前，汉文史料普遍描述苗疆社会长期处于"有族属""无君长""不相统属"的政治状态。这种观点只说对了一半，说当时的苗疆社会"有族属""无君长"是对的，然而说，他们"不相统属"则是错误的。就苗疆的主体民族苗族而言，内部存在着复杂有效的统属关系。李廷贵认为："要把握苗族社会历史发展的脉络，了解苗族社会的内部关系，必须要认识'鼓社''议榔'和'理老'这三者的内容、变化和相互关系及其历史作用，否则很难弄清苗族古代社会的性质及其发展规律。"[①] 他指出："鼓社是苗族古代社会的基本单位，属于原始的政教合一的组织；议榔是苗族古代社会议定法律的会议，主要功能是议定'习惯法'；理老则是苗族古代社会'习惯法'的执行者，主要作用是评理裁判。鼓社政教制、议榔立法制、理老仲裁制是苗族古代社会上

---

① 廷贵、酒素：《略论苗族古代社会结构的"三根支柱"——鼓社、议榔、理老》，《贵州民族研究》1981 年第 4 期。

层建筑的有机组成部分,是三根重要的支柱。"①

前人研究苗疆,往往划分苗族、侗族、布依族等族别研究,这类研究在特定的历史条件下固然有其合理之处,但却人为地割裂苗疆各民族之间千丝万缕的天然联系。笔者根据相关史料,结合田野调查,认为古代清水江流域乡村社会还普遍存在几个或数十个苗寨,以其中的一个大寨为中心,形成大家普遍公认的首领村寨,通过大寨来治理小寨,称为首寨制度。古代清水江流域乡村社会的首寨制度与鼓社、议榔(合款)、理老(寨老)等共同形成了一套系统的、完整的自我治理机制。古代清水江流域乡村社会,无论苗族、侗族、布依族等,均不同程度地存在首寨制度,即一寨有事、八方支援,特别是在"苗乱"期间,往往是整个区域的苗寨都参与其中。究其原因,就是首寨制度在起作用,首寨的寨老议定起事的事项后,即刻向外传递信息,邀约起事,往往是信息所达之处,全村皆反、全族皆反、全境皆反。

尽管中央王朝不断加强对清水江流域乡村社会的控制,但在苗疆的少数民族传统制度文化中,苗、侗等民族的寨老制、苗族的"鼓社"制和"议榔"制、侗族的"侗款"制等,始终是苗疆民族村寨自治的构成要素,成为苗疆区域文化的核心部分。对古代清水江流域乡村社会内部双重管理制度研究,尤其是首寨制度的研究,有助于更加深入了解古代清水江流域乡村社会内部的自我运作治理机制,提升民族地区乡村治理能力,完善乡村治理体系现代化建设,构建统一多民族国家的和谐社会。

第二节 自然权威与传统权威共治:
村寨内部的自我治理

清代开辟苗疆之后,由于语言、文化、习俗的隔膜,清水江流域乡村社会的自然权威、传统权威在苗疆治理上受到了国家科层式权威的默认与许可,流官政府赋予苗疆自然权威、传统权威治理村寨日常事务的权力。清代清水江流域乡村社会,传统权威的统治权威要远远大于国家

---

① 廷贵、酒素:《略论苗族古代社会结构的"三根支柱"——鼓社、议榔、理老》,前引文。

的科层式权威。"国家是指它所具有的政治、行政体制与权力,也指她通过与意识形态及文化互为表里而产生的控制和影响能力。民间权威包括在乡村社会占有地方资源、维持社会秩序的人物和制度体系。"① 清代雍正朝开辟苗疆后,清水江流域乡村社会发生急剧的变化,面对流官尚未在清水江流域乡村社会建立起新的治理体系的局面,中央王朝不得不依靠地方精英寨老、族长的支持,共同维持清水江流域乡村社会的秩序。

对于中原汉人社会,费孝通在《乡土中国》一书中提到,"儒家最考究的是人伦,伦是什么呢?我的解释就是从自己推出去的和自己发生社会关系的那一群人里所发生的一轮轮波纹的差序"②,即中国人社会关系的差序格局。费孝通认为这种具有伸缩性的人际网络,随时随地都有一个"己"作为中心。③ 而在苗族村寨,人们以父系血缘为中心,分散为许多小家庭,并以"鼓"为家族单位,按一定的周期组织"吃鼓脏"(或称之为吃牯脏、吃牯藏等)活动祭祀祖先,家族内部不能通婚,村寨之间依靠"议榔"来调适关系。杨正文认为:"在鼓藏节祭的具体考察中发现,贵州台江、雷山、榕江等县的苗族鼓藏节负载着'血缘'宗族祭祖本质意义的同时,也表述了它超越'血缘'宗族向拟制性宗族和村落地缘共同祖先祭祀转换的含义。"④ 因此,依靠血缘与地缘组织的各司其职,苗族村寨的自治和自卫能力不可低估。侗族的社会结构层次相对较多,但仍以父系血缘为纽带,区分出家庭(然)、家庭联合(高然代侬)、房族(基、翁)、家族(头、督)四个层次。侗族的"合款"与苗族的"议榔"类似,侗民选出为人正直、威望高、能力较强的人为款首、寨老等,并由他们负责制定执行规约,维持治安、调解纠纷,处罚违规者、组织武装等。⑤ 清水江流域乡村社会的自然权威、传统权威,"在国家力所不及,而家庭又无力可及的中间地带,对于维持农民生产生活密切相

---

① 吴雪梅:《国家、民间权威、族群:清代民族边缘地区乡村社会的权力关系——以鄂西南土家族地区为中心的考察》,《中南民族大学学报》(人文社会科学版)2009年第1期。
② 费孝通:《乡土中国·生育制度》,北京大学出版社1998年版,第24—28页。
③ 费孝通:《乡土中国·生育制度》,北京大学出版社1998年版,第24页。
④ 杨正文:《鼓藏节仪式与苗族社会组织》,《西南民族学院学报》(哲学社会科学版)2000年第5期。
⑤ 唐莹:《清水江流域的乡村社会生活》,硕士学位论文,贵州大学,2011年,第19—20页。

关的基本秩序，十分重要；而在处理户婚田土等民间细事时，他们就成为极其重要的中人"①。清水江流域乡村社会调解处理事情往往根据当地的道德风俗，纠纷双方的实际情况，由熟悉当地风俗人情的寨老、族长等民间权威合理、灵活处理，更有利于矛盾的化解。这些寨老、族长同时也是代表村民与流官政府或土司打交道的中间人，相当于杜赞奇所说的"保护型经纪"，即"村社自愿组织起来负责征收赋税并完成国家指派的其他任务，以避免与'赢利型经纪'②打交道"。③

苗疆的主体民族苗族的"议榔"制和侗族的"侗款"制，均为苗侗社会历史上各具特色的制度文化。苗、侗民族处于同一生态环境和基本相似的社会环境，在与中央王朝的大传统文化发生碰撞时，都表现出多重组织形式并存，多向碰撞、交流、回应、互动的现象。黄才贵认为："长期以来，苗侗民族社会都基本上处于外层的流官官府系统、中层的土官变容系统与内层的自治组织体系的多重并存组织形式的控管之下，构成了层层包夹的社会现象。"④清代的流官官府系统，即清中央王朝王权体系中的府、厅、州、县；土官系统，即中央王朝在开辟苗疆之后设置的土千总、土把总、土外委、土舍等小土司协助治理基层乡村社会的权力系统；苗民的自治组织系统，即苗族社会的"议榔"制和侗族社会的"侗款"制。苗侗人民将中央王朝设置的流官官府系统，视为外层的"汉官府"；对于当地大姓族长、头人、寨老统领的本民族内部组织，则视为内层的本民族组织。⑤对于苗侗人民来说，外层的流官官府系统是强加的外部统治力量，并非苗疆区域社会发展到一定阶段的产物。它始终没有完全深入到苗民的基层社会，与之结合形成高级社会组织，即国家政权

---

① 李照艳：《清至民国桂北民间纠纷治理研究——以桂林地区契约、碑刻为研究视角》，《枣庄学院学报》2014年第6期。

② 一般来说，苗民认为赢利型经纪多数是掠夺者，不愿意与他们合作。虽然杜赞奇认为此种划分并非完全泾渭分明，乡绅代征钱粮，从中收取佣金，也是一种赢利型事业，但此处我们可视之为一种理想类型的划分，一种分析的工具。

③ 徐祖澜：《乡绅之治与国家权力——以明清时期中国乡村社会为背景》，《法学家》2010年第6期。

④ 黄才贵：《独特的社会经纬——贵州制度文化》，贵州教育出版社2000年版，第71页。

⑤ 此处分类参考了黄才贵先生的做法，详见黄才贵《独特的社会经纬——贵州制度文化》，前引书，第71页。

与清水江流域乡村社会组织相结合的统一的民族政权。

苗疆小传统文化的"议榔"和"合款",包括日常社会经济生活的组织管理、民间纠纷的解决、习惯法的制定和执行、自卫武装的组织、武装斗争的发动等功能,具有苗疆内部社会民间自治的性质。按照地缘组织进行运作,"议榔"和"合款"的主持人通常为村寨中素有威望、懂古规古理、办事公道的长者,每户出一名代表参会,一旦议定榔规或款约,全体苗民在日常社会生活中必须无条件地遵守执行。清代地方流官政府有意识地把苗民的习惯法加以改造,使其变成意识形态的宣传者、执行者。开辟苗疆很长一段时间以后,"议榔"和"款约"发生了分化:"前者变成反抗组织,后者与清代乡约多有利益一致之处,清政府不失时机地利用了这一传统组织,以宣扬儒家道德伦理,村落中的权力者也通过更具有权威性的官方话语,以求巩固自己的地位和利益。"①

在中央王朝科层式权威缺位的情况下,清水江流域乡村社会形成的自然权威、传统权威,构成了自我治理的社会运行机制。有学者根据汉人乡村社会的情况分析认为,"村落的乡绅担当了现代村庄政府的职能。当然,这种乡村社会与国家的分离,乡村社会的相对自由,远不是现代意义的社会自治"②。清水江流域乡村社会情况亦大致相同,广大清水江流域乡村社会没有中央王朝提供的公共安全保障,仅仅依靠"议榔"和"合款"等自治组织自我管理,寻求安全保障。总之,清水江流域乡村社会自我管理的有效运行,是前国家时期"自治制度"经过理性化发展过程的衍化形式,对于清水江流域乡村社会的广大苗民来说,具有相对的合理性。

第三节 乡村社会村际关系与首寨制度的运作

前文论述了古代清水江流域乡村社会内部村寨的自我管理,然而在清水江流域乡村社会各村寨村际关系上,比较盛行的是首寨制度。笔者综合相关文献资料及田野调查,认为首寨制度不是某一个苗疆村寨内部

---

① 唐莹:《清水江流域的乡村社会生活》,前引文,第51页。
② 彭勃:《国家与乡村社会关系——古代传统的中西比较》,《新东方》1999年第5期。

的治理制度，而是某一大寨和周边一个或数个小村寨在长期的历史发展进程中形成的以某一大寨为首，其他小村寨受其管理的制度。这种村际依附关系既可以是本族群的村寨，也可以是跨族群的村寨，这些村寨大多数是苗族、侗族村寨，也有少部分是其他民族的村寨，属于古代清水江流域乡村社会内部的另类管理制度。首寨制度的情况主要分为四种。

一 树大分杈："同源共祖"的大小寨

小寨是由大寨（首寨）分家出去的，它们之间有隶属关系。"爷头苗在古州下游……与洞崽同类，皆黑苗也……洞崽苗在古州，先代以同群同类分为二寨，居大寨为爷头，小寨为洞崽，洞崽每听爷头使唤。婚姻各分寨类，若小寨私与大寨结婚，谓之犯上，各大寨知之则聚党类尽夺其产或伤命。"① 在苗语中，"爷头"意为"父辈的家族"，"洞崽"意为"子辈"的家族。他们只是辈分的差异，并不代表社会等级差异，更不代表阶级对立，"爷头苗"和"洞崽苗"所代表的应该是同一群体。所谓"每听爷头使唤"其实仅是指公益服务而言，不存在对"洞崽"劳动力的榨取。② 据20世纪60年代苗族社会历史调查资料记载，"洞崽"苗需要为"爷头"苗义务摆渡、架桥铺路、打扫村寨、平整花场等，但"爷头"苗要划拨土地供"洞崽"苗无偿使用，"洞崽"苗遇到困难时"爷头"苗还要大力扶持和救济。③ 苗族村寨之间在通婚上，大寨有较大的吸引力。大小寨之间虽然没有明显的界线，但大寨在心理上多少有些看不起小寨。小寨的青年往往不敢到大寨去"游方"。这种情况在当时的台江、黄平、炉山都有。④ "爷头"与"洞崽"的关系是一种变形了的辈分关系，也是不同姻亲集团间禁婚关系的延伸。

当然，大寨和小寨之间的关系也是互惠的。"例定千秋"碑记载：

---

① 李宗昉：《黔记》卷三，载罗书勤等点校《黔书·续黔书·黔记·黔语》，前引书，第298页。
② 杨庭硕、潘盛之：《百苗图抄本汇编》，下册，贵州人民出版社2004年版，第386页。
③ 杨庭硕、潘盛之：《百苗图抄本汇编》，下册，前引书，第389页。
④ 全国人民代表大会民族委员会办公室编：《贵州清水江流域部分地区苗族的婚姻》（"贵州、湖南少数民族社会历史调查组调查资料之三"），内部出版，1958年，第17页。

"凡有成群难民乞丐，不准小寨估讨①，只由大寨量其人数给米资遣；停留不准过一日。"② 清水江文书也记载有苗民立有约法，不准乞丐小寨估讨，只准由大寨酌给衣食的材料。此外，在发动"苗乱"时，小寨还必须无条件服从大寨，追随大寨。例如，清雍乾时期"苗乱"时，"八寨……杨排、杨尧、也告、杨乌四大寨恃强恣肆，附近诸小寨皆为役使"。③

王明珂根据他在北川地区的田野调查经验，认为虽然当地人在20世纪80年代被划定为羌族，但过去当地一直都有"一截骂一截"的说法和经验，所谓"一截骂一截"，指那里的人总是说自己才是汉人，上游都是"蛮子"；即便如此，亲近人群一截人对一截人的歧视、夸耀，造成一截人对一截人之生活习俗与祖源的攀附、模仿，"汉化"便如此逐渐推进，结果每个村寨的人都自称汉人。④ 不过苗疆的情况却与之相反，大寨的人觉得自己才是这块土地真正的主人，是正宗的"苗子"，在许多方面有优先权。其他小寨无论是本民族的民众，还是其他民族的民众，他们是后来者，是依附于自己才有土地耕种，有山林伐木，有河道抓鱼，必须听从自己的号令。

二 主客之分：依附大寨的小寨

小寨属于外地搬迁来落户的苗民，势单力薄，他们只能依附于当地大寨（首寨）才被允许定居下来。清乾隆四年（1739），古州地区上拉力的水族潘姓族人因逃难来到摆拉寨的地界。为了让当地苗人允许他们定居下来，他们与摆拉寨协商……在上拉力住了下来。并世代称摆拉寨的男子为爹，称女子为妈，至今如此。⑤ 同治十三年（1874）计怀寨立的

---

① 估讨，即强行乞讨，不给粮食或少给粮食就赖着不走。
② 参见附录：例定千秋碑。本书在正文中分析所涉及的苗疆碑刻资料，篇幅所限不能引用过长，往往言不尽意，特于文尾以附录的形式列出，以飨读者，下同。贵州省剑河县地方志编纂委员会编：《剑河县志》，贵州人民出版社1994年版，第1039—1040页。
③ 贵州省文史馆点校：《贵州通志·前事志》，第三册，贵州人民出版社1988年版，第202页。
④ 王明珂：《羌在汉藏之间：川西羌族的历史人类学研究》，中华书局2008年版。
⑤ 贵州省民族事务委员会、贵州省民族研究所编：《贵州"六山六水"民族调查资料选编·苗族卷》，贵州民族出版社2008年版，第417页。

"永垂不朽"碑，开列了43个寨名，有"俾拉""乌将""俾王"的寨名，却没有"上拉力"①。光绪二年（1876）登记今计划一带苗民户口时，记载，"乌沓（今乌将邻寨），十四户，四十二丁""俾拉，三十九户，一百零二丁"，同样没有"上拉力"。② 可见，上拉力寨没有参加议事组织的权利，乌将寨、摆王寨却拥有这种权利。

根据前人的田野调查资料，上拉力寨以水牛、黄牛各9头，大小铜鼓各9个，项圈9根，手镯9对为代价，换取摆拉苗寨允许他们定居下来。每隔60年还要送三坛酒、两头牛给摆拉寨……若上拉力的老人过世，不管是打牛还是打马，都要送一条腿给摆拉寨，打猪就要送半边肉。摆拉寨一方，凡是"吃牯藏"打牛，每头牛要取三根肋骨回送给上拉力。同时还议定，上拉力不得直接与官府发生联系，所有派到上拉力的粮款、捐税，统统由摆拉寨承担。③

据1983年上半年黄才贵在榕江县月亮山地区的调查，当时的摆拉寨居住有71户人家，306人。这个寨是计划地区32个自然村寨中较大也较为古老的村寨。摆拉、计怀、计划、摆哨、摆底、乌将、摆王七个村寨组成一个"耶吉兄"，即"七寨埋岩"。"耶吉兄"又与相邻的"耶吉究"（即"九寨栽岩"），联合组成"耶吉究兄"的埋岩议事组织。④ 月亮山地区的摆拉寨与上拉力寨、乌将寨之间就是爷头与洞崽的关系，也就是笔者所说的首寨（大寨）与小寨的关系。居住在摆拉寨的是苗人中的"黑苗"支系，居住在上拉力寨的是水族，居住在乌将寨的是苗人中的"红苗"支系。其中，摆拉寨是老寨、大寨，也就是首寨，其他两寨是因为兵灾、荒灾等原因逃难至此定居的新寨、小寨，其民众只能算是这块土地的客人。

因为古州地区一部分侗族和苗族一样，都是服饰尚黑，所以广义上

---

① 贵州省民族事务委员会、贵州省民族研究所编：《贵州"六山六水"民族调查资料选编·苗族卷》，前引书，第403页。
② （清）余泽春修，余嵩庆纂：（光绪）《古州厅志》，"户口"，卷三，光绪十四年刻本（1888年）。
③ 贵州省民族事务委员会、贵州省民族研究所编：《贵州"六山六水"民族调查资料选编·苗族卷》，前引书，第417页。
④ 黄才贵：《调查研究对民族村寨的认识与保护发展》，《贵州民族研究》2002年第3期。

的"黑苗"的称谓泛指居住在当地的苗族、侗族和其他少数民族。这些民族彼此之间又划分出"爷头"和"洞崽"的二元等级,"爷头"居住在大寨,"洞崽"居住在小寨,双方严禁婚配。表面上双方是一种泛血缘的关系,但政治和经济势力上的关系是不平等的。对于"爷头"来说,在政治地位上"洞崽"不敢也不能取而代之,在经济利益上双方呈现出互补关系;对于"洞崽"来说,在政治地位上并不能将"爷头"取而代之,在经济上"洞崽"还得付出单向的不平等献贡代价。综上可知,首寨制度中大寨与小寨之间关系是一种互动关系,小寨向大寨(首寨)承担一定经济义务,大寨(首寨)则为小寨提供政治保护、武力保护,并代之承担徭役义务等。

三 人多势众:因"大"而"首"的首寨

从社会人类学视角看,个人信任建立在低流动性和区域性的社会互动关系基础上,主要是源于与同一人群的长期互动往来。在这样的"熟人"社会中,由双方的社会距离来决定道德标准,"陌生人"不值得也不敢信赖,被视为潜在的敌人。首寨是由一个或几个势力较大的家族组成的大寨,而周边苗寨是一些人数较少的家族组成的小寨,长期的历史发展过程中大寨自然形成首寨的领导地位。

八开土千总林溥所著的《古州杂记》记载:"招抚之初,苗寨繁庶者,即自行出名就抚。小寨不能自立,附于大寨,谓之洞崽,尊大寨谓之爷头。凡地方公事,均大寨应办,小寨概不与闻,亦不派累,如古附庸之例。大寨有所庆吊之事,牛羊酒醴,采(悉)取给于洞崽,而偿其值。洞崽事爷头少不恭顺,即结讼,频年终无了期。"[①] 在贵州黎平、从江、榕江和广西三江县交界的一些苗侗村寨,也有相类似的情况。据黄才贵的调查研究,"保护者被称为'腊卡',侗语意为'客家崽',指的是有权势的本地人。在民族成份上,只有苗族、侗族,而没有汉族,这表明历史发展过程中苗侗社会出现了有权势的人,这种人相当于汉族中的同类人物,故称为'腊卡'。被保护者则被称为'腊更',侗语意为

---

① (清)林溥:《古州杂记》,《小方壶斋舆地丛钞》,第七秩,西泠印社1985年版。

'侗家崽',指的是贫穷的外来人群"①。其民族成分有汉族（现因民族融合已被识别为侗族）、苗族、侗族。可见，"洞崽"最初是指侗族中的穷人或下等人群，后来演变为对一个区域里穷人或下等人群的泛称。"爷头"管理"洞崽"的情况，也为当时的黔省流官注意到，云贵总督爱必达的《黔南识略》记载："雍正六年，招抚苗民五百七十一寨，计三万一千五百二十六户。……旧例大寨称爷头，小寨为洞崽，洞崽听爷头役使，每年由豚酒之馈，今久禁止。"②

《侗族简史》记载，黎平县的水口、南江、古邦、高青（高岩）一带，被称为"四脚牛"，因为集"大款"时，宰一头牛，分四小腿给四"小款"，以订盟约而得名。《苗疆闻见录》载："凡地方有事，须合众会议者，则屠牛分四脚传之以为之约，因即以四脚牛名。曰水口，曰南江，曰古邦，曰高岩，号称四脚首寨，余各随所近者附之。主其寨者皆称曰'头公'，而首寨头公尤见尊大。牛传毕至，相应如响，故一旦狡启，数千之众随时可集，其称伪王、将军、元帅、先锋、总理者，皆即所谓'头公'也。楚军至，踏平首寨，禽首要，余悉不战降。毋亦牛盟无主，约散而胆落矣！"③

另据笔者调查，贵州雷山县西江镇控拜村在雍正年间卷入雍乾"苗乱"中，大批苗民被杀害或外逃避祸。事后控拜村幸存者陆续回来重建家园，仍然是人数众多的苗寨，而周边麻料村（大控拜村的范围）的苗族人民则为外地迁来。至今麻料村在吃新节、苗年节、鼓藏节等节日都默认控拜村的首寨地位，听到控拜爆竹响了才开始进行，绝不能抢先，不遵循此规矩则会受到老天爷的惩罚，出现失火、人畜死亡等意外情况。④

四 生熟之别："首寨"号令小寨

首寨离汉人聚居区较近，交通便利，土地肥沃，经济相对发达，属

---

① 黄才贵：《调查研究对民族村寨的认识与保护发展》，《贵州民族研究》2002年第3期。
② （清）爱必达：《黔南识略》，"古州同知"卷22，载杜文铎等点校《黔南识略·黔南职方纪略》，前引书。
③ （清）徐家干著，吴一文点校：《苗疆闻见录》，前引书，第232页。
④ 报道人：雷山县控拜村鼓藏头龙鼎江，地点：龙鼎江家，时间：2021年11月12日。

于所谓的"熟苗",而小寨位于首寨附近的高山密林,经济落后,苗民生性胆小,属于所谓的"生苗"。"生苗"依附"熟苗"代替他们与汉人为首的流官政权交涉,缴纳粮赋,派丁派款等事宜,长此以往导致大寨对小寨拥有绝对话语权。

清代的治苗大臣在分析"苗乱"的原因时就提出疑问:若说被汉人欺负导致的"苗乱",按理应该是"熟苗"受欺负较多,"生苗"和汉人接触较少,受欺负的情况自然较少,叛乱的主力应该是"熟苗",可是从叛乱的情况来看,却是"熟苗"叛乱少、"生苗"多。或者具体点说,是少数"熟苗"村寨带领更多的"生苗"村寨在叛乱。只有一个原因可以解释,就是清代大寨(首寨)治理小寨制度在起主导作用,"生苗"是被裹胁参加的,许多苗民根本不知道去干什么,接到木刻传递的消息即参加起事。

雍正十三年(1735),上谕称:"朕闻得滇黔等省官兵,攻剿逆苗,其所过地方,概将空寨焚毁,甚至将已抚之苗出寨当夫者,辄行诛戮。盖附近小寨,每为大寨逆苗驱使挟制,不得不从。"① 清雍乾"苗乱"发动的酝酿阶段,苗民以台拱西门外的墨引(今梅引寨)、桃赖为首,串联组织了上、下九股河沿岸和高坡等地共一百多个苗寨群众秘密商讨对策。他们按照苗族传统习惯,传递木刻相互知会,约定日期"椎牛誓众",以台拱为中心,"东连高坡,西结丹江"为策应,各寨秋收完毕后发动了"叛乱",依靠的就是首寨发挥的组织协调功能。

咸丰年间,太平天国运动席卷江南地区,清水江流域杉木滞销,苗民无法按期缴纳赋税,当地流官又不肯减免或缓交赋税,故激起"苗乱"。《苗疆闻见录》载,"(苗民)聚蚂蚁寨议话,以刻木加鸡毛、火炭遍传各寨,约期起事。不从者杀全家,分其田产。千里苗疆,莫不响应"。② 从这些史料可见,有清一代,苗疆社会中大寨仍然拥有对小寨的绝对话语权,以至于举事造反这一类"大逆不道"的事情小寨也不得不跟随,其实许多小寨也没有搞清楚造反的意义是什么,只是盲目跟风响

---

① 雍正朝《圣训》,卷41,武功,第2—3页,引自程贤敏《清〈圣训〉西南民族史料》,四川大学出版社1988年版,第34页。

② (清)徐家干著,吴一文点校:《苗疆闻见录》,前引书,第208页。

应而已，否则有可能遭遇全家团灭的结局。历次"苗乱"，许多小寨都搞不清楚缘由就参加起事，主要原因是大寨有事，有义务共御敌人，以便将来获得大寨的帮助作为回报，再者害怕不参加会被大寨报复。

当然，相关史料显示，还是有一些苗寨畏于王权，未加响应，结果是被"叛乱"的苗民一举荡平。例如清江厅的柳利寨在雍乾"苗乱"和咸同"苗乱"均未参加起事，甚至还"助剿"有功，但因遭到叛乱苗民的报复，人员伤亡惨重，因此获得云贵总督岑毓英特许免除夫役。①

第四节　清代清水江流域乡村社会的乡里制度

美国学者罗斯认为，"（社会控制）是由一个在某种程度上具有民族特色要素的组织进行的"②。苗疆地方精英防御中央王权的力量源泉除了自然权威（寨老）和传统权威（族长）本身以外，还来自清水江流域乡村社会共同体，能够天然地对抗外来权力对其自治权的干预。清水江流域乡村社会地方精英权威的形成并非来自中央王权的授予，而是来自清水江流域乡村社会共同体。

清代的乡里制度主要指的是里甲制度、保甲制度，依靠地主、士绅作为领导层，是肩负维持治安、编排户口、督催赋税、摊派夫役、教化、司法、自我管理和监督等职能的乡村社会管理机制。乡里制度的有效运行能够使国家权力逐渐深入"乡村社会的各个角落、各个民族、各类人群"。③ 但是，清水江流域乡村社会与汉人乡村社会不一样，没有地主和士绅阶层，清中央王朝对清水江流域地方社会的制度改革，主要是：第一，推行与中原地区相同或者相类似的乡村社会政治制度（如乡里制度），逐步促使清水江流域乡村社会组织制度发生变革。第二，改造苗民原有的一些制度，赋予新的社会功能和使命，使其为中央王朝的直接统治服务，进而达到对清水江流域乡村社会组织改革的目的。

---

① 《贵州"六山六水"民族调查资料选编·苗族卷》，贵州民族出版社2008年版，第153—154页。
② ［美］E. A. 罗斯：《社会控制》，秦志勇、毛永政译，华夏出版社1989年版，第44页。
③ 李良品，李思睿：《乡里制度：国家权力在西南民族地区乡村社会的深入》，前引文。

乡里制是清中央王朝的权力直接深入清水江流域乡村社会的一种工具，中央王朝并不关心汉人抑或苗人充任乡长、里长，因为"官府的意图很明显，他需要下面有一个给他办公差的人，只要能完差办公，其出身背景可以不必详究"。① 由于乡长、里长在清水江流域乡村社会里属于"官"，经常对上与官府打交道，对下与苗乡侗寨的寨老、族长打交道，有一定的利益可图，因此这类职衔一般都是由小土司或者"熟苗"兼任，素质参差不齐。此外，因为苗民对汲取型统治天然的反感与排斥，所以充当赢利型经纪的乡长、里长大多数时候是被苗众集体抵制与排斥的。同样，面对由赢利型经纪所代表的封建王权，苗民的态度亦是如此。对于清水江流域乡村社会的百姓来说，理想的生活是自给自足，与外界尤其是官府老死不相往来，"民生富庶，至有老死不识官府者"。② 乡长、里长在官府与苗众其中找到了寄托点，承担厘清户口、排查外来人口、缉拿盗贼、派调夫役等任务，以防止动荡因子渗入清水江流域乡村社会。

无论是清水江流域乡村社会的保甲还是里甲，苗民一旦被编入乡里组织之后就难获自由，清中央王朝在苗疆实施乡里制度的目的在于对乡村社会老百姓进行经济的、政治的严密管控。清代中叶，中央王朝在苗疆推行乡里制度是一种制约乡村社会民众的枷锁，目的就是"以当地的社会结构为基础，建立人口居住、土地占有、赋役责任、自治管理等有效结合，高效运行的乡村社会运行机制"③，借以实现对清水江流域乡村社会的有效控制。这意味着"苗民也成为国家的编户齐民，需要向国家缴纳税粮、承担夫役，受相同的行政和法律体系管理。清政府在苗寨原有的自治管理体系基础上，又推行乡里制度，目的是将寨老、族长等原有的民间权威与国家体系嫁接起来，建立新的苗疆乡村权力体系"④。

清雍正朝至光绪朝末年，统治者为了加强对清水江流域乡村社会的控制，一直尝试推行保甲之法进行统治。雍正四年（1726）七月，吏部

---

① 任吉东：《多元性与一体化：近代华北乡村社会治理》，天津社会科学出版社2007年版，第107页。

② 《续文献通考》，卷16，职役二，转引自赵秀玲《中国乡里制度》，社会科学文献出版社1998年版，第238页。

③ 李良品、李思睿：《乡里制度：国家权力在西南民族地区乡村社会的深入》，前引文。

④ 唐莹：《清水江流域的乡村社会生活》，前引文，第24页。

遵旨开始议行保甲法："嗣后每户给印牌一张，书姓名丁数，偶有出入，必使注明，不许容留面生可疑之人。……至'熟苗''熟僮'已经向化，应一例编立保甲。"① 雍正四年（1726）云贵总督鄂尔泰上奏主张云贵苗民杂处，户多畸零，应该"将零户编甲，独户迁移附近，以便稽查之处，……安置得法"。② 开辟苗疆之后，即在当地"立保甲，稽田户"。③ 苗疆保甲制度的推行是伴随着改土归流而推行的，云贵总督鄂尔泰在改土归流中就指示："遍谕苗民，各照祖宗姓氏，贯以本名，造报户口清册，编立保甲。"④ 通过保甲制度，流官政府开始了对清水江流域乡村社会的初步控制，这是中央王朝权力在清水江流域乡村社会的体现。乾隆二十二年（1757），清廷规定："苗瑶寄籍内地，久经编入民甲者，照民人一例编查。其余各处苗瑶，责令千百户及头人、峒长，稽查约束。倘有生事犯法，不行举报，分别定罪。"⑤ 通过这些手段，将苗民更加牢固地控制起来。

清代地方文献记载，"安民莫要于弭盗，弭盗尤莫要于行保甲"⑥，但实际上保甲的功能和作用并不局限于"弭盗"事务。李良品认为，"同样是保甲制度，清朝雍正、乾隆及嘉庆年间的职责与光绪年间的职责略有不同。前期'保甲之设，所以弭盗安民'为主要职责，后期保甲组织或充当乡绅和地主掠夺、欺压普通村民的工具，成为维护清王朝统治的工具"⑦。从史料记载看，应该说苗疆保甲编排的做法还是比较切实可行的，按云贵总督鄂尔泰的指示："云贵土苗杂处，户多畸零，保甲之不行多主此议。不知除'生苗'外，无论民彝，凡自三户起皆可编为一甲，其不及三户者令迁附近地方，毋许独住，则逐村清理，逐户稽查，责在乡保

---

① （乾隆）《钦定大清会典则例》，兵部职方清吏司·洁禁·保甲，卷115，台湾商务印书馆1986年影印版，第408页。
② 《〈清实录〉贵州资料辑要》，前引书，第306页。
③ （民国）赵尔巽等：《清史稿》，土司四，卷515，中华书局1977年版，14272页。
④ "云贵总督鄂尔泰奏报审讯抗阻官兵建营仲苗暨川贩汉奸情由折（附件）"，中国第一历史档案馆编：《雍正朝汉文朱批奏折汇编》，第8册第507号，江苏古籍出版社1989年版，第701页。
⑤ （光绪）《清会典事例》，户部·户口，卷158，中华书局1991年版，第994页。
⑥ （清）俞渭修，陈瑜纂：（光绪）《黎平府志》，卷5上，光绪十八年（1892年）刻本。
⑦ 李良品、李思睿：《乡里制度：国家权力在西南民族地区乡村社会的深入》，前引文。

里长。"①

据《黎平府志》"编保甲"的记载，对于推行保甲制度的章程、相关规条及细则等都有详细的规定，当时的苗疆保甲制度已经有一套较为成熟完善的编排方法。② 此外，贵州巡抚林肇元在《通行保甲新章》中专门论及保甲制度推行时出现的扰民问题，"酒食歇宿，恣其所为，事后团甲因之借口，科派敛钱，为累滋甚"③，这些史料反映了清代晚期苗疆保甲制度日益成熟，但随着管理职能的逐渐官役化，乡里组织借助科层式权威，苛派敛财，作威作福，素质日益下降。

苗疆占主导地位的控制力量是代表科层式权威的流官政府，但是，民间力量一直以自然权威、传统权威的形式对苗疆的大小事务有着举足轻重的作用。从汉人地区的情况来看，费孝通注意到传统中国从县衙门到每个家庭之间的一段情形是"最重要的"，"这是中国传统中央集权的专制体制和地方自治的民主体制打交道的关键，如果不明白这个关键，中国传统政治史无法理解的"④。里长、保长、保正、甲长虽然没有正式的科举功名，但在清水江流域乡村社会中地位很高。他们都是本地人出身，长年从事征税、司法、缉捕盗贼等事务，与苗民有着密切的联系。他们虽不是国家的正式官吏，但借助国家赋予的科层式权威在清水江流域乡村社会中拥有强大的影响力。

由于苗疆的苗民长期受到流官、屯军、不法客商的欺压，加上太平天国运动导致清水江流域的木材滞销，咸丰元年（1851）起黔省苗疆到处爆发小规模的反抗事件，清朝更加强调保甲制度的推行和落实。当时的贵州学政翁同书奏言："贵州盗风日炽，镇远、黎平二府尤甚。黎平距省最远，更易藏奸。"⑤ 基于"御外寇莫如团练，清内匪莫如保甲"⑥ 的指导思想，从咸丰元年（1851）下半年起，清廷在黎平府等地全面推行

---

① "管云贵总督事鄂尔泰奏陈宜重流官值守宜严土司考成以靖边地管见"，中国第一历史档案馆编：《雍正朝汉文朱批奏折汇编》，第七册第603号，前引书，第851—852页。
② （清）俞渭修、陈瑜纂：（光绪）《黎平府志》，卷5上，前引书。
③ （清）俞渭修、陈瑜纂：（光绪）《黎平府志》，卷5上，前引书。
④ 费孝通：《乡土重建》，岳麓书社2012年版，第46页。
⑤ （清）贾桢、周祖培、倭什珲布等奉敕修：《大清文宗显皇帝（咸丰朝）实录》4，卷三十一，咸丰元年四月。
⑥ 《胡文忠公遗集》，转引自（民国）《贵州通志·前事志》，第三册，前引书，第521页。

保甲制度，将广大苗民编入保甲册籍，妄图利用保长、保正、甲长的监督及管理力量，将苗民牢牢控制起来。清朝通过对负有管理职责的保长、保正、甲长进行严格约束，促使他们忠于朝廷，代表中央王朝行使管理清水江流域乡村社会之责，达到以苗治苗的目的。

经过咸同"苗乱"之后，贵州古州厅同知余泽春在《善后条陈》中反复强调"保甲不可不行"，"欲剔除根诛，非力行保甲不可"，他在古州地区"刊刷保甲册式样，地方官亲自沿门填注籍贯、生理、男丁、女口、寄居、雇工、明白登载"，设立牌长、甲长，"有事连坐，日日按查无业游匪"[①] 等。同时期的贵州巡抚林肇元颁布通行《保甲新章》，强调"保甲之设，必须认真清厘"，注重量筹经费，注重总甲、里长、甲长的选择与承充，注重对城乡各寨苗民的稽查。[②] 清中央王朝对苗疆乡里制度的推进是极为重视的，其目的在于加强对苗民的控制，进而保障苗疆社会秩序的长治久安。

清代清水江流域乡里组织只是辅助性基层行政单位，不属于一级行政政权，它主要针对清水江流域厅州县以下的乡村社会政治、经济、社会职能不够完备情况下发挥补充作用。李良品通过分析得出结论，"明清时期国家政权控制西南民族地区乡村社会最主要的工具就是乡里制度，征收赋税成为国家政权统治西南民族地区乡村社会的主要体现"。[③] 然而，流官队伍的素质参差不一，借机中饱私囊者众，加之骤然强加这一套与当地民众文化习俗完全不相符合的制度，其效果差不说，还导致各地时常发生小规模的骚乱事件。保甲制度在苗疆所起作用较为有限，不可过度夸大。例如，同治十二年（1873），咸同"苗乱"刚刚结束，丹江厅通判屠瀚不但没有吸取教训，反而借推行保甲制度的机会疯狂敛财："以'善后章程'有编联保甲一条，恣意侵削，每门牌一张索取钱八百文，有不应者，则勒团保追之。疮痍未复，苗不聊生。一二悍骛之徒遂相率而谋为抗，团保告请减，曰：'此纸墨费钱，一户取钱八百不为苛。'仍令团保严追不少缓，于是苗情汹汹，遂聚数百人乘夜扑厅城，入署执屠君

---

① （清）余泽春修，余嵩庆等纂：（光绪）《古州厅志》，前引书，卷10下，艺文。
② （清）俞渭修，陈瑜纂：（光绪）《黎平府志》，卷5上，前引书。
③ 李良品、李思睿：《乡里制度：国家权力在西南民族地区乡村社会的深入》，前引文。

杀之，剖其腹，并戕其妻子数人。……抄掠而去，分据鸡讲、黄茅岭，勾结古州滥苗众至数千人，苗疆大震。"①

乡长、里长能够在清水江流域乡村社会勉强立足，主要有三个方面的原因：第一，苗民社会内部，一般遵照习惯法处理内部的各种纠纷。苗民在与汉民的纠纷中，由于汉苗语言文化的隔膜，大多选择忍让为上，或者接受乡长、里长的调解方案，很少发生不顾成本地打官司的情况。第二，在治苗政策上，清中央王朝主张"无事为安"。费孝通认为，乡土中国是一个追求"无讼"的社会。传统中国社会人口流动较少，在乡土社会更是如此，生活在同一片土地的人们，在血缘与地缘的双重影响下，形成了"熟人社会"，乡民们也不愿撕破脸皮而上告官府。费先生的这一论点放在苗疆社会同样适用。第三，在诉讼成本上，苗乡侗寨大多地处交通不便之地，苗民赴衙门告状不但长途跋涉耗时费力，而且还要支付高昂的诉讼费用。对于广大贫穷的苗民而言，只能是选择成本较低的民间调解方式。

本章小结

清代清水江流域乡村社会的内部管理措施，主要是苗民自我的内部管理和中央王朝对其施加的外部管理。首寨管理制度不是某一个苗寨内部的管理制度，而是某一大寨对周边一个乃至十余个较小苗寨的管理制度，属于古代苗疆社会组织内部的另类管理制度。从长时段历史来看，作为国家政权控制清水江流域乡村社会的辅助性力量，清中央王朝分封的诸多小土司保证了乡村社会的长期稳定发展。清代中央王朝对清水江流域乡村社会的有限管理，使得苗疆地方精英寨老、族长在乡村社会拥有一定的自治权。清中央王朝充分发挥国家权力的作用，先是利用清水江流域乡村社会的土司、寨老、族长代为管理苗寨，又在苗疆推行乡里制度等，利用乡长、里长参与管理。特别是清代晚期，乡甲制度基本实现了国家权力深入苗疆地区的目的。

国家权力与乡村权威对清水江流域乡村社会的管理经历了复杂的历

---

① （清）徐家干著，吴一文点校：《苗疆闻见录》，前引书，第199—200页。

史演变过程。在中原的农耕方式传入清水江流域、都柳江流域之前,苗民的生活方式以及对土地的使用方式与汉人并不相同。清中央王朝的资源条件,形成了对清水江流域乡村社会的管理特质,即中央王朝和清水江流域乡村社会相对分离的状态。清中央王朝对清水江流域乡村社会的介入,直接受挫于资源的缺失,这是由双方语言文化的差异以及苗疆社会经济方式、社会组织水平所决定的。在这种关系格局中,清中央王朝主要通过土司、寨老、族长间接管理清水江流域乡村社会,提取较少的间接资源,维持清中央王朝的苗疆权力运作,清水江流域乡村社会在土司、寨老、族长的领导下,相对独立地自我管理。此外,中央王朝采用卫堡长官、土司、乡里多管齐下的科层式权威加以统治,实施特殊的间接管理。

在清水江流域乡村社会,由村里威望较高的寨老、族长处理民间烦琐事务是较为方便快捷的管理模式,在苗民眼里这些地方精英是他们认可的唯一的管理者。清水江流域乡村社会的寨老、族长履行了修桥补路、资助义渡、兴办私塾、赈饥救灾、处置寨邻纠纷、主导地方防卫等公共事务。加之寨老、族长大多道德高尚,在苗寨中拥有极大的声望和特权,受到苗众的尊敬和拥护。他们在不损害自身利益的情况下,积极为苗民的利益奔走协调,与乡里组织共同维持清水江流域乡村社会秩序,成为苗民认可的自然权威和传统权威。

第四章

流官治理与"苗疆缺"官制的设置

关于"苗疆缺"的研究,刘凤云将其归属于清代的地方官制,认为"苗疆要缺"中相当一部分由督抚选用,是清代文官制度发展过程中的产物。① 岑大利认为,"苗疆要缺"属于在特殊地区的官缺。② 张振国认为,"苗疆缺",是清朝为加强边疆治理,在西南少数民族聚居地区设置的官缺。这是集选任方式、历俸办法与升转规则为一体的选任制度,经历了复杂的演变过程。③ 对此问题阐述得较为详细的王志明认为,"苗疆要缺"属于清代文官题补制度中的一种④,但相关材料显示,"苗疆缺"武员中亦有。此外,他未能阐述雍正朝以后"苗疆缺"的情况。鉴于"苗疆缺"的重要政治意义,笔者认为,有必要重新深入研究。尤其是本书考察清代清水江流域乡村社会与中央王朝关系,"苗疆缺"更是不可忽视的流官选任制度。

第一节 设置"苗疆缺"的动因

历史上苗疆"汉少夷多",地瘠民贫,许多流官视苗疆为畏途。清康熙元年(1662),曾经发生贵州永宁知州王聘宾弃官逃亡的事件。⑤ 乾隆

---

① 刘凤云:《清代督抚与地方官的选用》,《清史研究》1996年第3期。
② 岑大利:《清代官员补缺制度研究》,《清史论集——庆祝王钟翰教授九十华诞》,紫禁城出版社2003年版。
③ 张振国:《论清代"苗疆缺"的演变——以贵州省所属文官为中心》,《清史研究》2017年第2期。
④ 王志明:《雍正朝官僚制度研究》,上海古籍出版社2007年版,第111—162页。
⑤ (民国)《贵州通志·前事志》第三册,前引书,第73页。

初年的文献仍然将贵州视为刚刚归入版图的蛮荒之地："黔在宋元以前，深林密菁，久为虎豹狼之所居，苗瑶彝僰之所居，千百年来视若废壤。辟于前明，恢阔于我。"①

清初，流官大多不愿意到西南民族地区即所谓的"苗疆"担任官职。康熙四十五年（1706），九卿等遵旨议复："云南、贵州、广西、四川四省官员空缺甚多。嗣后知府以下，知县以上员缺，凡候选人员内有愿往效者，递呈之后，令彼掣签。"② 这一则史料显示，由于官员普遍不愿意到苗疆任职，或者对任职地域挑肥拣瘦，朝廷只好靠抽签来决定。但"上有政策，下有对策"，有的官员抽到了苗疆贫瘠多事之地任职，任期未满就通过装病等方式请假回原籍调养，等过一段时间再另选肥差走马上任。雍正十三年（1735），彼时贵州平越府知府朱启东看到苗疆烽烟四起，唯恐祸及己身，借口生病奏请回原籍调养，这一官场惯用的小伎俩被雍正识破，遭到雍正严厉训饬："借名告病而巧为规避者……因民俗刁悍，地方繁剧，虑及考成。"③ 有鉴于此，清王朝在黔省贫瘠多事的民族地区设置"苗疆缺"官制，通过稳定流官的人心来实施有效统治。

清代的官制，外官有督、抚以至州、县，缺分都有肥瘠繁简的不同。按各府、州、县等所处的地理位置、管辖面积、重要程度、贫富情况等条件，中央王朝以"冲、繁、疲、难"将其划分等第。据晚清文人笔记《听雨丛谈》载："外省道府丞倅州县各官，以冲繁疲难四字，别其简要。兼四字者为最要缺，三字为要缺，二字为中缺，一字及无字为简缺，此定例也。外省大吏又将通省州县各缺，略其繁简，视其肥瘠，别定为上下中九等，为捐摊经费之地，以均其力。"④ 实际的划分是，地当孔道者为冲，政务纷纭者为繁，赋多逋欠者为疲，民刁俗悍者为难。凡兼三、兼四者为最要缺、要缺，凡一、二项者为中缺、简缺。⑤ 由此推断，"苗疆缺"属于第二类难当之官，在"冲繁疲难"中至少占有三项。一般刚开始补缺的官员，大抵先从简缺做起，等积累行政经验以后，再调中缺

---

① （清）潘文芮：（乾隆）《贵州志稿》卷2，"黔省功德名臣考"，前引书。
② （清）官修：《圣祖实录》卷225，康熙四十五年四月十二日。
③ （民国）《贵州通志·前事志》第三册，前引书，第262—263页。
④ （清）福格：《听雨丛谈》卷11，中华书局2007年版。
⑤ 岑大利：《清代官员补缺制度研究》，前引书。

或要缺。清廷授予边地督抚以更多的人事权，让他们因地荐官、择官，以便有效地开发与统治边疆，苗疆、烟瘴、海疆地区的题补调缺即由此产生。诚如李良品所言："明清以来西南民族地区乡村社会所实行的'国家制度'，有些是经过地方精英选择、改造之后的国家制度，其发展历程、演变及内涵与内地不完全一样，具有明显的'地方化'特点。"①

第二节 "苗疆缺"的官阶、范围

清王朝铲除盘踞西南的南明王朝残余势力后，急需大量为清王朝一统大业安心服务苗疆的良吏，即老百姓所期盼的"好官""清官"。如何解决官员普遍逃避，不愿去"瘴疠之地"的苗疆任职问题呢？康熙二十五年（1686）经九卿议定，广西部分苗疆调缺"三年俸满升转"，并且规定只需在广西本省苗疆内部调补，这是目前有关"苗疆缺"官员由督抚在本省拣选题补的最早记载。② 贵州方面，康熙三十九年（1700）规定贵州都匀府、铜仁府、黎平府、威宁府，以及独山州、大定州、平远州、黔西州、永从州等地的文官皆于本省官员内调补。③ 雍正十年（1732），贵州巡抚张广泗奏请"'新疆'文武各员三年俸满之后，应予保荐升转，以示鼓励"，这一主张得到雍正的批准。④ 这说明"苗疆缺"官制的设置具有一定的现实效果，地方大员亦呈请在贵州"新疆六厅"实施"苗疆缺"官制的考核方案。

另据《清史稿》记载："官吏升转论俸，惟外官视年劳为差，异于京秩。在外有边俸，有腹俸。腹俸之道、府、州、县佐贰、首领官，五年无过失，例得迁擢。边俸异是。广东……广西……为烟瘴缺。云南……贵州古州兵备道，黎平、镇远、都匀、铜仁等府同知，清江、都江、丹江通判，永丰知州，荔波知县，四川……为苗疆缺。俱三年俸满，有政绩、无差忒者，例即升用。……边疆水土恶毒，或不俟三年即升。其水

---

① 李良品、李思睿：《乡里制度：国家权力在西南民族地区乡村社会的深入》，前引文。
② 王志明：《雍正朝官僚制度研究》，前引文，第118—119页。
③ （清）官修：《圣祖实录》卷198，康熙三十九年四月甲申。
④ （清）官修：《世宗实录》卷119，雍正十年闰五月初五日。

土非甚恶劣,苗疆非甚紧要者,升迁或同腹俸。"① 笔者从以上材料可知,"烟瘴缺"主要在广东、广西两省,"苗疆缺"主要在云南、贵州、四川西南三省。清代官员的俸禄标准至少粗略分为京俸、腹俸、边俸三大类。边俸又大体适用于"烟瘴缺"和"苗疆缺"这两类官员,"烟瘴缺""苗疆缺"所享受的"边俸",根据地方条件的改善可随时被调整为"腹俸"。

乾隆九年(1744)吏部议复贵州总督张广泗疏:"黔省原定三年俸满之粮驿道及定番州知州、威宁州知州、独山州州同、南笼府经历、清平县县丞、镇远县县丞、施秉县县丞、威宁州巡检等缺,地方情形较前办理稍易,应改为五年俸满;其未议俸满年限之古州兵备道、荔波县县丞、天柱县县丞、黎平府照磨、潭溪司吏目等缺,应定为三年俸满;黎平府知府、经历、普安州州判、安顺府经历、定番州州判、黄平州巡检等缺,应定为五年俸满;其安顺府知府、同知、通判,都匀府、镇远府、大定府知府、通判,南笼府知府,贵阳府同知,黄平州、独山州、普安州知州,贵筑县、普定县、清镇县、镇远县、永从县、毕节县知县等缺,原定为五年俸满;都匀府、镇远府、铜仁府、黎平府同知,都匀府丹江通判、都江通判,镇远府通判,永从州知州、州同、州判、吏目,荔波县知县、开泰县县丞、永从县县丞等缺,原定为三年俸满。仍照旧例,按年报满。"② 张广泗当时成功地镇压了苗疆的一系列"叛乱",声势甚隆,深受乾隆的宠信,所以这些奏请全部被清廷批准。我们从此疏看出,"苗疆缺"分为两种类型:最艰苦的苗疆是"三年俸满升转";条件稍好一点的苗疆是"五年俸满升转"。它们之间的任职年限也是可以相互转换的。一般来说,艰苦的苗疆经过长期开发,条件好转,该地的"苗疆缺"可以由"三年俸满"改为"五年俸满"。这种较为科学灵活的官员转岗轮休、转移安置措施有利于消除流官的疲怠,使其保持相应的工作热情,值得我们今天效仿并推广于民族地区的干部选任工作中。

笔者根据掌握的资料,以贵州省为例,将"苗疆缺"官职、品级、官名用表4-1来加以说明。

---

① (民国)赵尔巽等:《清史稿》卷110,志85,选举5,前引书。
② (清)官修:《高宗实录》卷212,乾隆九年三月初四日。

表 4-1　　　　　　　　　清代贵州"苗疆缺"官制设置

官职	品级	贵州"苗疆缺/调缺"
道员	正四品	古州兵备道
		贵州粮储道
		贵东道、贵西道
知府	从四品	黎平府、安顺府、都匀府、镇远府、大定府、南笼府、贵阳府
同知	正五品	安顺府、贵阳府、都匀府、镇远府、铜仁府、黎平府、贵东道、古州、八寨、台拱、松桃、长寨、安顺府、郎岱、普定县、大定府
知州	从五品	定番州、威宁州、黄平州、独山州、普安州、永从州、永丰州
通判	正六品	安顺府、都匀府、镇远府、大定府、丹江、都江、镇远府、清江、水城、归化
州同	从六品	册亨、永从州、独山州、三角屯
知县	正七品	贵筑县、普定县、清镇县、镇远县、永从县、毕节县、荔波县、清平县、施秉县、
州判	从七品	罗斛州、普安州、定番州、永从州
县丞	正八品	清平县、镇远县、施秉县、荔波县、天柱县、开泰县、永从县、铜仁县
经历		南笼府、黎平府、安顺府、松桃厅
主簿	正九品	镇远府四十八溪
吏目	从九品	永丰州、永从州、黎平府照磨、潭溪司、洪州司（属黎平府）
巡检		威宁州、黄平州、铜仁府磐石

资料来源：《清实录》、（民国）《贵州通志·前事志》《清史稿》《明清档案》以及（乾隆）《大清会典则例》等。

从表 4-1 可以看出，"苗疆缺"涉及的官员品级从"正四品"到"从九品"，中间仅缺"从八品"，这极有可能是笔者掌握材料疏漏造成的。所涉官职品级覆盖了清代官员品级"九品十八级"中的近三分之二。"苗疆缺"的官员名称种类繁多，有道员、知府、同知、知州、通判、州同、知县、州判、县丞、经历、主簿、吏目、巡检等。从"苗疆缺"涉及的地理范围来看，大部分是今天贵州的少数民族自治州、自治县、民族乡等。值得关注的是，近些年学术界热烈讨论"古苗疆走廊"①，即清代黔省"上游"②"下游"③沿线区域均是"苗疆缺"流官的主要任职区域，"苗疆缺"设置区域与"古苗疆走廊"空间上有着惊人的吻合。

第三节 "苗疆缺"的嬗变

清代的官制，从康熙朝至清末，随着疆界分合，郡邑去增，或升、或降、或改、或并，常有变更。乾隆继位之初就强调说："守令为亲民之官，最关紧要；而边疆之地，民、夷杂处，抚绥化导，职任尤重，更不得不慎选其人以膺牧民之寄……嗣后遇有苗疆要缺，应令该督、抚慎选贤员以居其任，三年之后，察其汉、夷相安，群情爱戴者，保题升擢，以示优奖；其有恃才贪功者，虽有才干，不得轻任以滋事端。"④

"三年俸满即升"的定例实行一段时间后，清王朝又认识到官员刚刚熟悉苗疆情况，任职三年即调走，弊大于利。乾隆二十五年（1760），上谕军机大臣等："向来各省边缺人员，定有三年俸满即升之例，其中或因地系烟瘴，势难久留，故于体恤之中，兼寓鼓舞之意……况地方有司，专司民社，正当令其久任谙练，以资实用；若仍拘泥前例，使履任者视

---

① 杨志强、赵旭东、曹端波：《重返"古苗疆走廊"——西南地区、民族研究与文化产业发展新视阈》，《中国边疆史地研究》2012年第3期。

② 明代，滇黔驿道设置有贵州驿（今贵阳市）、威清驿（今清镇市）、平坝驿（今平坝县城）、普利驿（今安顺市）、安庄驿（今镇宁安庄坡）、白口堡驿（今镇宁、关岭间）、关岭驿（今关岭县城）、渣城驿（今关岭永宁）、尾洒驿（今晴隆县境）、新兴驿（今普安县）、湘满驿（今盘县西北）和亦资孔驿（今盘县亦资孔）。同时，还设置有威清站（属威清卫）、沙作站（属平坝卫）、南口堡站、普利站（均属普定卫）、渣城站、白水堡站、安庄站（均属安庄卫）、尾洒站、尾洒递运所（属安南卫）、新兴站、湘满站、亦资孔站、亦资孔递运所（均属普安卫）。以上共计11驿、11站、2递运所，习惯上称之为黔省"上游"。参见（明）郭子章《黔记》，"驿传"，书目文献出版社据明万历刻本影印，北京图书馆古籍珍本丛刊第43册。

③ 湘黔驿道共设有平溪驿（今玉屏）、清浪驿（今镇远青溪）、水马驿（青溪、镇远间）、偏桥驿（今施秉）、东坡驿（今黄平东坡）、兴隆驿（今黄平县城）、清平驿（今凯里清平）、平越驿（今福泉市）、新添驿（今贵定县城）、龙里驿（今龙里县城）、贵州驿（今贵阳市）。其间，又设有路濑站（属平溪卫）、杨老站、黄丝站（均属平越卫）、兴隆站、重安站、东坡站（均属平ળ卫）、新添站（均属新添卫）、龙里站（属龙里卫）、贵州站（属贵州卫）。以上共计11驿、9站，习惯上称之为黔省"下游"。（明）郭子章：《黔记》，"驿传"，前引书。

④ （清）官修：《高宗实录》卷83，乾隆三年十二月十六日。

同传舍，新旧相沿，苟且塞责，谁肯实心整顿？……著传谕各该督、抚，嗣后如古州等处边疆要缺之员，概不得调办别项工程差务。并通饬边缺内，有地非烟瘴宜令久任者，于俸满之时，或量予优叙，或准其升衔留任，或其人实系才能出众，即于本处附近应升之缺酌量升擢，使该员等益得熟悉本地事宜，实力经理，方为允协。"①

从这则材料我们得知，苗疆缺"三年俸满即升"至少有两大弊端：第一，许多流官刚刚熟悉当地情况，还来不及实施自己的施政理念就升职调走；第二，许多流官并不安心待在苗疆，从到任之日起，就把当地"视同传舍"，长期借调外地，无心整顿地方政务。有鉴于此，清王朝一方面采取严饬规定的办法，对于古州等处苗疆要缺之员，"概不得调办别项工程差务"，堵住借调避"难"的制度漏洞；另一方面对于其他地方的流官，则采取变通的办法，三年一到，采取"量予优叙""升衔留任""附近应升之缺酌量升擢"等办法，解决流官的待遇后继续留用本地，原因是他们"熟悉本地事宜"，留下来继续当政，能更加有效地治理苗疆，巩固清廷的统治。

不久，云贵总督爱必达从这一上谕精神出发，奏请朝廷："滇、黔两省原定苗疆，除元江府知府、通判、知县等六缺，永丰州知州一缺实系烟瘴，应仍照例三年俸满即升……黔省之贵东道、古州、八寨、台拱、松桃同知，丹江、都江、清江通判，荔波县知县九缺，应请于三年俸满后量予优叙，仍留本任。"② 清廷很快批准这一请求，并且规定："至三年、五年俸满后，留任年限及再满三年后遇缺题升之处，俱照现议湖南事例办理。"③ 可见，流官的频繁调任，不利于苗疆的长效治理。因此，对于雍正年间开辟的"新疆六厅"等地，朝廷采取"三年俸满后量予优叙，仍留本任"的办法，以保证清王朝派驻苗疆官员队伍的稳定。

乾隆二十五年（1760）十月初四日，云贵总督爱必达等再次联名奏称："黔省三年俸满之巡道、同知、通判、州县共有十缺，唯永丰州尚有烟瘴，应请循照原例报满。其余贵东道古州、八寨、台拱、松桃肆同知，

---

① （清）官修：《高宗实录》卷609，乾隆二十五年三月十七日。
② （清）官修：《高宗实录》卷609，乾隆二十五年三月十七日。
③ （清）官修：《高宗实录》卷609，乾隆二十五年三月十七日。

都江、丹江、清江叁通判，荔波一县，皆系苗疆，均可令其久任。于三年俸满时，察其才长守洁、抚绥表率得宜者，保题量予优叙。俟再任三年政事，果无改撤、地方久宁贴者，请于加衔注册，听部准升。如本省遇有应升之缺，拣选题升各等语……贵州苗疆之贵东道等九缺，于三年俸满之时，如果抚绥得宜者，题请量予优叙，仍留本任。俟再满三年，果能才学兼优，政绩卓著，准其保题，以升衔注册……应照湖南之例，留于本任，遇有本省附近应题、应调、应选、应请之缺，准其题保升用……苗疆边缺，未经俸满之员，如遇应升缺出，不得藉词员缺，更为紧要，奏请升用。至道员俸满并无保题升用之缺，其贵东道于三年俸满，再留任三年。之后如果才学兼优，政绩卓著者，令该督抚保题送部引见候录用。"① 爱必达显然是看到部分任职苗疆的官员，期限未到，却巴不得早日逃离苗疆瘴疠之地。他建议不准"苗疆边缺"流官找借口提前调离，并将任期满的"苗疆缺"流官采取升职留任原地或者升职后在附近任职的方法，继续服务苗疆。

乾隆二十九年（1764），兵部议准云贵总督吴达善奏称："黔省向因初辟苗疆，分设武员定以三年边俸报满即升。历今三十年，风土便安，未便拘泥成例。其古州、清江、上江、铜仁、都匀、丹江、朗洞、台拱、荔波、下江、长坝各营副、参、游、都、守、千、把总等官，改为五年甄别，人才、弓马可观者保题升用，寻常之员仍照常俸候推。至副将报满，相无甄别，总兵缺出，均开列请旨。嗣后应令该督、抚分别考语，题名注册，将保题者开列，并饬令有边缺省份一体遵照办理。"② 这显示黔省"苗疆缺"不但文官有，武官也有，大约设置于雍正末年（文中称"历今三十年"）。随着社会治理环境的改善，包括古州、清江、上江、铜仁、都匀、丹江、朗洞、台拱、荔波、下江、长坝等苗疆在内，"风土便安，未便拘泥成例"，朝廷将"三年俸满即升"改为"五年甄别"，涉及的武官有"副、参、游、都、守、千、把总等官"。此外，另有史料显

---

① 张伟仁编：《明清档案》，第264册，"中研院"历史语言研究所现存清代内阁大库原藏，"中研院"历史语言研究所1992年版，第B148975—B148979页，乾隆五十七年六月十二日，陈淮，"为遵上日议奏事"。

② （清）官修：《高宗实录》卷708，乾隆二十九年四月初二日。

示，武官的"苗疆缺"还有安顺府归化营通判①、铜仁协左营中军守备②等。

乾隆三十五年（1770），吏部等部议复："原任贵州巡抚良卿奏称：'威宁州向因辖倮夷，为苗疆要缺，五年俸满，加衔留任，再满三年升用。今番民向化日久，抚绥较易。'应如所请，删去报满、加衔、即升之例，照内地题缺拣补。从之。"③ 康熙初年平西王吴三桂剿平水西安氏土司后所设的威宁州，经过流官一百多年来的悉心经营，"番民向化日久，抚绥较易"，已经由"新疆"变为"内地"，于是清廷在官制上也取消其"苗疆缺"的特殊待遇，"照内地题缺拣补"。

类似的情况在乾隆后期陆续出现，如乾隆三十八年（1773），贵阳府知府、贵筑县知县，"删去苗疆字样"，改为"冲、繁、难兼三要缺"④等。有鉴于苗民向化日久，在官制上部分苗疆开始遵循内地选官的标准，待遇上也"照常俸人员依例升转"。"苗疆缺"除去"苗疆"字样，按照内地官制的标准定为"冲、繁、难兼三要缺"，实际上形同内地了。

历史发展的趋势是"苗疆缺"逐渐减少和消失，然而，在苗疆一些重要地区和部门，朝廷也会根据需要增加。⑤

> 材料1：乾隆四十四年（1779），李本疏称："裁汰平越县杨老驿丞，改为大定府水城通判照磨各事宜。查照磨专管缉捕监狱，协防仓库钱粮，应照该通判定为苗疆要缺；五年俸满，所支廉俸驿丞。"从之。⑥

---

① 贵州总督兼管巡抚事张广泗："揭请以平越府湄潭县知县周登鳌陞补安顺府归化营通判苗疆要缺又请以试用知县胡锦委署湄潭县知县"，乾隆二年九月十六日。"中研院"历史语言研究所明清档案工作室，全文影像：066013。
② 云贵总督尹继善："题报请以贵州铜仁协左营左哨千总贾启奉升补铜仁协左营中军守备苗疆要缺查该员系未经引见之员可否送部引见请旨遵行"，雍正十三年三月二十六日，"中研院"历史语言研究所明清档案工作室，全文影像：121911。
③ （清）官修：《高宗实录》卷851，乾隆三十五年正月二十五日。
④ （清）官修：《高宗实录》卷852，乾隆三十五年二月十二日。
⑤ 类似的变更和调整，清代不乏其事。例如道光年间针对汉苗土地纠纷与冲突问题就作出过相关的政策调整，见袁翔珠《官政与民规：清代道光时期的苗疆土地政策》，《求索》2010年第1期。
⑥ 《高宗实录》卷1090。

材料 2：嘉庆二年（1797），"定贵州松桃直隶同知隶贵东道，并定新设松桃厅经历，新改铜仁县县丞、铜仁府磐石巡检、镇远府四十八溪主簿为苗疆调缺"。①

以上材料刚好反映两种不同的类型：材料 1 表明，朝廷在"苗疆缺"总数不变的情况下，将甲地的"苗疆缺"名额裁汰，转让给乙地；材料 2 表明，在经历乾嘉年间腊尔山"苗乱"和嘉庆初年的南笼"苗乱"之后，朝廷为了苗疆的安定，保证流官队伍的稳定，新增了一些"苗疆缺"的名额。清王朝此举既是出于安抚流官，也是为了让他们减轻对苗民的剥削，缓和苗疆流官与苗民之间的矛盾。

本章小结

清王朝为了加强边疆治理，在广西、贵州、云南、四川等省的民族地区，设置的"苗疆缺"，或称"苗疆调缺"，文武兼有，朝廷在俸禄和提拔上均有照顾。清王朝设置"苗疆缺"的目的在于安抚流官，同时也让他们减轻对苗民的剥削，缓和流官与苗民之间的矛盾。从"苗疆缺"涉及的范围来看，大部分是今天西南地区的少数民族自治州、自治县、民族乡等。在清王朝将"苗疆缺"改为内地官制之间有一个过渡阶段，即把"苗疆缺"由"三年俸满"改为"五年俸满"，"五年俸满"的"删去报满、加衔、即升之例"，"照内地题缺拣补"。统治者根据军事、政治、经济形势的发展及苗疆地区汉化程度等因素增加或减少"苗疆缺"流官数量，并依据任职年限酌情将官员异地任职或者升职留任当地。当前，民族问题仍是一个关系中国国家边疆和谐稳定的重要问题，清王朝边疆治理视野下的"苗疆缺"官制研究，对于我们今天制定民族地区干部的经济待遇、政治待遇、转岗轮休、转移安置等方面有重要的政策借鉴意义。

---

① （清）官修：《仁宗实录》卷 24。

第 五 章

清王朝清水江流域乡村
社会法制秩序的重建

清代苗疆经历了从"化外"到"化内"、从封闭到开放的王化进程。清中央王朝不断尝试、逐步优化"清律治苗""苗例治苗""苗疆则例"的法制实践，具体采取禁止滥派夫役钱粮、严禁苗疆人口贩卖等治苗措施，其间逐步重建起清水江流域乡村社会法制秩序，这一过程实质上也是中央王权逐渐深入清水江流域乡村社会的过程。特别是禁止滥派夫役钱粮，更是在统治苗疆经历了惨痛教训之后的一个重大政策调整明证。开辟苗疆之后，清廷一开始对苗疆采取与内地同步的整齐划一的"输粮纳籍"做法，并按照惯例，要求驿道沿线苗寨派遣义务性"夫役"。经历雍乾"苗乱"的冲击之后，乾隆虽然下令"尽豁新疆钱粮，永免征收"，然而，流官、土司暗中征收"鸡粮""鱼粮"等制度性腐败问题未能彻底根除，加上滥派夫役现象日益突出，导致苗民怨声载道，民不聊生。这些苗疆弊政伴随着清代雍正朝开辟苗疆直到宣统朝亡国，都未能得到实质性的解决，其实也反映了清王朝清水江流域乡村社会法制秩序重建的总体性失败。

第一节 "苗例治苗"的形成与嬗变

中国历代中央王朝都鼓励民间自行解决社会内部的各种矛盾纠纷，而不要起诉到官府。从留存的清代文献可以发现，流官政府对清水江流域乡村社会的纠纷大多采取"无为"的态度，允许清水江流域乡村社会的"自然权威"和"传统权威"根据习惯法自行处理苗民内部纠纷,苗疆国家权威的存在大多体现在一些勒石为记的乡村禁约、告示内容上。笔者研究发现,清王朝那些全国各地普遍实行的法律和典章制度,并不是一味地自上而下地在苗疆推行,它们总是和来自苗疆民间的、地方的社会文化风俗习惯融合互动,从而不断地焕发生机。

国家展示权威的强制性手段之一就是法律能否得以实施,清廷在苗疆的司法实践,经历了一个盲目追求整齐划一的"清律治苗"到采用因俗而治的"苗例治苗"[①]并逐步加以完善的过程。清雍正年间中央王朝通过大规模的军事行动,开辟苗疆"生界",建立了八寨、丹江、都江、古州、清江、台拱等"新疆六厅"。与此同时,客籍军人、汉移民与客商开始活跃在清水江和都柳江流域。魏源《西南夷改流记》载:"(雍正七年)清水江、丹江皆奏设重营,以控江路,令兵役雇苗船百馀,赴湖南市盐布粮货,往返不绝,民夷大忄㤅,贾客云集。"[②]清王朝开辟苗疆的目的是将其纳入国家控制之中,操作手法上一步步地加强对苗民的社会控制。苗民对外来者有强烈的文化抗拒心理,因此清廷难免与苗民原有的制度和文化发生冲突。清廷采用武力对付抗拒的苗民,这就加剧了两者之间的矛盾。每次冲突的结果是进一步加速了苗疆原有自治制度的崩溃,无论土司统治区域还是自治村寨的苗人,都必须向国家输粮纳籍[③],国家则为其承担相应的责任。伴随着苗疆的开辟,大量汉移民涌入清水江和都柳江流域,并陆续带来了先进的农林生产技术和新的农作物品种,数以万计的青壮劳动力开垦了大量田地,进一步开发林业和矿产资源,苗疆社会呈现出经济繁荣、社会快速发展的景象。

美国人类学家罗伯特·雷德菲尔德将复杂社会的文化传统划分为"大传统"与"小传统"。具体来说,"一个由为数很少的一些善于思考

---

① "苗例"即苗侗民族的民间习惯法,今天在黔东南许多民族村寨仍然发挥积极的作用。参看胡卫东《黔东南台江县苗族林权习惯法研究——以阳芳寨为例》,《广西民族大学学报》(哲学社会科学版)2011年第1期;孙犟:《黔东南苗族村寨民间调解机制探析》,《广西民族大学学报》(哲学社会科学版)2012年第3期等。

② (清)魏源:《西南夷改流记》,《小方壶斋舆地丛钞》第八秩,前引书,第149页。

③ 乾隆初年平息"苗乱"后,乾隆下旨"尽豁新疆钱粮,永免征收",但是承平日久,流官私自加征若干项夫役杂粮。

的人们创造出的一种大传统",是"代表着国家与权力的,以城市为中心,社会中少数上层人士、知识分子所代表的文化传统"①。"一个由为数很大的、但基本上是不会思考的人们创造出的一种小传统",是"代表乡村的,由乡民通过口传等方式传承的大众文化传统"。② 清代中央王朝在民间普遍推行"和为贵"的统治理念,尤其是对清水江流域乡村社会,由于文化习惯迥异,大传统文化一时难以进入,涉及苗疆婚姻田土山林等民间纠纷,甚至人命官司,流官官府大多依赖小传统文化,通过寨老、族长等自然权威和传统权威代为管理,听凭其采用"苗例治苗"。

"苗例治苗"政策的执行,经历了一个复杂的过程,并非简单的废除或保留"苗例"的问题。开辟苗疆前后,清廷从中央到地方大多不了解苗民的文化习俗,在中原文化中心主义思想的指导下,以强大的武力为后盾,严令流官用"大清律例"取代"苗例"治理苗疆社会。康熙八年(1669),贵州巡抚佟凤彩上奏朝廷:"凡苗蛮仇杀、劫杀有一处者,该管土官罚银二十两,责令拿获;一年不获,再罚银二十两。事发之后,能拿获一半者,免罚,令缉。若失事至五处以上,不能缉获,土司罢职,另选族中才能袭替。若失事俱能拿获,容臣奖赏。庶土官知所以惩矣。"③ 雍正五年(1727),云贵总督鄂尔泰等奏请:"(苗疆案件)不许外结,亦不准牛马银两赔偿,务按律定拟。"④ 雍正六年(1728)正月十二日,署理贵州巡抚印务、广西巡抚祖秉圭奏报:"贵州苗彝烧杀劫掠事件,向日多照彝例以牛马偿息外结,嗣经督臣鄂尔泰题请,凡苗疆案件,俱照内地贮定限期,按律审拟具题,不许外结,经部议奏于雍正五年(1727)九月十七日奉旨依议通行,钦遵在案。"⑤

开辟苗疆过程中,部分流官在工作实践中经过长期摸索,开始学会尊重苗俗,并用之于招抚苗民。雍正六年(1728)三月,镇远府知府方显

---

① [美]罗伯特·雷德菲尔德:《农民社会与文化:人类学对文明的一种诠释》,王莹译,中国社会科学出版社2013年版,第95页。
② [美]罗伯特·雷德菲尔德:《农民社会与文化:人类学对文明的一种诠释》,前引书,第95页。
③ 贵州省文史馆点校:《贵州通志·前事志》第三册,前引书,第88—89页。
④ 台北"故宫博物院"整理:《宫中档雍正朝奏折》,台北"故宫博物院"印行1979年版,第20卷,第95—98页。
⑤ 台北"故宫博物院"整理:《宫中档雍正朝奏折》第9卷,前引书,第598页。

招抚清江北岸十六寨，下令各苗寨头人订期会集，宰款合榔，盟誓永远遵守朝廷法令。方显在《平苗纪略》中称："宰款合榔者，苗俗也，……其会盟处曰款场，首事人曰头人，头人中之头人曰榔头。悔盟者有罚，曰赔榔。皆苗语也。"① 尽管有学者认为，"苗人的款场是神圣和庄严的场所，方显抛弃其世世代代传统认同的仪式地点及文化场景而不顾，仅凭自己的主观意愿便轻率地在军营中'合榔'，甚至以国家命令执行人的身份强行改变别人的文化行为，不但是对民族习俗礼仪文化的不尊重和不了解，更严重的是破坏了他们心目中本该到场的神圣与庄严"②。但是，方显的做法比之那些单凭武力野蛮镇压苗民的流官要高明许多。

雍正十年（1732）六月，方显针对过去新辟苗疆审理仇杀命案机械地沿用"清律治苗"导致命案久拖不决的情况，向雍正奏明其弊端："久经归服'熟苗'化导日久，有犯应与内地人民一体治罪，以昭惩戒。若新开苗疆，从古化外，不知法律，今虽投诚而渐摩未深，犹重仇杀故习。每有命案，多不报官。或私请寨老人等讲理，用牛马赔偿，即或报官，又多于报后彼此仍照苗例讲息，将毙尸掩埋，相率拦验，不愿官验偿。地方官径行准息，即违例干处，若必欲起验，而原被等又往往抛弃田地，举家逃匿以致悬案难结。承缉承审诸员虽受忝罚，实属冤抑。"③ 因此，方显建议，"熟苗"中"有劫盗仇杀等案，应照内地审结"；至新开苗疆，如古州、清江、九股、丹江、八寨等地，"除劫盗及伤毙汉人情罪深重难以宽纵者，仍依律究拟外；其各寨仇杀斗殴人命，凡具报到官即与准理，如受害之家必欲究抵，亦应照律审断；或其中有情愿循照苗例以牛马赔偿，不愿检验终讼者，似应念其归附日浅，准予息结"。④ 方显建议，这种"一国两法"的做法至少在新开苗疆实行五年，然后再照内地法律一视同仁地处理。对此，鄂尔泰却有不同的意见："命案按律题结，业经定例，若因其新附难制，故明准外结，何以服不准外结旧附苗民之心？"⑤ 方显认为，"苗疆条例定应画一，惟随事原情，佯为不知以宽之，而陆续

---

① （民国）《贵州通志·前事志》第三册，前引书，第 201 页。
② 马国君：《〈平苗纪略〉研究》，张新民"序"，贵州人民出版社 2008 年版，第 7—8 页。
③ 台北"故宫博物院"整理：《宫中档雍正朝奏折》第 20 卷，前引书，第 95—98 页。
④ 台北"故宫博物院"整理：《宫中档雍正朝奏折》第 20 卷，前引书，第 95—98 页。
⑤ 台北"故宫博物院"整理：《宫中档雍正朝奏折》第 20 卷，前引书，第 95—98 页。

加严,俾逐渐就法,庶新旧苗皆可以相安,地方官亦不难控驭"。① 由《宫中档雍正朝奏折》所录的这一史料可以看出,在苗疆流官群体中关于是否用"苗例治苗"以及怎样运用的问题上,分为两种意见:一种主张用《大清律例》取代苗例,另一种主张在"生苗"地区仍然要实行一段时间的"苗例",以后再根据情况循序渐进酌情处理,更有利于苗疆统治的稳定。

经历了苗民发起的多次抗争的洗礼以及长期的司法实践检验,"苗例治苗"的操作实践渐趋成熟。乾隆元年(1736)七月初九日上谕曰:"苗民风俗与别的百姓迥异,嗣后苗众一切自相争讼之事,俱照苗例完结,不必绳之官法。至有与兵民及'熟苗'关涉之案件,隶文官者仍听文员办理,隶武官者仍听武弁办理,必秉公酌理,毋得生事扰累。"② 将"生苗"和"熟苗"区别对待,分别管理,对"生苗"采用"苗例"治理,而对"熟苗"则按"清律"治之。这是清中央王朝国家层面上正式认可"一国两法""苗例治苗"的开始。此政策的出台,自然与镇远府知府方显等人在雍正年间极力主张并陆续执行的临时性"苗例治苗"反响极佳息息相关。

"苗例治苗"其实是清中央王权在清水江流域乡村社会的变通性延伸。流官政府一般情况下对苗寨事务不予干扰,有事只需要找土司、乡里,再通过他们去役使寨老、族长。"苗例治苗"的具体执行人是寨老、族长,他们是清水江流域乡村社会的"自然权威"和"传统权威",实际上充任防御国家权力过度渗入苗寨的屏障。清中央王朝发布"苗例治苗"政策之后,各地流官积极响应并付诸实践。例如,乾隆六年(1741)六月,贵州提督、古州镇总兵韩勋就采取顺应苗俗的做法,对南江、九江一带苗人,"用苗疆合款申禁之例"。具体做法是"传集远近各寨苗众,并内地附近寨分苗人,于六月二十六日,在于南江、九江适中之处,宣谕皇上威德,申严条教:'毋得听信妖言,毋得再造军器,互相保护,彼此稽查,当以石金元及已剿各逆寨永为榜样。'各苗俯伏跪听,俱皆凛惕天威,感颂皇仁,随砍牛合款,呼天鸣誓。金称今蒙天恩宽赦,全家俱

---

① 台北"故宫博物院"整理:《宫中档雍正朝奏折》第20卷,前引书,第95—98页。
② 《〈清实录〉贵州资料辑要》,前引书,第635页。

得再生，自今以后，各遵款禁，子子孙孙永作圣世良民，不敢听信邪术，为非作歹，自干诛戮"。① 韩勋召集苗民"合款申禁"与方显召集苗民"合榔"的做法类似，尽管在细节上可能有不完善的地方，起码比之单纯的武力镇压手段更为理性和有效。可见，开辟苗疆之后，清中央王朝还是培养了一班熟悉苗疆事务的官员处理政务，他们对流官上奏的各种建议，往往能够在尊重苗俗的前提下，拟出适当的处理意见，并非我们想象的不顾实际地、一味蛮横地改变苗民的文化风俗习惯。

当然，"苗例治苗"并非一成不变，清初对苗民犯罪实行宽恤政策，如犯徒流军遣等罪，援照古例免予发遣，改为枷责完结，原因是"苗倮与内地'民人'语言不通，服食各异，实徒实流恐断其谋生之路"②。由于清王朝的强力介入，越往后规定越来越严格，杀人等重大刑事案件要求苗疆寨老上报，流官采用《大清律例》来审理案件，逐步取消苗人的司法自主权，改为行使清廷的行政权和司法权。乾隆二十七年（1762），贵州按察使赵英认为贵州的若干地区"风俗与民人无异"，应该取消"苗例治苗"的特权，"苗例治苗"仅限于"新疆"即可。他主张："贵阳府属之长寨，黎平府属之古州，铜仁府属之松桃，镇远府属台拱、清江，都匀府属之都江、八寨、丹江各厅，俱系雍正四年及六七等年开辟之新疆。各苗人有犯，该徒流军遣等罪，仍照旧例分别枷责完结。其余各府所属，凡系旧疆版图，苗人有犯徒流军遣等罪者，均照民人所犯徒罪，经请定驿摆站军流遣罪，按照道里表开载定地充发。"③ 因史料的缺失，今天我们无从得知朝廷的批复意见，但从赵英的奏议可以推断，清廷上下对黔省苗疆的治理，共识上始终有"新疆""旧疆"之分，总体上，流官认为"苗例治苗"的做法只需要在"新疆"实施即可，"旧疆"在扩大，"新疆"在缩小，故而需要将"苗例治苗"实施的区域收缩调整。归根到底，还是清王朝"化生为熟，化熟为民""'新疆'变为'旧疆'，

---

① 乾隆三年七月二十八日（朱折），"韩勋奏广西迁江复有苗民假称李天保折"，《清代前期苗民起义档案史料汇编》中册，前引书，第57页。

② 中国第一历史档案馆藏，乾隆朝军机处录附奏折，微缩号：585—2085，乾隆二十七年五月初六日，赵英"跪奏为酌定苗人犯罪以肃法纪事"。

③ 中国第一历史档案馆藏，乾隆朝军机处录附奏折，微缩号：585—2085，乾隆二十七年五月初六日，赵英"跪奏为酌定苗人犯罪以肃法纪事"。

'旧疆'变为'腹地'"理念的延续。

虽然清代地方民事案件由州县官管辖,但清代的法律表达和实践往往并不一致,"州县官们的活动,受到道德文化和实用文化的双重影响,国家希望不断的将官府纠纷机制进行渗透,但是事实上统治力确实只达到县一级"①。尤其是苗疆,这种情况更为明显。据苗族社会历史调查资料记载,贵州雷山县桥港乡掌披寨及其附近的苗族,老人们能知道的只有议榔和负责解决纠纷的乡老、寨老。议榔是苗疆一种较原始的民众会议,每隔二三年举行一次,制定榔规。清光绪三十年(1904)或三十一年(1905),曾经举行过一次议榔,以后就不再举行了。当时参加议榔的,相当于现在的新塘、桥港、龙河三个乡。议榔的内容主要是不准为匪,不准做小偷,不准打架等。并规定,普通案子由当地自己处理,案子大的,就解送丹江厅衙门办理。又有人说,当地常有外地人来拉木条(运送杉木),人多手杂,有的随便偷苗人的柴、菜、鱼、鸡等。举行议榔时,境内的汉族也参加了。②从掌披寨苗族口传的议榔资料可以推测:第一,晚清时期该地的议榔内容,基本上已经成为维护私有财产的公约。第二,乾隆元年(1736)规定的苗人犯法"俱照苗例办理",光绪末年已经发生改变,案子大的要解送丹江厅衙门处理。这一现象同时也体现了苗民对清王朝国家司法体系的认同。第三,开辟苗疆之后,苗民路不拾遗、夜不闭户的自给自足生活已经被打破。外地人来拉木条,个别人会偷东西,可能导致当地人学会偷东西的恶习,故需要立法来整饬。第四,议榔有附近汉民自动的参与,体现出在苗民强大的习惯法面前,汉民只得放下中原文化中心主义的傲慢心态,调适自身的习俗,主动遵守苗民习惯法。

第二节 苗疆则例的陆续出台

开辟苗疆之后,清中央王朝在苗疆设置了"新疆六厅",并在雍乾

---

① 黄宗智:《清代法律、社会与文化:民法的表达与实践》,上海书店出版社 2001 年版,第八章。

② 贵州省民族研究所编:《贵州省雷山县桥港乡掌披寨苗族社会历史调查资料(贵州少数民族社会历史调查资料之二十五)》,贵州省民族研究所编印 1965 年版,第 32 页。

"苗乱"后对苗民采取了"苗例治苗"和免征钱粮等宽松政策。此外，为了改进对苗疆的管理，清朝本着"因俗而治"的原则，根据管理苗疆各民族的行政实践，陆续出台了一系列苗疆则例。这些苗疆则例，多数是依据清代各朝皇帝关于苗疆的谕旨以及地方流官关于治理苗疆的奏议被清廷批准而制定的，具有法律效力。苗疆则例的陆续出台，目的在于从思想上、政治上、军事上、法律上加强对苗疆的控制，当然也有保护苗民不受汉民欺负的意图，进而稳固清王朝的苗疆统治。笔者梳理了《清实录》《清会典事例》《大清律例》等文献的记载，其主要内容包括六方面：

第一，严禁苗民携带兵器及私藏违禁等物。清律规定："苗猓蛮户，俱不许带刀出入及私藏违禁等物。违者，照民间私有应禁军器律治罪。该管头目人等知而不报者，杖一百。地方文武官弁失察，照例议处。"① 当然，苗疆则例随着执行效果的反馈，亦进行适当的调整优化。例如，雍正六年（1728），岳钟琪奏请不准苗民带刀出入，鄂尔泰奏请"凶苗"之药箭宜禁，均得到雍正的批准。但是，晚至乾隆三十一年（1766）的时候，经过军机处讨论以后，认为应该尊重苗人的文化习俗，"佩刀本苗人之凤好，而跳月亦自仍其土风，原无碍于政教"，允许苗民佩刀和跳月。军机处还检讨了乾隆二十五年（1760）以来实行的苗民严禁带裤刀的禁令，下令给予废除。②

第二，严禁地方官擅派夫役扰累苗民。开辟苗疆前后，尤其乾隆初年下令苗疆免征钱粮之后，苗民最大的负担就是无休止的夫役之累。为了安抚苗民，稳定新辟疆土的社会秩序，清中央王朝多次下令不准擅派夫役。雍正十二年议准："新定苗疆地方塘汛兵丁，擅役苗民，需索强买等情，及各衙门差役，经由苗寨，擅动苗夫，科敛索诈，该管文员，如有故纵者，革职提问……"③ 此后又陆续发布了一系列严禁擅派夫役，扰累苗民的禁令。根据 20 世纪 90 年代陆续出版的各地县志记载，特别是在

---

① 张荣铮等点校：《大清律例》卷 19《兵律·军政》条例 638，天津古籍出版社 1993 年版，第 313 页。
② 《〈清实录〉贵州资料辑要》，前引书，第 348 页。
③ （光绪）《清会典事例》卷 119，"吏部处分例·边禁"，前引书，第 548 页。

咸同"苗乱"之后，苗疆几乎每个厅县都刊立有严禁滥派夫役碑，可见滥派夫役成为当时苗民强烈反对的一大弊政。

第三，严禁民人擅入苗地。明王朝对西南苗民地区长期采取"蛮不出境，汉不入峒"的隔离封锁政策。晚至清代，虽然政策略有松动，但清朝一直有种种顾虑，一是担心民人与苗人勾结，共同反对其统治；二是担心民人欺压苗人，引起"苗乱"。清廷陆续出台一系列政令措施，反复强调严禁民人无故擅入苗地，私通土苗，或土苗容留民人。乾隆十五年（1750），张允随奏请："贵州苗寨应严禁'汉奸'出入煽诱……"①乾隆三十年（1765）规定："凡有苗省份土蛮地方，如有汉奸流棍，潜入滋事扰害，或私通土苗，教诱犯法，地方官自行查拿。据实究出者，不论年月远近，俱免议处。若别经发觉，将失察之地方印捕各官，降三级调用。兼辖知府、直隶州、知州等官，降一级留任；道员、按察使，罚俸一年；统辖之督抚，罚俸六月。倘明知故纵，有意隐讳者，将该管之地方印捕各官革职。"②《钦定户部则例》规定："'民人'无故擅入苗地及苗人无故擅入民地，均照越渡沿关边寨律治罪，失察各官议处。'民人'有往苗地贸易者，令开明所置货物，并运往某司某寨贸易，行户姓名，自限何日回籍，取具行户邻右保结报官，给照令塘汛验放。逾期不出，报文武官弁，征查究拟。"③这一系列措施的目的在于防止"游手无业之徒，潜居夷地，为之谋主"，避免土司"如虎附翼"，故"必应名捕，尽法惩治"。④清王朝一直担心汉人与南方各少数民族联合起来，重新夺回江山。因此，跟以往各朝相比较，他们认为，阻扰中央王朝对苗民实施有效统治，影响苗疆安定的主要原因是"汉奸"的捣乱。开辟苗疆时，镇远府知府方显就调查到鸡摆尾寨不愿意投诚的原因是"汉奸"从中作祟："有'汉奸'曾文登者为道：'汉兵自古不渡河，诸葛武侯曾与立石为信。汝辈不宜纳粮，若今岁纳一两，明岁需纳十两，且将丈田供役。'"⑤有鉴于此，清王朝官员为了苗疆的稳定，担心汉民把苗民教唆坏

---

① 《〈清实录〉贵州资料辑要》，前引书，第223页。
② （光绪）《清会典事例》卷119，"吏部处分例·边禁"，前引书，第552页。
③ （清）倭仁等修：《钦定户部则例》，"户口"，卷四，同治四年（1865年）刻本。
④ （民国）赵尔巽：《清史稿》，"吴杰传"，前引书。
⑤ （清）方显：《平苗纪略》，前引书。

了，故实行汉、苗隔离的政策。黄梅在研究中发现，清政府颁行了一系列解决"汉奸"问题的措施，直接措施包括严惩汉奸，将稽查汉奸列入官员考成，颁行保护苗民田地的条例；间接措施包括防止官兵欺压苗民，发展教育，实行民、苗隔离等内容。但土地产权和保甲等重要政策的缺失，以及夸大"汉奸"危害等缺陷，限制了清政府"汉奸"治策的成效。① 很有意思的是，清王朝的苗疆政策跟它的海疆政策一样，具有同样的思维方式，都是因为害怕外来者把自己的子民教坏，进而主张把二者隔离起来。

第四，严格规定苗疆佃种条例，保障苗民的基本生活。"客民所招佃户，本系苗民者，仍令照旧承佃，不准另招流民耕种。其租谷均照原契数目，不得额外加收。随田陆地，如系未耕平土，先尽苗佃开垦，所出租谷，照苗寨旧规酌分。至荒山菁林，仍听苗民樵收栖止，栽种杂粮，业主不得征收颗粒。如有加租逐佃等事，一经查出，立予重惩，所招新佃，概行递籍。"② 清廷制定这些佃种条例的目的，主要是为了防止苗疆的土地过度集中到客民的手里，至少保证苗民用合理的价格租种土地，保障苗民的基本生活，维护苗疆的社会稳定。当然，最后这些官方的佃种条例也没有完全落实到位，苗民衣食无着，"苗乱"频发。晚清古州（今榕江县）兵备道道员易佩绅就指出当地汉占苗产的普遍性，以致流官都习以为常而默认其存在："律例有汉买苗田之禁，今苗寨中多有汉姓名、汉言语而苗装者。盖由禁令初颁时，其祖若父犹知畏禁，托苗而讳汉，以便于占苗产也。继则相忘于禁，今则公然汉占苗产而不讳，公然汉苗争产讼于官，官亦不知汉民有苗产之非也。"③

第五，督促土官履职尽责，维护苗疆治安。《大清律例》规定："凡苗人犯抢夺，该管土官约束不严，俱交部议。若至百人以上，土司、府、州革职，百户、寨长罢职役，满杖。知情故纵者，革职，枷号一月，俱不准折赎。若教令指使，或通同图利者，照为首例治罪。"④ 通过这些苗

---

① 黄梅：《清代贵州的"汉奸"问题与清政府的应对》，《清史论丛》2018 年第 1 期。
② （清）倭仁等修：《钦定户部则例》，"户口"，卷四，前引书。
③ （清）易佩绅：《贵东书牍节钞》卷二"致裴樾岑书"，前引书。
④ （光绪）《清会典事例》卷 119，"吏部处分例·边禁"，第 410 页。

疆则例的详细规定，明确了土官必须要履行职责，缉拿盗贼，管束苗民。

第六，饬禁师巫以变苗俗。乾隆元年（1736）十月二十九日，苗疆经略张广泗奏请"饬禁师巫"，化导苗俗。乾隆深表赞同，认为"料理俱属妥协，议论实皆公平"。①

但是，清水江流域乡村社会往往不能有效执行这些苗疆则例，流官常常袒护汉民，大多机械地按照契约文书等处理苗汉经济纠纷，而不是根据现实情况秉公办理，苗民无处申冤，"有法（则例）不依""执法（则例）不严""违法（则例）不究"，导致"苗乱"不断。有学者总结"苗乱"频发的原因是"民族歧视、商业欺诈、司法不公、财产纠纷、蚕食苗地、乱派夫役等方面"，对照之下，如果流官能够严格执行苗疆则例是很难引发"苗乱"的。②

第三节　禁止滥派夫役钱粮

一　苗民输粮纳籍

一直以来，中国古代封建社会都堪称是一种自上而下的典型政治模式，"完全是集权政府出于维持大一统国家的目的，通过官僚体制向广大乡村提取农业剩余"。③尤其在清水江流域，清中央王朝一方面希望维持这种自下而上的资源流动关系，另一方面希望维持国家与清水江流域乡村社会良性的资源关系。这一执政理念导致国家外溢的资源有限，流官俸禄较低。俗话说"靠山吃山，靠水吃水"，流官乃至下层办事人员只能依靠盘剥苗民弥补收入的不足，这就会导致流官政治衍生制度性的腐败。与此同时，因为苗疆地方政治发育较晚，一方面中央王朝对流官不能实现有效的政治控制；另一方面流官不能对清水江流域乡村社会实施有效的社会控制，放任土司、乡里代为履行政府职能，这就极大地促进了流官和土司、乡里的合谋，对苗民敲骨吸髓，极大地加重了苗民的负担。

---

① （清）官修：《高宗实录》卷29，乾隆元年十月下己丑。

② 拙著《改土归流与苗疆再造：清代"新疆六厅"的王化进程及其社会文化变迁》，前引书，第149页。

③ 彭勃：《国家与乡村社会关系——古代传统的中西比较》，《新东方》1999年第5期。

清代国家财政收入主要来源是田赋、盐课、关税、杂赋,尤其是田赋在清代国家财政收入中占有重要地位。苗疆输粮纳籍对于清廷而言更多是象征意义上的,表明苗民对中央王权的认可,对大清的认同。改土归流使"化外之地"的苗民变成大清王朝输粮纳籍的子民,"苗疆辟地几二三千里,几当贵州全省之半"①。例如,雍正七年(1729),在八寨有里条、乜告、乌达、杨乌、摆桌、番扛、竹留等寨头人"赴营上纳条银",坝固、排卡、摆牌等寨头人赴营就赴,"割具木刻,认纳钱粮"。② 在这一阶段,赋税征收与苗民的经济利益最为密切。作为官方代表,乡长、里长是中央王权存在的象征,被置于苗民的"对立面"。费孝通认为,"在社区生活的实际运作中,基于剥削关系的'横暴权力'的体现,往往并不是国家权力而是乡里官长"③。

鸦片战争之后,尤其是太平天国起义的爆发,中央王朝的财政捉襟见肘,无暇顾及西南民族地区的社会治理情况,甚至默许、授意流官加重苗民的捐税赋役,弥补地方财政的亏空,导致苗民苦不堪言。《苗疆闻见录》云:"六厅之地,本无钱粮,而衙门公私等用则即以徭役采买为例,常有产业已入汉奸,而陋规仍出于苗户,秋冬催比,家无所出,至有掘祖坟银饰以应者。"④ 西方列强连年入侵,清王朝唯有割地赔款求和,加之中原地区内乱频发,中央王朝唯有四处筹集粮饷,根本无暇顾及少数民族地区的社会治理。清水江流域乡村社会受到中原战乱的影响,水运滞塞,木材无法外运,商道阻隔,经济衰败。文献记载,咸丰年间,"台拱之苗恃木植为生计,'粤匪'乱兴,江湖道阻,莫能运售,而又别无所出以供徭赋",请求缓减缴纳赋税期限未果而乱起。⑤ 这一系列的问题使国家的资源日益枯竭,引起长达十八年的咸同"苗乱",清水江流域乡村社会与中央王朝之间的良性互动关系被打破,恶性的资源关系造成了恶性循环,其结果是清水江流域乡村社会与中央王朝两败俱伤。

---

① 魏源:《圣武记》,参见(民国)《贵州通志·前事志》第三册,前引书,第239页。
② 台北"故宫博物院"整理《宫中档雍正朝奏折》第12卷,前引书,第519页。
③ 费孝通:《乡土中国·生育制度》,前引书,第59—63页。
④ (清)徐家干:《苗疆闻见录》,吴一文点校,前引书,第218页。
⑤ (清)徐家干:《苗疆闻见录》,吴一文点校,前引书,第207—208页。

二 苗疆免征"钱粮"与制度性腐败

开辟苗疆之初,清中央王朝采取的做法是将苗疆视同内地,要求苗民一体"输粮纳籍"。后来,由于雍乾"苗乱"的教训,为了苗民的"安民乐业"和苗疆的"长治久安",乾隆下令"将古州等处新设钱粮尽行豁免,永不征收"。① 在臣民义务上特许苗民不用上缴"皇粮"。然而,"苗民生口日繁,仅存产不足给,屯军或复侵之,官员不敢公言征粮,或巧设名目相弋取"。② 针对苗疆屯军违背乾隆遗训的行为,流官非但不予制止,反而改"豁免钱粮"为"采买军米"。不久,又变为固定粮赋,由无节制的、背地里的勒索变成了公开的、法定的"鸡粮""鱼粮"。咸同年间,邓善燮详细分析苗疆"鸡粮"产生的原因:"苗疆有所谓'鸡粮'者,原其始,不过苗民向化,自愿于收成后各献一鸡,以输奉上之忱。浸假而以鸡折银,浸假又以银折钱,凡几折而所谓'一鸡'者竟至纳钱数千。然此犹指有田者而言,其无田之人则有所谓'烟户钱'者,是更剥及贫穷,为害愈巨。"③ 所谓"鱼粮"情况亦大致相同,只是名称后来被篡改为"余粮"而已。额外加派的"鸡粮""鱼粮"对于苗民是一笔沉重的经济负担,清光绪五年(1879)清廷在苗疆发布公告重申,"严禁加收钱粮,以苏民困","一切积弊,概行革除"。④ 今天,贵州黔东南苗族侗族自治州凯里市境内有"六个鸡村",当地传说流官征收皇粮,后因乾隆"豁免钱粮"的谕旨改为征收六只鸡而得名。

在贵州省贵定县仰望苗寨,盛产云雾茶。据田野调查,清代仰望苗民以茶代交"皇粮",但是官府规定缴纳的茶叶数量层层加码,变成了敲诈勒索。乾隆五十一年(1786)初,摊派的贡茶、敬茶的数量已经让苗民不堪重负。当时有蛇鸟寨(即仰望乡境内的鸟王寨)的苗阿思带领雷阿虎、雷阿豆、雷阿元等苗民连夜抬大锅上山烧开水将茶树烫枯,后向官府谎报茶树被天火烧死,无茶可贡,请求免除贡茶。官府派人查看,

---

① 《〈清实录〉贵州资料辑要》,前引书,第635页。
② (清)罗文彬、王秉恩编纂,贵州大学历史系点校:《平黔纪略》,卷二,贵州人民出版社1988年版。
③ (民国)《贵州通志·前事志》第四册,前引书,第608页。
④ (清)俞渭修,陈瑜纂:(光绪)《黎平府志》卷3上"食货志",前引书。

果如其言，于是上报免除了仰望苗寨的贡茶。苗民将官方免除贡茶的文告勒石为记，立于寨中。① 苗民勒石为记的做法，一方面是为了纪念此事；另一方面是为了借助官府文告的权威性来警告后任官府的主事者，不要妄图再来征收贡茶。综合碑文内容以及田野调查采集到的民间故事，当地苗民生活的区域属于黔省"下游"，苗民与北京紫禁城内的皇帝之间，真可谓"山高皇帝远"，主要的联系就是"贡茶"，他们之间至少要经过仰望乡的里长和乡长、贵定县县令、贵州巡抚等若干环节才能建立起联系。所谓"抗贡"碑，苗民是无力直接与中央王权对抗的，实际上是20世纪80年代当地政府出于对苗民与清政府进行不屈不挠的斗争终致获得免除贡茶行为的肯定，应称之为"免贡"碑。只交贡茶，不交粮赋，表面上是享受特殊的茶民待遇，但由于各级官吏都想品尝云雾贡茶，层层加码征收，导致缴纳"贡茶"的义务成为一场名副其实的"茶灾"。苗民们只能甘冒欺君之罪，连夜抬大锅上山烧开水将茶树烫枯并谎报灾情，请求皇帝开恩免除贡茶并如愿以偿，所以才树立这块"抗贡"碑以兹纪念。

咸同时期，贵州各族人民发动了一场持续十八年的"苗乱"，最后被镇压。清中央王朝为了缓和阶级矛盾、民族矛盾，巩固苗疆统治，采取一系列休养生息的措施恢复苗民的生产生活。同治末年，贵州巡抚曾璧光发布通告，严禁地方官及土司苛派赋税徭役，如有"勒索滋扰，一经查出，或就告发，即行照例分别参处究办"。② 禁止官兵滥派军粮，禁止擅派苗夫，严禁借端勒索，不准土司"苛敛凌虐，包揽钱粮"等等，以往官吏滥派的"鸡粮""鱼粮"，也一概禁止。③ 当然，咸同年间苗民与中央王朝博弈之后取得的阶段性胜利，是以死伤数十万苗民，百里无人烟、饿殍满地的沉重代价换来的。

三 滥派夫役钱粮与"苗乱"

自乾隆元年（1736）清廷下旨"将古州等处新设钱粮进行豁免，永

---

① 参见附录：仰望"抗贡"碑。
② （清）余泽春修，余嗣庆等纂：（光绪）《古州厅志》卷3"田赋志"，前引书。
③ （清）俞渭修，陈瑜纂：（光绪）《黎平府志》卷3上"食货志"，前引书。

不征收"之后，苗民免掉了一笔很大的赋税负担。然而，苗疆的许多厅县属于黔省"下游"，是湘黔驿道的必经之路，流官往往滥用民力，任意加派夫役，甚至要求苗民供应驿站的酒食开支，成为沿线各族群众的沉重负担。雍正十一年（1733），贵州布政使常安就强调："兵役扰累之事，不必尽系重大，即出入苗寨，擅动苗夫，需索供应，压买压卖等事。"①八寨厅，"官无他出，亦每日令土弁按户轮流出夫，或百名，或百余名"，其间往往"滥索多派"，借端渔利，勒索夫价。而当地驻军遇有移营采樵等事时，"相率拉夫"，"勒派夫马、酒食，无不恣意苛求"。② 苗疆办事弁员和驻军长期性的、无定额的滥派夫役、勒索酒食钱粮的行为大大增加了苗民的负担，加剧了苗民对官府的敌意。

贵州施秉县城南马号乡六合村土地庙两侧，有一块"禁革驿站积疾弊"碑，系清王朝"兵部尚书兼都察院右都御史总督尚书署处地方军务兼理粮"的官员，"为通饬禁革驿站积弊，以肃邮传，而苏民困"，发给"漏洞头人"等的布告，其内容列数驿站积弊，明令"严行禁革"条款，并告诫今后若有再行"滥派折收，扰累百姓，或经查出，或被告发，官则严行参究，役则立毙杖下"，落款时间为嘉庆四年。③ 从碑刻文告的时间落款来看，嘉庆四年（1799）正是清政府镇压湘黔苗族吴八月、石柳邓的乾嘉"苗乱"和黔省布依族韦朝元、王囊仙的嘉庆南笼"苗乱"之后。施秉县系湘黔驿道必经之路，境内苗民承担清廷镇压这两场"苗乱"途径施秉段内的粮秣运输、公文传递任务，苗民苦不堪言，而平叛之后各地衙门仍将驿运陋规视同成例沿袭使用，滥索滥派有增无减。滥派夫役导致苗民流离失所，苗疆土地荒芜，乃至引起规模大小不等的暴动，直接动摇清廷在苗疆的统治基础。清政府为了缓和矛盾，稳定政局，避免新的"苗乱"发生，下令将"所有沿习陋规"一律革除，"禁革驿站积疾弊"碑就是在这样的历史背景下产生的。

本来，明令禁止征收的苗赋继续开征，且日益增多就已经让苗民苦

---

① 台北"故宫博物院"整理：《宫中档雍正朝奏折》第21卷，前引书，第858—860页。
② （民国）郭辅相修，王世鑫等纂：《八寨县志稿》第8卷，贵阳文通书局，民国二十一年（1932）铅印本。
③ 参见附录：禁革驿站积弊碑。

不堪言,太平天国起义爆发后清廷以筹饷设防为由,要求苗疆"按亩抽收,十取其一","抽厘助饷"。仅此一项,苗疆十余厅县的各族人民就要缴纳四十余万石的粮食。由于横征暴敛,苗疆爆发了大规模的长达了十八年的"苗乱",黔省"下游"厅县一度全部"沦陷贼手"。贵州省雷山县响楼乡脚雄坳原立有一块"镇压苗民碑",习称"万人坟"。碑文是同治十三年(1874)六月都匀府知府罗应旒①所作,时值长达18年"苗乱"刚刚被彻底扑灭,碑文记载,"苗之叛,皆守令暴敛虐取有以致之","守弁、文武苛敛于其上,土司、通事、屯军、汉民剥取于其下",因此,苗民忍无可忍之下奋起反抗,"官兵汉民死几尽"。清廷出兵镇压后,正欲安抚之际,流官故态复萌,"任土司、通事、奸民为爪牙,益相鱼肉"。苗民再次反抗,旋被镇压。而清廷收降的苗军遭到屯军和汉民的猜疑,导致这些苗军复叛,最后的结果是尸骨成堆。在屡次的军事冲突中汉苗双方没有赢家,皆为输家,以致碑文的撰写者罗应旒感慨道:"正叛军之罪,而又悲苗之叛非其志也,故书其大略以告来者。"② 一块总结流官政府治苗得失的"镇压苗民碑"直接立于苗寨旁边,告诫土司、通事、屯军、汉民勿再胡作非为,既体现流官政府敢于承认己短,改进治苗政策的勇气和决心,又体现出流官政府希望通过碑文重申禁令,整饬清水江流域乡村社会法制秩序,缓解汉苗民族矛盾。碑文记叙了镇压苗民的经过,并毫不客气地指出流官、土司、通事、奸民"暴敛虐取"、"鱼肉"苗民是"苗乱"的主要原因,意在警诫后人勿重蹈覆辙。石碑的内容说明晚清地方流官在思想观念上发生了根本变化,不再把苗民视为"贼类",自觉地把汉苗均视为"赤子",不分彼此,一视同仁,这种做法自然有利于形塑、强化苗民的国家认同。

贵州省雷山县达地镇③附近的宋家寨左侧山坳上,立有一块"革除夫役碑",署名为"都江理民府"。咸同"苗乱"被镇压后,都匀府知府罗应旒上报朝廷,陈述苗疆的种种弊政,如差使过境或因公下乡,联合土司"勒派夫马粮食",营汛、弁兵、绅团,"责令苗民服役,其弊相等"。

---

① 其时,丹江厅属都匀府管辖。
② 参见附录:镇压苗民碑。
③ 当时,雷山县达地镇归都匀府都江厅管辖。

虽然官府三令五申地禁止上述不端行为，"仍有营汛弁兵相率拉夫，似此劳烦民力，剥削民膏，实不堪命"。因此，流官政府为了缓和阶级矛盾、民族矛盾，以贵州巡抚曾璧光的名义，刻立此碑，列出禁令数款。通过碑文警示"所属地方官绅及营汛员弁、土司、书役、民苗人等"，勿再胡作非为，并声明"倘有仍偷摊强派情事，一经查出，即行解府究办"，"合行抄示遍贴晓谕"。① 告示是由流官政府发布下来，立碑者系"十八股"，估计是当时的十八个苗寨。可见，在清廷的王化政策推动下，苗民逐步认同中央王朝建立的清水江流域乡村社会法制，至少他们意识到抄刻流官政府发布的"革除夫役"告示，可以抵制苗疆基层管理者不合理的夫役钱粮征收行为，对他们自身起到一定程度的法律保护作用。

　　清代黔省"下游"一带，咸同"苗乱"后苗乡侗寨刻立石碑留存的较多，原因是：第一，可能是距今较近的石碑利于保存。较早的碑文或在咸同"苗乱"中被苗民打碎，或因年岁久远，自然风化后荡然无存。第二，是咸同"苗乱"后清廷加大了打击贪赃流官、不法役吏和土弁的力度，许多碑文的内容都是严禁滥派夫役钱粮。清廷有意识把许多命令刻立出来，遏制流官政府及其下属对苗民的欺压、剥削，维护苗疆的政治稳定。第三，在清王朝上百年的教化下，苗众中掌握汉语文的人增多。他们逐渐认同清中央王朝建立的清水江流域乡村社会法制，认识到武装斗争的代价过大，倾向于通过合法手段与流官及其下属衙役、胥吏、土司斗争。从雍正开辟苗疆以来，几乎历朝的碑文都有，主要内容是清廷采取积极的措施，严禁滥派夫役钱粮，稳定苗疆的统治。

　　整饬滥派夫役钱粮问题，实际上检验清中央王朝的苗疆统治能否有效实施，但遗憾的是滥派夫役钱粮如同禁止苗疆人口贩卖，成为苗疆久治不愈的顽疾。据笔者的研究，苗疆人口贩卖禁而不止的原因主要是"由于清朝前期四川等省份对人口长期的、巨大的需求所导致的人口贩卖暴利，清廷无法处理人口贩卖'禁'与'纵'之间的矛盾，贵州流官吏

---

① 贵州省雷山县志编纂委员会：《雷山县志》，贵州人民出版社 1992 年版，第 684 页。此处碑文的落款是"都江理民府"，说明当地在立碑时归都江厅而不是丹江厅管辖，后来管辖权发生变迁才划归雷山县。咸同"苗乱"后类似内容的碑文在丹寨县排调亦有一块，详见附录：排调严禁滥派夫役碑。

治的腐败，'诸苗'抢杀捆卖之风盛行等原因，导致人口贩卖一度猖獗，发展到川贩绑架人口贩卖、军队转卖'战俘'、官匪勾结贩卖、'诸苗'勾结川贩共同贩卖的严重程度，清代前期乃至整个清代贵州苗疆的人口贩卖活动一直没有禁绝"。①

本章小结

清王朝的清水江流域乡村社会法制秩序的重建，首先是国家权力和国家制度在不断地向清水江流域乡村社会延伸、扩张与深入，意图在清水江流域建立一套新的法制秩序；其次是清水江流域乡村社会的寨老、族长等地方精英等根据形势，主动利用国家权力和制度资源等，一是提高对乡村社会的控制能力与治理能力，二是提高阻止国家权力对清水江流域乡村社会过度控制的能力。

清中央王朝开辟苗疆之后，根据实际情况，在苗疆实行"苗例治苗"的司法改革，辅之以陆续出台的一系列"苗疆则例"，三令五申地禁止在苗疆滥派夫役钱粮，逐步重建起一套清水江流域乡村社会的法制新秩序。清廷在苗疆的司法实践经历了"清律治苗"到"苗例治苗"渐进的过程。清廷针对治理苗疆遇到的各种新问题、新情况，不断出台或修订"苗疆则例"。清中央王朝实际上并不能对苗疆实施有效统治，整饬滥派夫役钱粮与禁止苗疆人口贩卖，成为苗疆久治不愈的顽疾，一直未能得到妥善解决，反映了清王朝清水江流域乡村社会法制秩序重建的总体性失败。

---

① 拙文《论清代前期贵州苗疆人口贩卖屡禁不止的原因》，《中南民族大学学报》（人文社会科学版）2009年第2期。

第六章

清代国家政权对清水江流域乡村社会的经济管控

开辟苗疆后,清中央王朝在苗疆陆续修筑了纵横交错的陆路,打通水路运输的线路,增辟若干驿站,使内地与苗疆之间的经济文化联系日益紧密。流官还采取各种措施,移入内地汉民,推行军屯,积极推动农业新技术、新工具、新品种在苗疆的传播。这些汉移民在农业发展上具有强烈的示范效应,他们与苗民一起,对苗疆的农业、林业、矿业进行大规模的开发。特别是林业的商品化与水道的畅通,带来了木材贸易的兴旺,引起了苗疆巨大的社会文化变迁。在国家政权有意识地对苗疆的开发过程中,同时也对当地乡村社会采取一系列的强化管控措施。当然,开辟苗疆引起汉苗经济文化大规模碰撞、交流、回应、互动的同时,也导致了一系列的问题。首先是打破了清水江流域乡村社会原有的权力平衡,因开辟苗疆而自身利益受损的寨老、族长等鼓动受到欺压的苗民携手攻击流官政府,砸毁国家机器的象征性机构如营汛哨铺、厅衙等,攻击新设的军屯。其次,由于清中央王朝在苗疆驻防的兵力有限,只能重点关注中心城市、军事要道的经营而无力对广大苗乡侗寨进行管控,只注意点而不顾及面。最后,自然地理环境和民族历史文化的差异,如边远偏僻之地与水路交通沿线的差异、高山地区与平坝地区的差异、民族之间语言和风俗习惯的差异等,导致苗疆的经济社会发展极不平衡。

第一节 清水江流域交通网络体系的建立与完善

驿传体系的功能主要是驿运和邮传,它们是国家的重要命脉,关系着调兵遣将、行军打仗、运输粮秣、传送情报、宣布号令、官员巡视、调动、朝贡，生员赴考以及物资交流、商旅往来，兼有政治、军事、经济、交通、邮传、接待等功用。驿、站、递铺各有分工，（民国）《贵州通志》称"传官文书为驿，运粮饷为站，递军报为铺"。驿的主要任务是负责"邮传迎送之事"，站的主要任务是运输物资，递运所则是物资转运站，递铺的任务是传送公文，保证"上情下传，下情上达"。有学者认为，"（清代）的驿传绝非仅仅是交通问题，而是关系帝国开拓、安全和稳定的重要战略因素"。① 在设驿、站、铺的地方，客商往来较多，逐渐形成了苗疆汉人村落或市场集散地。

湘黔驿道，由于开辟苗疆而得到新建、扩建或改建，部分路段或驿站更因改道裁撤而废置。一般情况下，"每驿额马仅五十匹，夫仅一百名，每马日支稻谷仅五仓升，草一束，每夫日支米仅一仓升，银一分五厘"。② 湘黔驿道由于山高路远，驿站的设置更为重要和艰难。"黔之地，跬步皆山，上则层霄，下则九渊，其驿站之苦，有万倍于他省者。"③ 因此，开辟苗疆后，清政府裁撤绕道的驿站，降低驿站运作成本。同时，适当增加了驿站数目，减轻沿途苗民的夫役负担，对于苗疆社会的政治稳定有着积极的作用。

乾隆二年（1737），应张广泗的请求，裁贵州杨老、清平、重安等23处驿站。④ "下游黄丝驿由平越至杨老凡八十里，穿岩狠谷，行旅苦之，改由黄丝以下之虎场分路，不经平越城即达杨老，仅五十里，因裁黄丝驿，以平越驿移适中之西阳。"⑤ 经过多次完善，晚至清末，湘黔驿道由贵阳向东进入湖南境内，共设 12 驿：皇华驿、龙里驿、新添驿、西阳驿、杨老驿、清平驿、重安江驿、兴隆驿、偏桥驿、镇远驿、青溪驿、玉屏驿；设 8 站：龙里、贵定、西阳、杨老、重安江、兴隆、青溪、玉

---

① 刘文鹏：《清代驿站考》，人民出版社 2019 年版，"绪论"第 2 页。
② （清）张澍：《续黔书》，"驿站"，载罗书勤等点校《黔书·续黔书·黔记·黔语》，贵州人民出版社 1992 年版。
③ （清）张澍：《续黔书》，"驿站"，前引书。
④ 《〈清实录〉贵州资料辑要》，前引书，第 85 页。
⑤ （清）吴振域：《黔语》下卷"改驿"，载罗书勤等点校《黔书·续黔书·黔记·黔语》，前引书。

屏；并增设递铺36处；湘黔驿道在贵州境内长达576里（288千米）。

在官马大道修整日益完善的同时，苗疆各府、厅、州、县之间大道的发展也很显著。乾隆初年，朝廷派重兵驻古州弹压。为保证驻军粮食供应，遂开辟水陆交通，修筑古州至黎平、清江等5条驿道；疏浚至广西、都江、寨蒿等河道，修筑河堤码头。水陆两路通衢，四境商人进入古州，商业始兴。乾隆三年（1738），朝廷下旨，"'新疆'初平，严禁兵役骚扰，急宜休养生息"。八寨厅内粮、夫豁免，革除塘夫派累，建在城（今老八寨）、龙井（今丹寨县县城）、得禄、鸡贾（今都匀市境）、多杰（今都匀市境）、牛角（今都匀市境）、木老（今都匀市境）、甲些（今三都县境）、羊甲、交梨（三都县境）、阳基（三都县境）、三脚（三都县境）等12个铺，隶八寨厅管辖，铺夫54名。此外，今丹寨县境内还设有竹留铺，由丹江厅管理。凡雇募苗夫，均按价付钱，官弁因公出境或兵役奉有差遣，再不扰累苗民。①

由表6-1可知，在流官的重视下，苗疆除了驿路得到修整外，各厅县之间道路也被打通，形成纵横交错的交通网络。一方面使苗疆闭塞的局面被打破，有利于苗疆与内地连成一片，促进地方经济社会的发展；另一方面使清廷运兵运粮比之以往更加迅捷，便于加强对苗疆的军事控制和政治统治。

表6-1　　　　　　　　清水江流域府厅州县驿道干线

驿道名称	里程数（里）	铺数（个）	备注
湄潭至杨老道	250	6	杨老驿属平越直隶州
平越至黄平道	113	8	
务川至偏桥道	495	18	务川经思南至偏桥道
石阡至镇远道	180	4	
镇远至丙妹道	558	29	镇远经天柱、黎平至丙妹道
镇远青溪至邛水道	65	2	邛水今属三穗县
丙妹至施秉道	519	38	丙妹今属从江县

---

① 贵州省丹寨县地方志编纂委员会编：《丹寨县志》，方志出版社1999年版，第308页。

续表

驿道名称	里程数（里）	铺数（个）	备注
都匀至丹江道	165	11	都匀经八寨至丹江道。丹江今属雷山县
丹江至台拱道	102	8	台拱今属台江县
丹江至清平道	103	10	清平今属凯里市
八寨至古州厅道	311	27	八寨今属丹寨县
古州至黎平道	160	10	
清江厅至天柱道	105	5	清江今属剑河县
西阳至冷水滩道	30	2	两地均属平越（今福泉市）

资料来源：（民国）任可澄等《贵州通志》，"建置志"之"驿传"，前引书。

在现代交通运输业没有兴起之前，水运是最经济最便利的方式，水运对商品经济的发展和繁荣起着非常重要的作用。乾隆朝的流官爱必达即认识到："清江、台拱据九股'生苗'之心腹，以翼古州、施秉、黄平，总思、播、平越之枢机，以通省会。天柱与黎平为车辅，邛水与思州为藩篱，内则四十八溪，连松桃之臂指；外则三百六滩，制辰沅之要害。是以思州虽当冲，而其地不可以约聚；都匀虽扼险，而一面不可以肆应。"① 因此，打通苗疆的水路交通，开辟清水江和都柳江是关键，而商业的发展和繁荣，也使苗疆的水路交通变得空前重要，并进一步促进了苗疆与内地在经济文化社会诸方面的交往、交流、交融。

清水江位于贵州省境内东部，发源于都匀和贵定之间的斗篷山，流域面积约为 1.71 万平方千米，因"沅江之上流江水清澈，故名清江"。清水江经丹寨、麻江、凯里、黄平、台江、施秉、剑河、锦屏、天柱至湖南黔阳入沅江。主要河流有清水河、重安江、巴拉河、南哨河、六洞河、亮江、洪州河、锦江、松桃河等。清水江贵州境内航程约 400 千米。"往昔车运未通，出入口货物，如木材之出口，几乎全部经此运输。航运终点有二，即下司与重安江，尤以下司为较便。重安江则当陆运之冲。"②

---

① （清）爱必达：《黔南识略》卷十二"镇远府"，前引书。
② 李德芳等：《贵州近代经济史资料选辑》第二卷，四川省社会科学院出版社 1987 年版，第 1060 页。

通过清水江水路输出的物资，第一大宗便是木材，次为桐油、粮食、五倍子、石膏等，输入的商品则有棉花、棉纱、棉布、淮盐及日常生活用品。① 在开辟苗疆之前，流官就认识到疏通清水江，对于汉苗经济文化的交流有着积极的作用。雍正五年（1727）镇远知府方显在《平苗事宜十六则》奏疏中指出："清江南北两岸及九股一带，泉甘土沃，产桐油、白蜡……若上下舟楫无阻，财货流通，不特汉民食德，苗民亦并受其福。"②

都柳江发源于独山丽新寨，原名都江、柳江、榕江，都柳江流域面积大约为1.13万平方千米，为珠江主流西江的支流之一。主要河流有都柳江、漳江、寨嵩河、平永河、双江、方村河等，流经独山、三都、榕江、从江等县入广西西江，在贵州境内全长约200千米。都柳江自三都县大河镇以下可行小木船到达广西融安县长安镇，是贵州南部重要水道。贵州木材经此航运通道大量运往广西柳州集散，称之为"柳木"，每年交易额达二三百万元。③ 通过都柳江输出最多的是木材、粮食，输入商品主要是日常生活用品。开辟苗疆的朝廷重臣贵州巡抚张广泗认为，开通清水江和都柳江，可以缩短湘黔、粤黔之间的货物路程，"商贾人民资益无穷"，沿途苗民可以从中"获盐布食物交相贸易之利"。对于清王朝来说，更重要的是通过水路交通的疏通可以将苗疆与内地连接，改变苗疆社会风气，"久而久之，将与腹里编氓共享安恬，咸歌乐土"。④

清水江、都柳江是黔省苗疆重要的两条水道，最初开通清水江、都柳江，还只是经济意义上的。当时的情况是，"黔省地方，镇远以上自昔不通舟楫"⑤。乾隆三年（1738），张广泗主张在"各处修治河道，凿开纤路，以资挽运而济商民"，得到乾隆的批准。⑥ 由于清水江、都柳江水道的开通，沿岸的黎平、古州、丙妹、永从、三脚屯、施洞、下司、黄平旧州、重安江、古州等地因而繁荣起来，形成商业城镇。苗疆"北有

---

① 林辛：《贵州近代交通史略》，贵州人民出版社1985年版，第59页。
② （民国）《贵州通志·前事志》第三册，前引书，第196页。
③ 丁道谦：《贵州经济地理》，商务印书馆，民国三十五年（1946年）版，第18页。
④ 台北"故宫博物院"整理：《宫中档雍正朝奏折》第16卷，前引书，第88页。
⑤ 《〈清实录〉贵州资料辑要》，前引书，第75页。
⑥ 《〈清实录〉贵州资料辑要》，前引书，第75页。

清江可北达楚,右有都江可南通粤"①,具有水路地理位置上的优势,极富战略意义。

贵州建省以后,与中央政府的关系日益密切。流官、军队、商人等人员以及粮食、特产杂货、贡赋、食盐等重要的生活物资,都可以从清水江、都柳江水路通行。粮食和食盐运输在黔省驿运中占有很大比重。贵州缺粮,所产粮食不敷军用民食,平时尚需四川、湖南调粮协济,战时更是运进大量粮秣。特别是雍正改土归流、雍乾"苗乱"、乾嘉"苗乱"、南笼"苗乱"、咸同"苗乱"时期,运输粮秣和兵器数量极大。贵州素不产盐,而食盐是军民日用必需,因而运盐也是驿运的一项重要任务。黔东和黔南地区,行销浙盐、淮盐和粤盐,主要靠驿道和水运运输。苗疆自驿道畅通以后,外地移民以屯田、经商、手艺、宦游、佣耕、栽杉等方式或目的进入苗疆,他们的到来扩大了汉苗文化交往交流的范围,强化汉苗文化交往交流的水平。同时,由于苗疆水陆交通条件的改善,外地移民持续引进内地先进的农业技术、先进生产工具和新的农作物品种,从而缩小苗疆与内地之间经济文化差距。

咸丰年间的太平天国起义后,长江中下游城市几乎都被太平军攻陷,清水江、都柳江水运几近中断,外面的食盐、日用杂货无法入境,苗疆的木材、山货无法外运,苗民生活难以为继,从而导致了持续18年的咸同"苗乱"的爆发。

第二节 屯田实边与开发清水江流域

汉代以后的历代中央王朝,为了就地获取军队给养或税粮,采取从内地移民到边地(边疆)屯田的措施,利用士兵和移民进行耕种,采取的屯田方式主要有军屯、民屯和商屯。清雍乾"苗乱"之后,苗疆人口锐减,劳动力严重不足,"新疆内地,凡经附逆之寨,逐为稽核,有十去其二三者,有十去其五六,并有十去其八九者。……所有绝户田土,实

---

① (清)魏源:《西南夷改流记》,《小方壶斋舆地丛钞》第八秩,前引书,第147页。

为繁多"①。清政府充分认识到中原地区剩余的劳动力是重要的资源，因此注重把移民、安置流民与垦荒结合起来。清朝在苗疆安屯设堡，对促进苗疆的开发具有一定的意义。但对于清统治者来说，其真正用意在于"使军有产业而能安居，苗受控制而不叛乱"。②乾隆年间，清廷对迁徙到苗疆的汉民一律实行减免税赋和贷给种子、耕牛、农具等优惠政策，还积极兴修水利，鼓励发展农业生产。通过这些措施有力地提高了汉移民的积极性，加快了垦荒耕种的进度，保障了军队的粮食给养，减轻了苗民的负担，进一步开发了苗疆土地，当然也改善了苗民与中央王朝之间的关系。

  清代在苗疆采取的屯田政策，土地主要来源有两种：其一，"苗乱"之后十室九空，没收那些或亡或逃的"叛苗"土地，然后再分配给屯民垦荒拓展。乾隆初年时任云贵总督张广泗下令没收"叛苗"的土地，招揽屯军耕种，"无事则尽力南亩，有警即就近抵御，不加粮饷，不劳挽运，而兵数较多"。③在农耕社会里，土地是农民的命根子。所谓"没收叛苗田土"，当时苗疆几近全境皆"叛"，凡苗民田地均可没收。屯田中有绝产，但并不都是绝产，绝产不会集中于一地。实际上是根据军事管控的需要，强行占用相对平坦肥沃的土地，安屯设堡。其二，开垦荒地荒田，将卫所附近荒芜土地，分配给屯军设立屯堡，让屯军且耕且守。实际上，这类荒芜土地也是苗民因"苗乱"逃亡他乡所遗弃的。

  清廷对屯军的安置办法是："每户给以上田六亩，或中田八亩，或下田十亩……又每户酌给银三两，以为修盖房屋之用。再酌给牛具、籽种银伍两……"④具体的管理办法是：设百户、总旗、小旗、散军四级。每十户设一小旗，小旗为十户之长；每五十户设一总旗，总旗为五十户之长；每百户设一百总，百总为百户之长；每千户设一千总，千总为千户之长。凡属训练、征调等事，均皆分层负责。⑤屯军需要履行的国家义务

---

  ① 乾隆元年十一月二十日批（军录），"张广泗奏苗疆善后事宜折"，《清代前期苗民起义档案史料汇编》上册，前引书，第225页。
  ② 阮略纂修：(民国)《剑河县志》，贵州省图书馆1965年复印本，卷8，"财务志"。
  ③ 乾隆二年三月十一日（朱折），"允禄等奏详议苗疆善后事宜折"，《清代前期苗民起义档案史料汇编》上册，前引书，第235页。
  ④ 乾隆二年三月十一日（朱折），"允禄等奏详议苗疆善后事宜折"，《清代前期苗民起义档案史料汇编》上册，前引书，第235页。
  ⑤ 任可澄、杨恩元等：(民国)《贵州通志》第五十册，"食货志"，前引书。

是协助清廷监视苗民和缴纳屯粮。屯粮缴纳数额"以乾隆己未年（1739）为始，上田亩纳米一斗，中田八升，下田六升，每斗加鼠耗三合。每年给百户工食米十二石，总旗六石，小旗三石，其余米石即留为本屯制备火药等项公用"。①

清江厅、台拱厅共设4卫、44堡，招募屯军3000余户。但是，屯军田土与苗地夹杂，而"各屯户即因其陇畔相连，窥伺愚苗，得其虚实，日肆盘剥，以致苗民有虎狼之畏，其盘剥勾引更甚于客民"②。伴随着屯军的立足，更多的汉民携家带口移居苗疆，苗汉人民经济社会文化交往、交流、交融日益增多。道光年间的户口调查数据显示：台拱厅："苗寨内外客民共二百一十四户，内无产客民二十户，隔属有苗产客民未填丁口十二户，典买苗产客民一百八十二户。"③清江厅："共计客民五百九十三户，内无产二百二十户，典当苗产客民三百七十三户。"④古州厅"住居典买苗产客民共一千二百六十七户"，古州厅左右二卫："典当苗产屯军及住居屯堡客民典买苗产未填丁口者共二百二十一户。"⑤八寨厅："典买苗产客民七百二十四户。"⑥丹江厅所属鸡讲、黄茅、乌叠三司客户共一百一十九牌，"内有产之户五百七十五户"，"隔属居住典买苗产，不填丁口客民三十七户"⑦。都江厅亦有"典买苗产客民四百三十五户"⑧。下江厅有"典买苗产及承佃苗土之户，共计五百三十九户"，住在高坡的"生苗"也开始了买卖土地，"当买田亦用木刻居多"。⑨

雍正朝开辟苗疆，尤其是雍乾"苗乱"平定之后，流官即着手清查户口，厘定田亩，没收苗民的"叛产"和银谷，正式将苗疆"生界"纳入国家版图。然而，流官们蜗居在府州厅县城池和军事据点里，并不能

---

① 《〈清实录〉贵州资料辑要》，前引书，第555—556页。
② （清）罗绕典：《黔南职方纪略》卷六"台拱厅"，载杜文铎等点校《黔南识略·黔南职方纪略》，贵州人民出版社1992年版。
③ （清）罗绕典：《黔南职方纪略》卷六"台拱厅"，前引书。
④ （清）罗绕典：《黔南职方纪略》卷六"清江厅"，前引书。
⑤ （清）罗绕典：《黔南职方纪略》卷六"古州厅"，前引书。
⑥ （清）罗绕典：《黔南职方纪略》卷五"八寨厅"，前引书。
⑦ （清）罗绕典：《黔南职方纪略》卷五"丹江厅"，前引书。
⑧ （清）罗绕典：《黔南职方纪略》卷五"都江厅"，前引书。
⑨ （清）罗绕典：《黔南职方纪略》卷六"下江厅"，前引书。

有效地对清水江流域乡村社会进行统治。必须招徕大量的汉民屯田实边，方能充实清廷统治苗疆的社会基础。清廷通过屯田的方式安插汉民，钳制苗民，逐步实施民族同化。当然，汉苗经济社会文化的交流互动是这一时期的主流，屯军与苗民长期错杂相处，汉民先进的农业技术、生产工具及农作物新品种带入"新疆六厅"，并通过民间交往扩散至苗寨。例如，苗语的"丢"指汉人。苗族采用的先进工具及引进的农作物品种名称皆以"丢"作为修饰成分。如包谷叫"曹亩丢"，红苕叫"拉丢"。苗族吃饭以前是用手抓，用筷是向汉族学来的，故筷子亦称"丢"。①

镇压雍乾"苗乱"后，云贵总督张广泗即主张将"'内地'、'新疆'逆苗叛产"②，"安插汉民领种"。据统计，"古州、八寨、台拱、丹江、清江等五厅，设立九卫，共一百二十堡，屯军八千九百三十户"。③ 至今在苗疆的许多村寨，名称仍然保留着屯民村寨的历史遗迹。例如控拜苗寨附近有大堡村、小堡村，西江镇附近有新堡村。在屯堡名称的选择上，也寄予着流官教化苗民的厚望。例如，都江厅设置有德字14堡：福德、全德、尚德、怀德、同德、明德、寿德、兴德、天德、硕德、进德、守德、政德；仁字9堡：树仁、建仁、咸仁、熙仁、治仁、同仁、怀仁、里仁、庆仁等④。

这些屯堡的屯军人数，每次"苗乱"之后都有补充。据多份清水江文书显示，咸同"苗乱"之后，朝廷就曾出台政策鼓励外地流民到苗疆领种"绝业"或"叛业"，由贵州通省善后总局、承宣布政使司、下游善后总局三部门联合下文，提供盖有官印的土地执照作为法律保障。⑤ "土

---

① 贵州省民族研究会、贵州省民族研究所编：《贵州民族调查之四》，内部出版，1986年，第440页。

② 此处的"内地"指的是"新疆六厅"周边的府厅州县。在清廷的眼中，这些地方早已纳入王化，应被视为"内地"。因当时有部分苗民响应参加"苗乱"，其土地亦在没收之列。

③ 《〈清实录〉贵州资料辑要》，前引书，第557页。

④ 三都水族自治县志编纂委员会编：《三都水族自治县志》，贵州人民出版社1992年版，第68页。

⑤ 参见张新民主编《清水江文书——天柱卷》第一辑第二卷，江苏人民出版社2014年版。GT—007—023光绪二年三月陈万祖田土执照红契；GT—007—068同治二年四月杨昭发执照红契；GT—007—126同治年刘发泰田土执照红契；GT—007—159光绪二年龙德喜土地执照红契；等等。为了让读者消除断章取义之感，了解整份清水江文书的全貌，清晰认识咸同"苗乱"后的善后土地政策，特列一份"GT—007—023光绪二年三月陈万祖田土执照红契"于附录。

地证"右面印刷字体统一阐明了朝廷实施移民的主张、意图、手段等，左面人工填写部分则根据实际情况写明事主、田亩数等信息，通过官方的政治权威给予法律保障，吸引汉民充实苗疆人口。

汉民进入苗疆定居，很大一部分是被流官政府招募而来的屯民。苗疆屯民在政治上、经济上都享受了很高的待遇和优惠政策。屯民在流官政府的军事庇护下，首先，获得"逆苗"土地的经营权，甚至通过"赶苗夺业"的残酷手段，进一步霸占苗民田产。其次，部分汉民通过放高利贷等手段，蒙哄掠夺苗民的山林土地财产。开辟苗疆之初，苗民处于原始共产主义社会末期，根本无法与来自成熟的封建社会时期的屯军竞争，汉苗犬牙交错之处的苗寨，大部分苗民的产业逐渐被连哄带买盘剥殆尽。到了活不下去的时候，只得与屯军拼个鱼死网破，然后流官政府再颁布一系列善后措施，无非休养生息，恢复社会生产，吸取教训严禁盘剥苗民。由此循环往复，形成"三年一小反，六十年一大反"的周期性"苗乱"。

在流官看来，屯田是他们治理苗疆可圈可点的政绩。嘉庆年间湖南巡抚祖之望在《会筹开屯防疏》中，津津乐道地分析苗疆屯田的好处："理苗之道不外剿抚两端。防边之策，务使兵民相间，屯以卫民，民以实屯，……寓兵于农……非碉卡不能护堡，碉卡非练勇不能驻守，练勇非屯田不能养赡。"① 也就是说，屯田给养屯兵，屯兵即防守苗疆的主要兵力。清廷对于边防本有常驻正式的兵制，但对于苗疆，除国家军队外，又设置屯军，严防死守，将苗民层层包围起来，防患于未然。咸同"苗乱"期间，屯堡被捣毁，屯军被打散，其实并没有起到很好的防护作用。当然，安屯设堡之初清廷在处理屯军和苗民的关系上还是很谨慎的，各类官方文件反复叮嘱不得欺压苗民，但流官和屯军出于民族歧视和经济利益，欺上罔下，各行其道则另当别论。

由表6-2可以看出，清廷为了防止贵州苗民造反，在"新疆六厅"

---

① 祖之望：《会筹开屯防疏》，转引自（清）严如煜《苗防备览》卷13，绍义堂，道光23年（1843年）刻本。

及周边地区设置了109个屯堡，共计8579户屯军。[①] 以每户五口之家计算，总数4.3万余人。这样一支寓兵于农，世代常驻苗疆的准军事组织，将苗民牢牢钳制在苗疆。当然，通过垦荒屯田，苗疆耕地面积得到了扩大，粮食产量得以提高，实现"以充黔驿夫粮马料"的屯田目标，减轻清廷的财政负担，具有重要的历史意义。

表6-2　　　　　　　　　乾隆初年贵州"新疆"屯制

营卫名称	屯堡数（个）	屯军数（户）
古州营	40	2159
台拱卫	12	1039
八寨卫	10	750
清江卫	11	1958
丹江卫	12	830
凯里卫	12	950
黄平营	6	480
麻哈州、清平、施秉县	6	413
共计	109	8579

资料来源：（清）鄂尔泰、张广泗等修，靖道谟等纂（乾隆）《贵州通志》卷二十二，乾隆六年（1741）刻本。

经过清廷上百年的经营，苗疆汉移民人口数量持续增长，道光年间移入贵州的人口增加加快，汉移民侵占苗产苗业，造成既成事实，地方流官只得默认事实。道光十四年（1834），"黔省……各属寄居苗寨之年深客户，租种苗田及典买田土，相沿已久，势难概行禁逐，转致骚动。是以将户口、田地各数均经逐一查明，造册编入保甲。统计通省各属附居苗地买、当田土客户三万一千四百余户；种苗田客户一万三千一百余户；贸易手艺客户二万四百余户；住居城市买、当苗产客户并所招佃户

[①] 另有资料载："古州、八寨、台拱、丹江、清江等五厅，设立九卫，共一百二十堡，屯军八千九百三十户。"参见《〈清实录〉贵州资料辑要》，前引书，第557页。与本表统计资料略有差异。

第六章　清代国家政权对清水江流域乡村社会的经济管控　111

共六千四百余户，均因寄籍相安，奏明免其驱逐"。① 以上户数共71300余户，以五口之家计算，有35万余人。尽管地方官"责成乡约、寨长人等随时稽查，以后断不许续增户口，添置苗产"。② 但是，"贵州苗疆一带，外来流民租种山田络绎不绝"，这种状况又岂是一两道政令所能禁止的。罗绕典对道光年间（1821—1850年）进入贵州的"客户"作了统计，其中镇远府有2062户③，黎平府有7502户④，都匀府有11032户。⑤ 庞大的汉移民队伍，带来先进的农耕技术，引进玉米、番薯、棉花等新物种，与广大苗民一道，为苗疆经济社会的发展作出了积极的贡献。

虽然清中央王朝在处理屯军和苗民的关系上竭力避免侵犯苗民利益，但是屯军不断侵占苗民产业，种下了"苗乱"的祸根。从乾隆初年强化治理苗疆之后，大量屯军驻扎在苗疆。屯堡地险墙高，兵精粮足，守卫森严，牢牢地控制着广大的苗疆村寨，成为清廷统治苗疆的有效工具。在一定时期内，也确实起了预防和镇压"苗乱"的作用。嘉庆初年，腊尔山地区苗族发动反清"叛乱"，雷公山地区未能起来响应，屯军的严防死守起了主要作用。据张岳奇分析，因为后来屯田变成私田，屯军军事训练荒废，堡墙坍塌，武器朽坏，无力修复。屯军在当地居住了一百多年，逐渐与当地人通婚等原因，⑥ 屯堡逐渐废弛。咸同"苗乱"持续18年之久，死亡苗民不计其数。以今天的剑河县为例，境内死亡人数不下当时全境人口之半。例如，高丘当时号称千家寨，乾隆《清江志》所记人口都上千，而1981年地名普查与乾隆五十五年（1790）比，平夏减少744人（1250/606），高丘增加36人（1182/1218）。在镇压"苗乱"过程中，很多村寨人口死亡殆尽，仅剩下一个空寨名，如杨家塘、苗滚、高拐、地卧、交捷、乌龙黄、昂条、噶细、养当、赠雅、龙碑、魁槐、高略、九得、衍耶、平臻、高旷、展筛、乌梅渡、屯岑、峰培、湛极、

---

① （民国）《贵州通志·前事志》第三册，前引书，第466页。
② （民国）《贵州通志·前事志》第三册，前引书，第466页。
③ （清）罗绕典：《黔南职方纪略》，前引书，第329页。
④ （清）罗绕典：《黔南职方纪略》，前引书，第325页。
⑤ （清）罗绕典：《黔南职方纪略》，前引书，第317页。
⑥ 张岳奇：《剑河屯堡的安设及其消亡》，《贵州民族研究》1980年第1期。

展堵、噶洞、宰仲、堆柳、鸡翁、台赖、白韶、汪录、噶尧等三十余寨。①《咸同贵州军事史》载：同治八年（1869年）秋七月，各属奇荒，"清江降苗渐成饥孚"。十二月，贵州巡抚曾璧光略曰："清江、镇远苗贼年来覆巢田荒，病饿死者不下十余万众。"②

在汉移民大量涌入苗疆的大背景下，汉苗之间的土地山林纠纷官司也时有发生，并上升到诉之官府的层面。在贵州省贵定县云雾镇鸟王村（原仰望乡）关口寨门前，立有一块石碑，称为"仰王地界碑"。立碑时间为嘉庆十三年（1808）八月初三日，主要内容是苗民控告汉民越界砍伐苗地山林，最后经官府查验地契、实地调查等，判定苗民为官司的胜方。③ 从碑文的内容可以看出，第一，在与汉民的林地冲突中，苗民雷阿豆熟练地运用国家法律来保护自己，不但敢于告状，而且是越级到贵阳府告状。碑文中出现的雷阿豆，在乾隆五十一年的仰望抗贡行动④中，就曾经追随苗阿思等人，连夜抬大锅上山烧开水浇死茶树，达到了免除贡茶的目的，可以说雷阿豆是拥有多年与清廷周旋斗争经验的"老革命"。第二，当地苗民有明确的地权意识，乾隆十二年苗民购买土司宋经的土地交易契约保存完好，这是打官司最终得以胜诉的保证。第三，地方官在整个事件中秉公办理，对待汉苗一视同仁，既保护苗民合法的土地权和林权，同时也考虑到汉民生齿日繁，采伐柴薪困难，吸取教训勘定官山地界，并晓谕禁止任何人再出卖官山及私卖官山。第四，考虑苗民在官司中胜诉，怕汉人官兵在今后的乡场贸易中借端滋事，欺凌苗民，专门予以警告。

第三节　汉苗经济的互动与清水江流域农业林业开发

一　流官推动农业新技术、新工具、新品种的传播

在流官的积极推动下，以汉移民为载体，把汉移民原籍地长期积累

---

① 《剑河县志》，前引书，第51页。
② 转引自《剑河县志》，前引书，第51页。
③ 参见附录：仰望地界碑。
④ 参见附录：仰望"抗贡"碑。前文称"仰王地界碑"，原碑文如此。盖由苗语汉音，未予统一之故所致。

的农业科学、农耕技术、新农具、新作物品种、儒学文化等带到苗疆，促进了苗疆经济社会文化的迅速发展。苗民将自身总结的农林种植地方性知识与汉移民的农林种植技术结合起来，将苗疆的农耕水平，林业种植、采伐水平提升到一个新的高度。例如，牛耕及先进耕作技术的推广，农田水利的兴修，旱地农作物玉米、番薯以及其他新品种的引进，蚕桑等经济作物和蔬菜果树的栽培，人工栽杉技术的发展等。

苗疆城市商业和农村集市贸易的兴盛，为商品经济的发展开辟了道路。贵州"素不出产"的小麦、高粱、小米、黄豆等，通过汉民的引进并广泛种植，"俱有收获"。此外，流官们积极鼓励倡导引进先进的农业生产技术、新农具、新农作物品种。例如，雍正十年（1732），古州镇总兵韩勋奏请，对于无力耕种者，"着头人按名查报"，"散以籽种"，并且会同文员"教以栽种杂粮之法，使平衍土地，不致荒芜"。据史料记载，苗疆"秧满绿畴、荞麦扬花，黄豆、粟、谷亦间有种者，土性所宜，发荒无异"。"不特栽种几同内地，即子弟中亦有渐识诗书者"。① 此外，通过"市场交易和货郎担，许多先进的生产工具由汉地传入苗疆，20世纪60年代的少数民族社会历史调查显示，苗疆地区使用铁制农具的种类很多，有水犁、旱犁、水耙、踩耙、薅耙、钉耙、挖锄等，反映出苗疆农业耕作技术的发达"②。

在农业社会，水利是农业生产的命脉，水利建设对于山多地少的黔省苗疆来说显得更为重要。乾隆五年（1740），清廷指示贵州地方政府："黔地多山，泉源皆由引注，必善为经理，斯沃壤不至坐弃。……凡贫民不能修渠筑堰及有渠堰而久废者，令各业主通力合作，计灌田之多寡分别奖赏。如渠堰甚大，准借司库银修筑；其水源稍远，必由邻人与邻邑地内开渠者，官为断价置买，无许掯勒。"③ 在中央王朝的督促下，流官政府自然不敢怠慢，采取有效措施新修或修缮各类水利设施，奖赏兴修水利有功人员，鼓励地方制造或购买各种新式的灌溉设备。"至请仿江、楚龙骨车灌田，并雇近教造之处，应于借给工本款内另议。……即制造

---

① 台北"故宫博物院"整理：《宫中档雍正朝奏折》第19卷，前引书，第758—759页。
② 拙文《"小历史"中的"小历史"——历史人类学视野下的苗疆货郎担》，前引文。
③ 《〈清实录〉贵州资料辑要》，前引书，第21页。

龙骨水车，亦可各府州县分给一架，劝民照式仿造。"①

在清廷的政策推动和流官的积极鼓励下，苗疆的农业得到空前的发展，从历史文献记载整个清代贵州多次出现的嘉禾②现象就可见一斑。据统计，康熙朝3次，雍正朝22次，乾隆朝4次，道光朝4次，咸丰朝5次，同治朝1次，光绪朝9次，宣统朝2次。③ 嘉禾现象出现如此之频繁，固然有流官迎合清代历朝皇帝好大喜功的心理，其中不乏夸饰虚报的成分，但也可以推断清代开辟苗疆之后，当地农业技术的大幅度提高及农业经济蓬勃发展的情况。

二　汉民在农业发展上的示范效应

雍乾"苗乱"后，时任云贵总督张广泗极力主张移入大量汉民，认为此举一则可以防范苗民的反抗；二则可以以汉化苗。他乐观地估计，苗民"既与汉民错处，朝夕观感，其性情嗜好，礼文法度之间，必渐知仿效"。④ 从这一角度看，屯军的作用并不限于对苗疆的军事控制，它还是一场巨大的移民运动与汉文化的移植运动，促进了清代贵州科举的兴盛。汉民多数居住在集市、屯堡以及城乡大道附近。苗民杂居其中，基本上是汉民的佃户或雇农。屯军及其家属，加上各类汉移民的文化渗透对苗疆社会的改造无疑是加速苗疆由"新疆"向"旧疆"转化的一个重要因素。从相关的历史文献记载不难发现，清代贵州苗疆的移民会馆主要有禹王庙、湖广会馆、两湖会馆、四川会馆、妈祖庙、两广会馆、万寿宫等，由此推断汉移民来源的主要省份为湖南、湖北、广东、四川、福建、江西等省。

这些移民有军事性移民、农业性移民、商业性移民等。屯军、外来移民的足迹踏遍苗疆，他们对苗疆农业改良产生积极的推动作用。例如，乾隆八年（1743），台拱厅（今台江县）榕山堡总旗李尚云从江西吉安府

---

① 《〈清实录〉贵州资料辑要》，前引书，第21—22页。
② 嘉禾是禾谷基因突变引起的一种异常现象，其表现形式为一茎多穗。在中国古代农业社会中被视为政通人和、国泰民安的象征。
③ 陈福山：《清代贵州"嘉禾"现象探析》，硕士学位论文，贵州师范大学，2012年，第16—17页。
④ 《清代前期苗民起义档案史料汇编》上册，前引书，第227页。

引进籼稻、青菜品种在榕山、老屯种植,开始改苗民长期种植的糯稻为籼稻。① 咸丰四年(1854),台拱厅厅署在北部、中部河谷平坝地区,第二次推行糯稻改籼稻,种植面积逾半,获得高产。② 古州地区,乾隆十二年(1747)任树森自河南购进木棉种令民试种,民间"谋衣艰于谋食"的状况逐年改变。光绪二年(1876),古州同知余泽春购入荞麦、苞谷等农作物新品种和油桐、油茶,令民领种,油桐、油茶始有外销。③ 先进的生产技术和农作物新品种,先在屯堡周围的农田推广,然后逐渐发展到更边远的苗寨。史料记载:"军、苗田亩,早晚稻丰收。向来'新疆'地方,小麦、高粱、小米、黄豆、芝麻、菽麦等种素不出产。自安设屯军之后,地方文武设法劝种杂粮,今岁俱有收获……于堡内及山上空地多栽茶、桐、蜡、柏等树。"④

三 林业开发与木材贸易的兴旺

古代中国,士农工商四民格局延续了两千多年,但到明清时期士农工都纷纷卷入商品经济的大潮。黔省清水江中下游地区土地肥沃、雨水充沛,盛产杉木及其他木材,史料记载曾经向明清朝廷供奉过"皇木",作为皇家宫殿的修缮材料。开辟苗疆之后,大量汉移民来到苗疆,多数是以谋衣食为第一要务的穷苦人。他们从事种植、砍伐、搬运、放木、中介、交易等木材贸易各个环节的工作,较少受到传统强烈职业尊卑文化观念的束缚。他们把经商致富同样视为一种实现自身价值的体现,这种重利观念的转变对清水江流域乡村社会的苗民影响是深刻的,许多苗民也卷入到木材贸易的大潮中去。商人是中国传统社会中见多识广、善于应变的阶层,他们既善于利用传统社会提供的各种政策条件谋求自身利益最大化,又善于不断捕捉社会变迁中随时出现的新信息,不断调整自我,实现自己的社会定位。汉苗人民纷纷卷入木材贸易的各个环节,客观上促进了汉苗之间广泛的经济文化交往、交流与交融。

---

① 《台江县志》,前引书,第6页。
② 《台江县志》,前引书,第7页。
③ 《榕江县志》,前引书,第2页。
④ 《〈清实录〉贵州资料辑要》,前引书,第21页。

苗疆适宜的自然环境和亚热带湿润季风气候是大面积种植各种林木和经济作物的基础条件。因中原地区对木材的大量需求，苗疆逐渐成为清代重要的林木生产基地。商业贸易的繁荣也带动了苗疆交通要道沿线中小城镇的发展。早在明万历二十五年（1587），天柱县首任知县朱梓在清水江下游的新市镇（今天柱瓮洞）开辟了官方贸易区，"建官店数十间，募土著聚客商，往来鱼、盐、木货泊舟于此"。① 开辟苗疆之后，清水江中下游地区的航运业随着木材贸易的发展也逐渐繁忙起来，随着屯军、客民、客商等进入清水江中下游地区的苗乡侗寨，汉文化传播开始呈现遍地开花的景象，在这一过程中，当地苗侗文化与外来汉文化既有冲突又渐趋融合。从明代晚期到民国结束，清水江中下游地区通过木材贸易，逐渐向国家体系靠拢。②

开辟苗疆之后，玉米、番薯等粮食作物的引进并广泛种植，土地兼并和土地的集约化经营，同样的耕地面积养活了更多的人口，促使一批剩余劳动力从农耕事务中解放出来。一大批脱离或半脱离农业生产的剩余劳动力，积极地投身到林业经济的大潮中去。此外，由于苗疆地处深山沟壑，农田种植水稻的产量不高，而种植、砍伐、运输、售卖及客商食宿等一条龙的木材产业链更加能够为苗侗人民带来额外的收入，"十年林木计如何，不种平田利更多"。③ 雍正朝国家组织人力物力疏浚、开通清水江、都柳江水道，便利了林木这类大宗商品的运输。在繁荣的木材贸易推动下，杨正文认为，税收中的白银货币成为国家与清水江流域苗族社会不能割舍的联系纽带，地方民众日渐紧密地被羁束在国家制度之下。作为货币的白银的流入对清水江流域及雷公山区苗族社会产生了深刻影响，包括带来了服饰的变化。④

黎平、天柱、古州、清江、台拱、下江、黄平、清平一带，素称苗

---

① （清）王复宗纂修：（康熙）《天柱县志》，上卷"关梁"，载《中国地方志集成·贵州府县志辑》，巴蜀书社2006年版，第20册，第73页。
② 张应强：《木材之流动：清代清水江下游地区的市场、权力与社会》，社会科学文献出版社2021年版。
③ 转引自沈文嘉《清水江流域林业经济与社会变迁研究（1644—1911）》，博士学位论文，北京林业大学，2006年，第24页。
④ 杨正文：《清水江流域的白银流动与苗族银饰文化的成因》，《民族研究》2015年第5期。

疆林区。咸同"苗乱"平息后，由于各府厅州县大量城池、官署、民居的重建，短期内大量伐木，黄平、施秉、炉山一带林区成为空山。经过二十多年的封山育林、砍种结合等，晚至光绪末年，林业生产才逐渐得到恢复，木材贸易亦渐趋兴盛。油桐、油茶种植也有所发展。① 在清水江流域下江、丙妹一带的苗山，农业比较落后，不足以供应苗民衣食。自晚清林木、桐、茶贸易兴起后，近江苗民多种植经济林木，"桐、茶、杉、竹之属，弥漫山谷，随处皆是"。所种杉木，称为"油杉"，"纹理致密，坚实耐久，编筏下江，行销梧（州）、粤（广州）各埠。汉苗木商以此致富者，踵相接也"。② 当然，清代清水江流域地区林业贸易之所以如此兴盛，除了中央王朝的鼓励倡导以及优越的自然地理环境之外，还与苗民强烈的生态环境意识有关。为了确保林木不受人为毁坏，实现可持续的林业经济发展，苗侗人民通过议榔、合款等方式，制定不同形式的护林公约或规章制度。走进苗乡侗寨，禁伐山林的乡规民约石碑立于村头寨尾，比比皆是。如，乾隆三十八年（1773），锦屏文斗寨所立的"六禁碑"，其中即有"不拘远近杉木，吾等巨淬，不许大人小孩砍削，如违罚银十两"条款。③

近年来，在清水江流域的村寨，发现大量的清代土地和山林买卖契约、租赁契约，总数达 20 万件以上。④ 表明清代苗疆林业栽种、转让、砍伐、运输、销售一条龙体系业已形成，发展到成熟的商品经济阶段。苗疆山地和林木买卖的日常化、经常化，导致山地和木材日益商品化，土地兼并日益明显，促进了林业经济的发展，推动了苗疆经济文化的繁荣。林业经济领域租佃、买卖的大量存在，促使苗疆经济不断向前发展，通过市场集中更多的资金、土地和剩余劳动力投入到规模化的林业生产

---

① 参见丁尚固修，刘增礼纂（民国）《台拱县文献纪要》，陈绍令等修，李承栋纂（民国）《黄平县志》，民国十年未刊本，分别载于《中国地方志集成·贵州府县志辑》，巴蜀书社 2006 年版，第 20、21 册。
② 刘锡藩：《蛮荒小记》，第九章"物产"，转引自贵州省民族研究所编《民国年间苗族论文集》，"民族研究参考资料第二十集"，内部出版，1983 年，第 34 页。
③ 黔东南苗族侗族自治州地方志编纂委员会编：《黔东南苗族侗族自治州·文物志》，贵州人民出版社 1992 年版，第 109 页。
④ 张新民：《清水江文书的整理利用与清水江学科的建立——从〈清水江文书集成考释〉的编纂整理谈起》，前引文。

经营活动，为林业经济的发展和繁荣开辟了新的道路。咸同年间，清水江、都柳江流域与全国一道，陷入了长期的战乱动荡中，战后清政府采取一系列休养生息的措施，恢复农业和林业生产，加之战后全国各地家园重建对木材的大量需求，木材贸易再度兴盛，手工业和商业也随之得到发展。简言之，"（清水江流域）存在着多重复杂的因果关系，反映出王朝国家力量、市场需求、地方社会自身发展逻辑等交互作用的一种历史趋势"①。

第四节 汉苗经济的互动与民族交往交流交融

开辟苗疆之后，清水江、都柳江沿岸的木材逐年外销，为使林业资源能够长久利用，当地人民经过长期摸索，总结出一套科学的行之有效的林业种植技术，汉民栽杉手反过来向苗民学习这一先进的地方性知识。《黔南识略》记载："山多戴土，树宜杉。……种杉之地，必预种麦及包谷一二年以松土性，欲其易植也。"②这一史料反映乾隆年间苗民对人工造杉的选种、整地、育苗、种植、林粮间作及施肥等环节，懂得采用科学的精耕细作手段，林业种植技术已经达到较高水平。移入的汉民，在种杉技术上反而要向苗民学习，才能成为专业栽杉手。由于林业的发达，生产巨木及珍稀木材，明清两朝苗疆都被作为"皇木"采办的指定区域之一。③ 木材是苗疆地区的主要经济来源，咸同年间木材贸易中断了20多年。自光绪十年（1884）以后，水路重新开通，木材贸易逐渐恢复，每年输出的木材不断增多，每天清水江外运的木排布满江面。天柱县瓮洞关扼清水江出口，被称为"黔东第一关"。从清末至民国初年，平均每天有100个木排（每个木排有原木100—120根）运销省外。仅木材税一项，天柱翁洞镇关口每年收入就有100多万银元。④ 由于这些木材多数是苗疆所产，故被称为"苗木"。

---

① 张应强：《木材之流动：清代清水江下游地区的市场、权力与社会》，前引书，第49页。
② （清）爱必达修：《黔南识略》，前引书，卷十五。
③ 周林、张法瑞：《清代的皇木采办及其特点》，《农业考古》2012年第1期。
④ 黄复生：《清水江苗族的社会经济（资料）》，转引自吴荣臻、吴曙光编《苗族通史》第三册，民族出版社2007年版，第122页。

第六章 清代国家政权对清水江流域乡村社会的经济管控

开辟苗疆之后，在苗汉人民的辛勤耕作下，苗疆农业得到了极大的发展，以粮食和土特产为大宗货物的商品经济空前活跃。都匀"四乡村寨，跬步皆山，溪流萦绕，田颇膏腴"，每年米谷除供应本地食用及支放城兵粮外，"共挽运古州、都江、下江兵粮3027石"①；麻哈州，"县属之平定、宣威、养鹅等处多肥饶"，水稻种植颇多，每年余米多运往清江一带②；镇远府所属黄平州，产米除自给外，"岁拨运镇远府兵米二千六百一十三石有奇，余米供支黄平营兵粮及廪生、寒生、孤贫等米。常平仓实贮谷三万零九百二十一石有奇"③。黎平府古州一带，所产的橙质优，种植较多，除本地食用外，尚有部分外销，清人任志儒有《古州橙诗》赞曰："秋过橙树饱经霜，苍翠丛中点缀黄，向晓摘来舟满载，香风晴日渡榕江。"④ 此外，黎平府香菌种植技术成熟，每年收获颇丰，"凡菌皆自生，唯香菌系山客伐树堆积包谷杆，取老香菌煎水洒之，以树叶盖之，既久则菌生也。味极香，常贩他省售卖"，还有"冬干笋，出府属西山竹林，每年八九月笋出时采之薰干，至冬发卖……下江、永从尤多，冬月售卖颇获利"⑤。

苗疆商品生产的发展，造就了商业运输的繁荣，河道、驿道运输均比以前繁盛。过去多数以帮人插秧、打谷、做小工为业的苗民，现在有相当一部分从事船运和驿运工作，充当船工、挑脚工、搬运工、伐木工等苦力。一开始，他们只是一些聚散无常的苦力，后来为了适应越来越发展的商品运输需要，逐渐形成了行帮。如天柱县、锦屏县的"斧头帮"。他们除了撑船技术好，还会武术，重信守诺，包运包送，很少有失误。⑥ 光绪末年，清水江流域商业十分活跃，重要的商业重镇有麻哈州下司镇、黄平州重安江、台拱厅的施洞镇、清平县的旁海镇、天柱的三门塘、瓮洞镇等。都柳江流域的商业城镇有黄平旧州、古州厅城、寨蒿镇

---

① （清）爱必达：《黔南识略》卷十"都匀县"，前引书。
② （清）爱必达：《黔南识略》卷十"麻哈州"，前引书。
③ （清）爱必达：《黔南识略》，卷二十一，黎平府，前引书。
④ （清）俞渭修，陈瑜纂：（光绪）《黎平府志》卷三下，物产，前引书。
⑤ （清）俞渭修，陈瑜纂：（光绪）《黎平府志》卷三下，物产，前引书。
⑥ 黄复生：《清水江苗族的社会经济（资料）》，转引自《苗族通史》第三册，前引书，第122页。

等。尤其是黄平重安江周围苗区还有八个乡场,苗疆的五倍子、桐油、毛皮、猪鬃、杂豆,大部分被商人收购运往重安江集中,然后装船运出贵州。① 天柱瓮洞镇,每日出入的船只达到百余艘。专门为过往商人服务的行业有三个客店,一个屠宰场,多家烟酒店和杂货店、饮食店,大部分店铺是本地苗民经营。瓮洞市场每天都可以交易,遇到赶场天,赶场的人数达二三万人,盛况空前。汉苗民族依托苗疆大大小小的场市,通过开展各种层次、各种类型的商品交易,加强了不同民族、不同地区之间的经济文化交流,促进了苗疆地方经济的发展,当然也促进了民族之间的相互交融。

清水江流域乡村社会原本有一套约定俗成的信用体系,即使是口头协定也很少有人违背,因为背信弃义会被乡村社会集体性排斥。但是,清代雍正朝开辟苗疆以后,汉民大量迁入,其中一些奸诈之徒利用苗民的淳朴巧取豪夺,致使苗民对汉民怀有极强的戒心,苗疆原有的社会信用体系逐渐瓦解崩溃。随着清水江流域乡村社会文化教育的发展,苗民与客商、汉民交往的增多,经济纠纷案件的增加,苗民逐渐接受汉人社会的契约文书规则。在田野调查中发现,清水江下游天柱县的某些村落还留存有清代、民国出版印刷的,类似于今天应用文大全的书籍。可见由于木材贸易的繁荣,交易中使用契约文书避免纠纷并确保双方的权益,已经成为常态化的行为。即使双方都不识字,也可以委托别人代笔书写,甚至还可以聘请"中人"作为交易的见证,只需要支付一点象征性的手续费,然后自己签字画押即可。这种"空口无凭,立字为据"文化习惯的养成,使今天清水江流域保存了数十万计的契约文书。

一般情况下,汉文化与苗文化相比较,在诸多方面均处于优势地位。但是,黔省的汉民也从苗民那里汲取许多有益的文化因子,汉苗文化之间相互交往交流,互为补充。乾隆初年,曾经有官员指出,"黔省之苗、仲妇女皆知纺织,而惟有汉人多不纺不织……观今黔中穷民衣不蔽形者,所在多有,反不如苗、仲妇女衣锦犹新"。② 可见,开辟苗疆之初,在纺织技

---

① 中国科学院贵州民族调查组:《黄平重安江苗族调查资料》,内部资料,1960 年,第 33 页。

② (民国)《贵州通志·前事志》第三册,前引书,第 320 页。

上汉移民反而不如苗民。黎平府的苗侗地区，光绪年间由于知府袁开第的倡导，除原来饲养的家蚕之外，又饲养了山蚕（俗称柞蚕），有些地方成为桑蚕区。开辟苗疆之后，以卫所驻地为中心，城镇商业兴起发展，集市贸易逐年扩大，食盐运入和木材、土特产外运的规模日益扩大，商品经济空前繁荣。乾隆年间，锦屏县的"茅坪、王寨、卦治三处，商旅几数十万"。① 汉移民进入清水江和都柳江流域后，迅速分散到各个村寨、城镇谋生，和苗民往来密切。《黔南职方纪略》载："其间客民之居住苗寨者，又较别地为多。盖其地虽有崇山峻岭，而两山之中每多平坝，溪流回绕，田悉丰腴，村墟鳞比，人口稠密，其富庶之象易起客民觊觎之心。且地利肥美，物产丰亨，山土种木棉，苗妇勤于织纺，杉木、茶林到处皆有，于是客民之贸易者、手艺者，邻省邻府接踵而来，此客民所以多也。……又有清水江边之三江九寨，当即吏目所辖之地，皆不归土司管辖，山高岭峻，高坡苗聚族而居，土多田少，客户数人，悉皆承佃苗土，租挖苗人公山之蓬户。"② 除了咸同"苗乱"期间汉移民纷纷外逃以外，其他时候江西、湖南的汉移民③一直将清水江和都柳江流域作为移居目的地，汉苗民族跨族群、跨文化交流引起了苗疆社会经济文化的巨变。

苗疆经济上的变迁也影响着苗民服饰文化的变迁。1949年以后台江县境内各个区、乡、村寨的苗族妇女各有不尽相同的民族传统服饰，保留着各自的地域特点，这是由于族群支系、经济水平、生产生活环境的不同而造成的。各地民族服饰的质地、精美程度、银饰的多少、质量高低都有区别。调查显示，沿清水江流域施洞和台拱、巴拉河一带，土壤肥沃，田地较多，这些地方的苗族生活富裕，妇女的服饰十分讲究，所佩戴的银饰品种多样，做工精细，质量很高。而在反排、覃膏等高山地区，经济不发达，生产较落后，生活水平低下，妇女的服饰就比较简单，银器佩戴的品种也比较少。④

驿道的开通、大道的延展、航道的整治与疏浚，打破了苗疆相对封

---

① （清）爱必达修：《黔南识略》卷二十一"黎平府"，前引书，第178页。
② （清）爱必达修：《黔南识略》卷六"黎平府"，前引书。
③ 从苗疆各地这两个省份的会馆数量居多推断出这一结论。
④ 贵州省民族事务委员会、贵州省民族研究所编：《贵州"六山六水"民族调查资料选编·苗族卷》，贵州民族出版社2008年版，第438页。

闭的局面，尤其是清水江中下游地区木材、土特产的大量外运，刺激了商品经济的发展。经济上的快速发展，促进了汉苗人民之间经济文化的交流与互动。据《苗疆闻见录》载："其地（即清水江流域，笔者注）有汉民变苗者，大约多江楚之人。懋迁熟习，渐结亲串，日久相沿，浸成异俗，清江南北岸皆有之，所称'熟苗'，半多此类。"① 可见，虽然汉移民所带来的中原文化具有很强的影响力，但也不是一概而论，在强大的苗文化面前，同样存在许多汉变苗的例子。所谓"汉变苗"，不仅仅专指汉人变成苗族，也应该包括变成当地的其他少数民族，如洞苗（侗族）、仲苗（布依族）、水家苗（水族）等等。"汉变苗"也并非无迹可循，所谓"其有天、地、君、亲、师神位者，则皆汉民变苗之属"。② 不过吴一文认为，此条并非汉苗文化界限，苗族仿效汉文化由来久矣，台江施洞附近的苗族家里就有这种神位，并非"皆汉民变苗之属"③，汉苗文化交流之频繁和复杂由此可见一斑。

肖坤冰、杨正文在分析四川夹江造纸与地方社会关系的论文中指出："在夹江地区以纸张贸易为中心的区域社会发展的过程中，构成区域社会动态发展的决定性因素并不仅仅是经济学意义上的市场网络的形成，它还同时受到家族、地方信仰、地方帮派组织与国家正式权力等各种综合性因素的影响，因而必须将这一过程置于王朝、国家、政治、经济社会发展的历史脉络中来加以把握。"④ 与之相似的是，清代清水江流域两百多年的林业经济贸易中，汉苗木商凭借手中的财富雄踞于清水江流域乡村社会的上层，使得苗民原来轻商的价值观念、无欲的道德追求受到现实的冲击。清水江、都柳江流域商业的繁荣发展直接冲击了苗民传统文化的轻商观念，甚至流寓苗疆的汉民过去那种"农耕为本"，以置田买地为主业的观念也开始动摇。苗疆"重利""逐利"之风使众多的汉苗人民弃农、弃工、弃儒，转而栽杉、伐木或者从事木材贸易等，这无疑对儒家传统文化价值观念造成极大的冲击和破坏。许多汉苗商人通过经营木

---

① （清）徐家干：《苗疆闻见录》，吴一文点校，前引书，第163页。
② （清）徐家干：《苗疆闻见录》，吴一文点校，前引书，第176页。
③ （清）徐家干：《苗疆闻见录》，吴一文点校，前引书，第176页。
④ 肖坤冰、杨正文：《纸行天下：清朝夹江地区的手工造纸业与地方政治》，《西南民族大学学报》（人文社会科学版）2009年第10期。

第六章　清代国家政权对清水江流域乡村社会的经济管控

材贸易发家致富,形成一股庞大的地方势力。但是,他们没有足够的社会地位,常常被达官贵人瞧不起,因而他们设法走入仕途,谋取一官半职作为权力资本。此外,他们更着力于捐资助学,培养族内子弟乃至家乡子弟去获取功名,实现"达则兼济天下"的社会理想,树立良好的社会声望。汉苗商人积极参与捐资助学、赈灾等地方公益活动,会获得一般汉苗民众所缺乏的权力要素:与流官官僚系统的紧密联系所带来的政治资源,因兴办学校和资助科举所带来的文化声望资源。只要牢牢掌握这些资源,汉苗商人就可以自由地游走在国家与清水江流域乡村社会之间。

汉苗经济文化的交流与互动过程中,也有许多纠纷和矛盾,最终得到妥善公正的解决,其实质是国家权力逐步全面和深入清水江流域乡村社会的过程,也是苗民自觉或不自觉地认同大传统文化,认同大清王朝的过程。据立于同治六年(1867)的"老场奉示"碑记载,贵州惠水摆金始设乡场系当地苗族摊田开设,理应由苗族管业。后来,汉族豪绅见利眼红,强行征收斗息,市场贸易混乱,几经周折另辟新场未果,当地苗民代表吴桂芳等多次赴定番州告状。州署派人查明,苗民又筹资上纳程番长官司禀请给示,方才获准照旧赶场。① 为了保住这一来之不易的成果,苗民勒石为记。据田野调查,立碑以后,当地汉苗争夺场头管业,乡场管理仍然很混乱,苗族同胞经过近二十年的斗争,光绪十年(1884)方获永远管业权。从碑文内容上看:第一,苗族同胞积极应对商品经济发展的大好形势,共同筹钱开办乡场,收益颇丰。汉族豪绅采取强行征收斗息,另辟新场等手段与之争夺利益,导致纠纷不止。第二,当地苗族同胞学会运用法律武器来保护自己合法的经济权益,自始至终采取向官府告状的方式来达到自己的诉求。据田野调查,甚至在树立石碑以后,他们仍然继续采取各种办法,直到获得摆金场的永远管业权。第三,其时,贵州正处于咸同"苗乱"的末期,苗疆百废待兴,流官也不敢怠慢或徇私枉法,积极地进行调查核实,不分汉苗,秉公处理。

雍正年间开辟苗疆后,经过一百多年的发展,汉苗人民在经济文化等方面已经形成"你中有我我中有你"的局面。在咸同"苗乱"期间,

---

① 参见附录:老场奉示碑。

苗族义军领袖张秀眉在起事时就宣布“不杀一个好汉人”，在“叛乱”局部胜利后，对于穷苦的“好汉人”保障其原有土地不受侵犯，再按义军政权分给苗民多少田地而同样分给其新土地。张秀眉废除旧时的一切官府条文，砸开囚牢释放囚犯，烧毁一切地契和债务文书，让劳苦人民自己当家作主。义军并没有把民族矛盾的旧账算在普通汉民的身上，在义军队伍中，不但有布依族、侗族、彝族、回族，而且有许多汉民。

本章小结

开辟苗疆后，湘黔驿道得到扩建、改建或改道。清政府裁撤绕道的驿站，降低驿站运作成本。在需要的地方适当增加驿站数目，客观上减轻沿途苗民的夫役负担，对于维持苗疆社会的稳定有着积极的作用。由于苗疆水陆交通条件的改善，外地移民以屯田、经商、手艺、宦游、佣耕、栽杉等方式或目的进入苗疆，他们的到来扩大了汉苗文化交流的范围，强化汉苗文化交往交流的水平。同时，外来汉移民不断引进先进的农耕技术、先进农耕工具和新的农作物品种，从而缩小苗疆与内地之间经济文化的差距。

屯军被清廷通过各种措施将积极性激发出来，加快了垦荒耕种的进度，拓展了耕地面积，提高了粮食的产量，保障了苗疆驻军的粮食给养，减轻了苗民的负担，当然也改善了苗民与中央王朝之间的关系。内地汉移民与苗民一起，对苗疆的农业、林业进行大规模的开发，引起了苗疆巨大的经济文化变迁。一般情况下，汉文化与苗文化相比较，在许多方面均处于优势地位，但是有时候黔省的汉民也从苗民那里汲取许多有益的文化因子，形成双向的交流与互动。

第七章

清代苗疆土地政策的嬗变与王权的下移

对于清代苗疆土地政策的研究，目前仅见有袁翔珠的《乾隆时期的苗疆土地问题治理：以奏折资料为主的研究》①和《官规与民规：清代道光时期的苗疆土地政策》②、林芊的《从清水江文书看近代贵州民族地区土地制度——清水江文书（天柱卷）简介》③、陈国生等的《清代贵州土地开发的新变化》④。综合来看，这些研究或者缺乏长时段观察清代苗疆土地政策变化的视野，或者将当时的贵州全境笼统地看成一个静止不变的苗疆，或者从个案的视角研究某一时期苗疆的土地制度，各有其研究角度与价值，但咸同"苗乱"之后的苗疆土地政策尚缺乏研究。究其原因，主要是传统史料的匮乏，笔者爬梳与晚清苗疆有关的重要史料《清实录》《黔南识略》《黔南职方纪略》《苗疆闻见录》《（民国）贵州通志》等均未见详细记载。与汉民社会不同的是，苗疆乡村社会中国家公权对民间权威的"借用"有时候是失灵的⑤，国家权威的凸显更多是以管束汉民、保护苗民来体现。有鉴于此，本书以长时段的历史视野，分析

---

① 袁翔珠：《乾隆时期的苗疆土地问题治理：以奏折资料为主的研究》，《华东政法大学学报》2009年第6期。
② 袁翔珠：《官规与民规：清代道光时期的苗疆土地政策》，《求索》2010年第1期。
③ 林芊：《从清水江文书看近代贵州民族地区土地制度——清水江文书（天柱卷）简介》，《贵州大学学报》（社会科学版）2012年第6期。
④ 陈国生、罗文：《清代贵州土地开发的新变化》，《贵州师范大学学报》（社会科学版）1993年第2期。
⑤ 刘志松：《中国古代基层社会权威体系及其博弈》，《吉首大学学报》（社会科学版）2013年第3期。

清代苗疆土地政策在各个时段的变化，发现其背后透视的是中央王权的不断下移，直接触及清水江流域乡村社会。

第一节　贯穿清廷始终的屯田政策

早在明太祖、成祖时期，就曾经向贵州进行大规模的军事移民。整个明朝 270 多年间，在苗疆陆续安设屯卫，修筑边墙、碉堡等，可谓是把屯田政策做到了极致。清代雍正年间开辟苗疆之后，清廷在"生界"设置"新疆六厅"。国家力量强制介入苗疆后，流官、胥吏、客民肆无忌惮地盘剥苗民，导致苗民很快地发动了一场声势浩大的"苗乱"，史称雍乾"苗乱"。"苗乱"结束之后，为了巩固对"新疆六厅"的统治，同样采取明代的军屯之策，"设军于要害，杂处以防之"，实行卫堡①军屯制度。

一　"新疆六厅"屯军

乾隆即位之初，在镇压"苗乱"的同时，为了缓减苗民的反抗情绪，下诏"将古州等处新设钱粮尽行豁免，永不征收"。②镇压雍乾"苗乱"后，云贵总督张广泗即主张将"'内地'、'新疆'逆苗叛产"，"安插汉民领种"，乾隆则认为"苗性反复靡常，若'新疆'招集汉民耕种，万一苗民滋事蠢动，是内地之'民人'因耕种苗地而受其荼毒，此必不可行者。不得已而思及屯军"③ 但是，在张广泗的坚持下清廷还在苗疆设置了大量的屯军，"古州、八寨、台拱、丹江、清江等五厅，设立九卫，共一百二十堡，屯军八千九百三十户"。④ 屯军的来源有三种途径：第一是驻防兵丁子弟；第二是镇压"苗乱"中，清廷于贵州本地就近招募的五千名新兵；第三是"就近招募年富力强可充兵丁之人"。⑤

清廷的苗疆屯田，最初能有效地将苗民控制在各自区域内，地方厅县财政亦可收入一笔可观的屯租给养军队，据《清代的贵州古州屯田》

---

① 堡，相当于明代"所"的设置，其下仍设百户、总旗、小旗，各堡筑土垣，以利防守。
② 《〈清实录〉贵州资料辑要》，前引书，第 635 页。
③ 《〈清实录〉贵州资料辑要》，前引书，第 14 页。
④ 《〈清实录〉贵州资料辑要》，前引书，第 557 页。
⑤ 郭松义、桑士光：《清代的贵州古州屯田》，前引文。

一文统计,古州等九卫的屯租粮是"53290 石,耗银 957 石,余田租 711 石,总计为 7004 石",① 客观上减轻了当地苗民的一些赋税负担。屯军还积极引进新农业技术和农耕工具,传播新农作物品种,为"千里苗疆"的开发作出了巨大的贡献。

二 "屯"与"裁"之争

乾隆二年(1737 年),在经历了几次大小不等的"苗乱"之后,乾隆提出废除苗疆屯田的倡议,他认为:"数年以来经理苗疆,原期宁辑地方,化导顽梗,并非利其一丝一粟。是以彼地应输之正供,朕旨仰体皇考圣心,永行革除,不使有输将之累,岂肯收其田亩以给内地之'民人'乎?……苗众自有之业,一旦归官,伊等目前虽慑于炳威,勉强遵奉,而非出于本心之愿,安能保其久远宁贴耶?"② 但是经理苗疆的云贵总督张广泗坚持己见,"以身家相保"③ 要在苗疆屯田,不得已乾隆听从了他的意见,只不过由民屯改为军屯了,因为屯军"无事则尽力南亩,有警即可就近抵御"④,有"一石二鸟"之利。乾隆三年(1738),两广总督鄂弥达再次提出废除屯田,他认为:"现在杀戮(戮)之余,苗民稀少……数年之后,生齿日繁……地少人多,必致怨生……(苗田)屯丁不能自耕,仍须召苗耕种……久之视同奴隶,苗民既衣食无赖,又兼役使鞭笞,既不乐生,又何畏死?"⑤ 张广泗则驳斥鄂的意见,认为:"所请设立屯军者,乃系叛苗内之绝户田产,始行入官安屯……新疆未垦之山土,未开之荒田,并各苗寨原有多余田亩,俱仍系各苗人自行管业,并未具报入官。虽此后生齿日繁,亦不致无以资生……此项逆苗绝户田产……并不许请人佃种。"⑥ 当然,张广泗还是承认:"苗疆地方,向无汉民居住,今骤安屯军至八九千户之多。况苗人经此惩创,积威之下,易于欺凌,若致稍有扰累,即非安设屯堡、以期保固地方之本意……必严

---

① 郭松义、桑士光:《清代的贵州古州屯田》,前引文。
② 《〈清实录〉贵州资料辑要》,前引书,第 15 页。
③ (民国)《贵州通志·前事志》第三册,前引书,第 312 页。
④ (清)俞渭修,陈瑜纂:(光绪)《黎平府志》卷 2 上,前引书。
⑤ 《〈清实录〉贵州资料辑要》,前引书,第 552 页。
⑥ 《清代前期苗民起义档案史料汇编》上册,前引书,第 249—250 页。

定章程，庶可永远遵守。"① 这一场争论，最后还是以张广泗的意见胜出而告终。清朝君臣之间、流官之间针对苗疆屯田的争论，实质是如何有效保护苗民不受屯军欺凌，有效控制苗疆的政治考量。

尽管乾隆默认了张广泗的屯田做法，但是他无时无刻不在思考屯军可能会依仗武力欺压苗民的问题。乾隆十七年（1752），大臣硕色奏："古州屯军……从前所给屯田不敷日用，查看山头地角尚不无余隙，已饬古州兵备道督劝屯军，将附近山岗畸零隙地勤加开垦。" 乾隆则对这一意图扩大屯军垦荒面积的请求给予严词拒绝，他认为，"此事似近理而必不可行。所补于屯军者甚微，而关系苗疆者甚大，不可因屯军一时之感激而不为苗疆久远计也"。②

三 军屯之废

随着客民的不断迁移，他们与屯军长期杂居，有的屯军将屯田典卖给客民。至嘉庆二十五年（1820），苗疆屯田亩数已由最初的9.7万亩降至6.3万亩。③ 咸丰初年，屯田制度愈加走向没落，"官兵数万，已成废器……屯军九千余名……虚籍徒存，实政无补。今日之食屯田者，半是刁生、劣监，一旦绳之以法，则捏造黑白，勾煽愚苗，其祸且益速"。④ 咸同"苗乱"之后，多数汛堡被捣毁，无一完整。原设苗疆九卫屯兵，或逃或亡，屯堡全被捣毁。以咸同年间的黄施卫黄平州境内情况为例，所属6屯堡，屯军480户已锐减到70多户，田土亦多"荒芜""崩塌"⑤，苗疆屯田制度名存实亡。可见，通过屯堡围堵苗寨不是善策。如同用围堵的方法治理洪水，一旦决堤，造成的危害更是灾难性的。因此，咸同"苗乱"之后，清廷痛定思痛，治苗方略由"愚苗"转向"化苗"，重新重视对苗民的文化教育，实施民族同化政策成为必然之举。

同治初年，有人以"黔省建屯已久，虚名鲜实"为由，建议"去兵

---

① 《清代前期苗民起义档案史料汇编》上册，前引书，第250—251页。
② 《〈清实录〉贵州资料辑要》，前引书，第17页。
③ （清）俞渭修，陈瑜纂：（光绪）《古州厅志》，"苗寨"卷1，前引书。
④ 《胡文忠集》，转引自（民国）《贵州通志·前事志》第三册，前引书，第519页。
⑤ 陈绍令等修，李承栋纂：（民国）《黄平县志》卷18，民国10年未刊本，《中国地方志集成·贵州府县志辑》，巴蜀书社2006年版，第21册。

之名，收农之实"，把军田改为民田。① 同治末年，清廷曾经又在黎平府重办屯田，但由于苗民陆续返回家乡耕种田土，争端渐起。光绪七年（1881年），鉴于苗民的激烈反抗，为避免新的"苗乱"发生，贵州巡抚岑毓英主张，"前因贼氛扰攘，捐办屯田，积弊甚多。现黔省肃清……所有民田退还原捐业户"，奏请裁撤，得到朝廷的批准。② 宣统三年（1911），经清廷批准，正式"裁撤卫弁，将丁卫田归并地方管理"③。晚至清末，经过近两百年的发展，大部分屯军后裔已被"苗化"变成当地人，苗疆屯田政策走向终结。

总之，乾隆初年在苗疆实施的屯田，属于清中央王朝较早的屯田政策试验地，苗疆屯田政策贯穿有清一代，有一套完整系统的规制和经验。屯田政策的实施是清王朝权威不断下移的过程，屯田政策的最终废弃实质也是汉苗之间逐渐融合所致。清代贵州苗疆屯田是其苗疆土地政策中最为重要的一项，对于后来陆续开展的新疆屯田、大小金川屯田、台湾屯田以及湘西苗疆屯田都有着非常重要的开创意义、借鉴意义。

第二节 乾咸时期：和平年代"抑客护苗"的政策

清王朝的统治者鉴于自身亦系"夷狄"，抛弃传统的华夷/夷夏之辨，认为苗民亦是"赤子"，要一视同仁地对待他们。④ 在治理苗疆的过程中，清中央王朝基于保护苗民经济利益的角度，随时调整苗疆的土地政策，以便稳定苗疆的统治。日益严重的土地兼并问题，是清代统治者治理苗疆最为头痛的问题。"同一时期，内地汉民不断向王朝周边少数民族地区渗透、迁徙，蒙古、新疆等地皆然。但清政府针对这些地区有明确的法律条文规范，《蒙古律例》《理藩院则例》《回疆则例》中都有禁止民人占垦土地的规定。"⑤ 而对于苗疆土地问题的处理，乾隆朝到咸丰朝的土

---

① 《清史稿》卷120，食货志1，前引书。
② 《〈清实录〉贵州资料辑要》，前引书，第19页。
③ （民国）刘锦藻：《清朝续文献通考》卷15，田赋15，浙江古籍出版社2000年版。
④ 拙文《清帝国时期的苗疆叙事考察》，《西南民族大学学报》（人文社会科学版）2010年第3期。
⑤ 袁翔珠：《乾隆时期的苗疆土地问题治理：以奏折资料为主的研究》，前引文。

地政策都有很明显的"抑客护苗"倾向。所谓"抑客护苗",即清政府基于汉苗经济文化水平发展的差异,在汉苗经济交往如土地山林买卖、借贷钱粮中采取种种措施打压、限制客民对苗民的经济蚕食行为,并严惩流官的渎职贪腐,维护苗民的基本生存权,以求保障苗疆的长治久安。

一 汉苗隔离措施

有学者认为,"苗疆土地纠纷不断,主要还是苗汉杂处,户籍管理混乱所致"①。因此,清统治者采取限制汉民置产,清查苗汉户口和土地数目,加强户籍管理,明确土地所有权等办法来处理土地纠纷问题。乾隆十五年(1750),上谕指示:"归化未久与新疆一带各苗寨,……不得听汉人置产,亦不许潜处其地。"② 汉民大量移居苗疆是导致土地危机的直接原因,故严控汉民迁往苗疆,甚至将非法迁徙的汉民驱逐出境作为解决问题的办法。乾隆二十八年(1763)规定:"新疆苗民较淳于旧疆,治之之法在严惩。汉奸或入苗寨唆讼、或种苗地久占,或开店诱为盗贼,似此不法,有犯悉递原籍,则蠹去而苗安矣。"③

汉苗隔离政策,主要是为了预防不法"民人"欺诈、蒙骗苗人的山林、土地等财产,形成大规模苗民破产的局面,进而可能导致"苗乱"而实施的。清廷在规定中强调对汉民非法典买苗产苗业一律不给予法律上的保护,并追究相关管理人员的失职之责:"贵州省汉苗呈控典卖田土事件,该地方官查其卖业年分远近,是否盘剥折责,秉公定断,仍查禁汉苗不许交易田产。倘有汉民再行引诱侵欺,一经告发,田地给还苗人,追价入官,并诏以应得之罪。查禁不力之地方官,严参究办……清查之后,凡系黔省汉民,无论居黔年分久暂,相距苗寨远近,及从前曾否置有苗产,此次曾否承领门牌,一概不准再有买当苗产之事。倘敢违禁私置苗产,许乡约禀究,地方官查明,立时驱逐,田产给还苗民,追价入官,仍照违制律治罪。其所置苗产,系土目管辖,私相接受者,应将土目一并严惩。如有客民迁移回籍,其所遗产,苗民无力收买,方准售与

---

① 袁翔珠:《乾隆时期的苗疆土地问题治理:以奏折资料为主的研究》,前引文。
② (清)官修:《高宗实录》卷363。
③ (清)官修:《高宗实录》卷689。

有业汉民。其所当苗产，许苗民呈明收赎，地方官秉公查勘。如系客民垦荒成熟，酌断工本。倘有苗民诬告，及当主勒掯情弊，照例究治。其营卫兵丁违禁赊利及邻省汉民越境私置苗产，责成地方官会同邻省该管官及营卫各弁稽查惩办。"①

清廷的汉苗隔离政策，最初执行得比较严格。承平日久，汉民典买、蒙哄、侵占苗产苗业成为普遍现象，法不责众，相关禁令形同具文。《黔南识略》出版"总叙"记载："道光六年（1826），巡抚嵩溥钦奉谕旨，饬禁'汉奸'私入苗寨，勾引滋扰。当经委员逐细编查，各属买当苗人田土客民共三万一千四百三十七户，佃种苗人田土客民共一万三千一百九十户，贸易、手艺、佣工客民共二万四百四十四户。住居城市乡场及隔属买当苗人田土客民一千九百七十三户，并住居城市乡场买当苗民全庄田土客民及佃户共四千四百五十五户。"② 以上客民总数大约有七万一千四百九十九户，以农耕社会每户常规的五口之数计算，苗疆有近三十六万客民。在人口稀少、广种薄收的古代农耕社会中，这样一支移民大军，无疑会对苗民的生存环境造成压力。"苗人聚处苗疆，产业有限，耕种所入仅只此多，岁久齿繁，谋生日绌，则相率而萌狡启之心，故有'六十年一乱，百年一大乱'之谣"。③ 这一史料表明汉苗隔离政策实属头痛医头脚痛医脚，治标不治本，流官在实践中很难落实执行。由于内地移入的汉民逐渐兼并苗民的土地，导致苗疆出现周期性的"苗乱"。

二 汉民禁侵苗民产业

开辟苗疆之后，"汉移民通过经商、定居、借贷、抵押、典当、买卖等渠道，逐步渗透到苗疆社会"④，进而通过各种手段侵占苗民产业。汉移民侵占苗田的手段，主要通过"先占、低于正常交易价格购买、典买、

---

① （清）倭仁等修：《钦定户部则例》，"户口"，卷四，前引书。
② （清）爱必达：《黔南识略》卷1，总叙，前引书。道光二十七年，《黔南识方纪略》作者罗绕典按语："《黔南识略》三十二卷，乾隆中长白爱必达公撰，书中有嘉道间事，不知出何人手，或曰滇中李复斋文耕也。"
③ （清）徐家干著，吴一文点校：《苗疆闻见录》，前引书，第213页。
④ 袁翔珠：《乾隆时期的苗疆土地问题治理：以奏折资料为主的研究》，前引文。

抵押、租种、冒认土地所有权等方式"①。"苗民数十年血垦之田，遂为绅衿所有"，以致"苗民失业，无以为生"。② 乾隆三年（1738），贵州总督兼管巡抚张广泗、大学士鄂尔泰等建议依照"盗耕种他人田""盗卖他人田"罪来惩罚越界侵占苗人田土者和非法典卖屯田者："嗣后屯户人等，如敢越界侵占苗人田土、山场，照盗耕种他人田例，计亩论罪，强者加等……嗣后屯军人等，典卖屯田，照盗卖他人田……私行当买者同罪。"③乾隆采纳了他们的建议。这条史料除了严禁屯军侵占苗人田土、山场外，还有一个信息就是乾隆初年刚刚安设的屯军，可能因为条件艰苦，已经出现私卖屯田的现象。随着苗疆汉民兼并苗民土地问题的升级，立法者又在《大清律例·户律·田宅》"倒卖田宅"罪中增加了一条关于苗疆盗卖田地的条例："黔省汉民，如有强占苗人田产，致令失业酿命之案，俱照棍徒扰害例问拟，其未经酿命者，仍照常例科断。"④

此外，清廷还细化苗疆的佃种条例，确保苗民佃户有优先、优惠的佃种权。"客民所招佃户，本系苗民者，仍令照旧承佃，不准另招流民耕种。其租谷均照原契数目，不得额外加收。随田陆地，如系未耕平土，先尽苗佃开垦，所出租谷，照苗寨旧规酌分。至荒山菁林，仍听苗民樵收栖止，栽种杂粮，业主不得征收颗粒。如有加租逐佃等事，一经查出，立予重惩，所招新佃，概行递籍。"⑤ 清廷制定这些条例，目的在于保障苗民能维持最低生活水平，避免阶级矛盾、民族矛盾的激化，维护苗疆的社会稳定。

对于汉民兼并苗民土地的问题，道光尤为重视，严谕流官："贵州苗疆一带，外来流民租种山田，络绎不绝。愚民唯利是图，趋之若鹜，将来日聚日众，难保无狡黠之徒，始以租种为名，继且据为己有，苗民受其盘剥。目前即幸相安，日久必滋争夺，甚或占据开垦，煽惑苗民，种种弊端，均所不免，不可不严行饬禁。"⑥ 因此，道光采取若干措施来解

---

① 袁翔珠：《乾隆时期的苗疆土地问题治理：以奏折资料为主的研究》，前引文。
② 《清代前期苗民起义档案史料汇编》上册，前引书，第229页。
③ （清）官修：《高宗实录》卷78。
④ 张荣铮等点校：《大清律例》，"户律·田宅"，"93.11"，前引书。
⑤ （清）倭仁等修：《钦定户部则例》，"户口"，卷四，前引书。
⑥ 《道光朝圣训》卷96，"辑边疆"，第24—25页。

决这一问题:

第一,划清汉苗田土界限,禁止汉人购买苗民田产。道光七年(1827年),贵州巡抚嵩溥奏稽核章程:"一禁续增流民;一禁续置苗产;一禁盘剥准折;一禁加租逐佃;一禁棚户垦占。"道光批复:"依议妥为之。"① 然而,由于道光朝汉民对苗疆的渗透已经非常深入,侵占苗产的现象亦非少数,当局者不得不对既成事实予以承认,"所有汉、苗交涉田土事件,即系从前承买,相安已久,毋庸另立章程,致滋烦扰"。②

第二,对侵占苗民土地的客民加倍或按律治罪。道光年间,由于汉民侵占苗疆土地问题较为严重,早期出现过"照例加倍治罪"的规定。道光六年(1826),上谕内阁曰:"倘再有勾引流民擅入苗寨,续增户口及盘剥准折等事,立时驱逐,田产给还苗人,追价入官,仍照例加倍治罪。"③ 这一措施显然是为了更加强硬地阻止汉民侵占苗地的行为。道光十八年(1838),上谕军机大臣等:"除客民流民已经置买田产不计外,倘有狡黠客民人等侵占苗人地土,及擅买土司田产,即将田地断还本人管业,追价入官,仍照律治罪。"④ 照律治罪的"律"即是《大清律例》中"盗耕种他人田""盗卖他人田"等罪名。从"加倍"治罪到"按律"治罪,背后体现的是道光对汉民侵占苗民土地现象屡禁不止的无奈。

第三,将非法潜居苗地的汉民遣返原籍。道光十四年(1834),上谕军机大臣等:"现在贵州地方,外来流民有无租种苗田之事,是否均系湖广土著民人?一经查出,即行设法妥为遣归原籍,交地方官管束,毋许一名逗留,致滋弊窦。"⑤

晚至光绪年间,古州兵备道道员易佩绅看到汉民侵占苗产已经成为司空见惯的现象。"律例有汉买苗田之禁。今苗寨中多有汉姓名、汉言语而苗装者。盖由禁令初颁时,其祖若父犹知畏禁,托苗而讳汉,以便于占苗产也。继则相忘于禁,今则公然汉占苗产而不讳,公然汉苗争产讼

---

① (清)官修:《宣宗实录》卷126,第6页。
② (清)官修:《宣宗实录》卷49,第33页。
③ (清)官修:《宣宗实录》卷99,第40—41页。
④ 《道光朝圣训》卷97,"辑边疆",第35—36页。
⑤ 《道光朝圣训》卷96,"辑边疆",第24—25页。

于官，官亦不知汉民有苗产之非也。"① 这一史料显示，从道光朝初年到光绪朝中叶70年左右，侵占苗民产业公开化成为苗疆社会普遍默认的事实，清代前期、中期严禁汉民侵占苗民产业的相关禁令已成具文。

三 规范汉苗土地交易契约

开辟苗疆之后，文字作为汉文化最为有效的传播载体迅速流行于清水江、都柳江流域，文字契约逐渐替代木刻成为苗民维护自身利益的有效工具，在日常社会生活中发挥重要的作用。即使不识字的苗民，在土地、山林等重要的经济往来中也会请人代笔以留证据。《古州杂记》有云："苗人素不识字，无文券，即货买田产惟锯一木刻，今则附郭，苗民悉敦弦诵，数年来入郡庠者接踵而起，各执其半以为符信且有举孝廉者一人。"② 对苗民来说，一方面积极接受契约文书的交易规则运用于日常社会生活中，另一方面则继续保持本民族文化的独立性。然而，大环境已经发生改变，苗民古老的"刻木为信"制度逐渐失去约束力，汉移民"空口无凭，立字为据"的契约规则文化逐渐渗透到了苗民的日常生活中。

开辟苗疆之初，"汉移民能轻而易举地从苗人手中连哄带骗，蚕食大量土地，主要原因是苗民商品经济观念不发达，契约意识淡薄"③。为此，《酌议抚苗事宜三条折》中主张，"买苗地契内，四至丈尺必载明白，呈官验明，投税盖印之后，始准管业。至借债者凭中立约，载明交利还本之期，即令借主之邻民作保。若有侵占负赖，各许苗人诉官究追，官不得庇民曲折，庶民苗各以直信相与，可杜拘衅之端也"。④ 这些措施，使苗疆原本混乱的土地、山林买卖契约得到了规范。今天在清水江中下游地区农村留下至少20万件包括田土买卖、山林买卖等在内的清水江文

---

① （清）易佩绅：《贵东书牍节钞》卷二"致裴樾岑书"，光绪十八年（1892年）刻本。
② （清）林溥：《古州杂记》，载《小方壶斋舆地丛钞》第七秩，前引书，第378页。
③ 袁翔珠：《乾隆时期的苗疆土地问题治理：以奏折资料为主的研究》，前引文。
④ 中国第一历史档案馆编：《清代档案史料丛编》第14辑，中华书局1990年版，第164页。

书。① 从留存的清水江文书可以看出，雍正朝以后的苗乡侗寨，举凡交易，无论大小，均书写契约凭证。这些清水江文书的大量出现，与流官为了预防汉苗经济纠纷，极力提倡书写契约文书作为交易凭证有极大的关系。

四 严控汉民置买苗产

在加强对土地契约规范管理的同时，"清中央王朝还禁止汉民续置苗产，限制新的土地买卖"②。《请严汉民置买苗产等事折》中提出："嗣后苗疆田地，只许本处土苗互相买卖，……此后如有汉民再买苗田与土苗贪得重价卖给汉民者，将民苗分别责惩，令苗人备价归赎。"③ 从清水江文书中苗民土地买卖普遍保留着优先家族成员购买的原则来看，应该与朝廷的这一政策导向有关，清水江文书土地买卖的书写格式一般为"先问家下无人承买，请中上门问到某某承买……"④，可见当时这些治理苗疆、严控汉民置买苗产的主张是被普遍接受的。

从密集出台的相关政策可见道光朝对苗产买卖一度是采取严格控制的。例如：道光元年（1821）上谕内阁："饬令各土司认真查察，如有田土、命盗及奸徒煽惑之事，立即申报地方官查办，立予严参究惩。"⑤ 道光三年（1823）上谕曰："如呈控典卖田产之事，该管官秉公讯断，仍严禁汉民引诱侵欺。"⑥ 道光六年（1826）上谕内阁："至田土案件，汉人侵占苗业及夷、苗诬控平民，均有应得之罪，惟在承审官细心研究，务归平允，则民、苗自可悦服也。"⑦ "当经降旨，令其详细编查，造册稽核，以杜续增流民及盘剥准折等事。原系专查客民，其苗多之处，仍照

---

① 张新民：《清水江文书的整理利用与清水江学科的建立——从〈清水江文书集成考释〉的编纂整理谈起》，前引文。
② 袁翔珠：《乾隆时期的苗疆土地问题治理：以奏折资料为主的研究》，前引文。
③ 《清代档案史料丛编》第14辑，前引书，第176—177页。
④ 参见张新民主编《清水江文书——天柱卷》，第一辑第二卷，前引书。GT—007—001 光绪二十六年闰八月十五日杨照珠父子卖地土字（见附录）；GT—007—005 同治十三年十一月二十八日吴照林卖田红契；GT—007—015 咸丰二年六月十八日杨昌却卖地契，等等。
⑤ 《道光朝圣训》卷91，"辑边疆"，第6—7页。
⑥ （清）官修：《宣宗实录》卷49，第33—34页。
⑦ （清）官修：《宣宗实录》卷101，第26—27页。

旧停止稽查。"① 道光十八年（1838）上谕军机大臣等："至田土案件，如有汉人霸占苗业，及夷苗诬控平民，务当公平听断，治以应得之罪。毋得任听胥役诈索，客民唆讼，以杜侵越而靖边陲。"② 道光朝之后，苗疆土地问题出现在朝廷诏令、奏折等官方文件的数量逐渐减少，这并非意味着问题已获解决。相反，这一时期大量的清水江文书显示汉苗之间、苗苗之间土地交易频繁。尽管朝廷采取一系列打击不法客民，保护苗民合法生存权的"抑客护苗"政策，仍然不能从根本上阻止汉移民对苗民田土山林的兼并。究其原因在于，苗疆与内地虽然同属一个国家，但二者在经济、文化与社会生产力水平上存在巨大的差距，处于原始共产主义社会末期的苗民，根本无法与来自成熟的封建社会后期的汉移民进行经济竞争。

五 打压高息借贷

对于苗民产业易被汉民侵占的原因，道光朝的贵州巡抚贺长龄分析："川楚粤各省穷苦之民，前赴滇黔租种苗民田地，与之贸易，诱以酒食衣饰。俾入不敷出，乃重利借与银两，将田典质，继而加价作抵，而苗人所与佃种之地，悉归客民、流民。"③ 这一史料表明苗民田地实际上大多为客民、流民通过抵押借贷方式逐渐侵占，而非过去阶级斗争论所想当然的被汉人大地主所兼并。

"汉奸"盘剥苗民，黎平府知府胡林翼在咸丰初年即已察觉到其可怕的后果："耕种收入，遇青黄不接之时，借谷一石，一月之内还至二石三石不等，名为断头谷。借钱借米亦然。甚至一酒一肉，积至多时，变抵田产数十百金者，心怨之，口不敢言。其黠者，则怨憾所集，引群盗以仇之。"④ 为防止苗民因受重利盘剥而出卖田产，陷入破产的困境，清政府对苗疆高利贷的利率、抵押形式、职能部门的管辖职责作出了严格的规定："苗寨内外及肩挑贸易开店客民，将米物贷借给苗民，止许取利三

---

① （清）官修：《宣宗实录》卷99，第40—41页。
② 《道光朝圣训》卷97，"辑边疆"，第35—36页。
③ （清）贺长龄：《查办黔省汉苗情弊疏》，转引自《民国年间苗族论文集》，前引书，第37页。
④ 《胡文忠集》，转引自（民国）《贵州通志·前事志》第三册，前引书，第521页。

分。如有重利盘剥，准折田土子女者，将田土子女还给苗民，钱债追给入官，放债之客民仍照盘剥准折例，加等治罪，家口驱逐出境。土目乡约，不行举首查出，一并严惩。"①

六 严惩流官渎职

从杜绝苗疆地方官在管辖过程中玩忽职守或渎职、包庇客民，提升政策执行力的角度出发，有流官建议："如地方官不行查察，滥准买卖者，将失察之地方官照黔省买人滥用印信例量减为罚俸一年，该管知府罚俸六个月。遇有外来民人或贪图苗土，或假称买有田房，携带眷口前往者，不许地方官给照。……发觉之日，除犯人治罪外，将该地方官照失察民人擅入苗地例降一级调用，该管知府罚俸一年。如该汛弁兵丁不行拦阻、私放入境省，除兵丁责革外，将该专汛武弁亦照失察民人擅入苗地例降一级调用，间辖武官罚俸一年。"② 这份奏折全面阐述了苗疆大小官员在管束客民、民人购买苗民土地问题上玩忽职守或渎职所应承担的相应责任。从现存史料来看，这些政策措施一度是得到执行的。

第三节 咸同"苗乱"善后土地政策

遍寻史料，咸同"苗乱"后苗疆的土地治理很少见诸文献，档案、圣训、清实录等鲜有记载。可能的原因是咸同十八年"苗乱"中苗疆的许多城市曾经"沦陷"，档案文书大量焚毁或丢失，文献缺失导致相关研究少之又少。从常规来看，历史上任何一场农民起义被镇压之后，朝廷的善后章程必定有整顿吏治和解决土地兼并问题等措施。现留存下来的一份清水江文书，系贵州通省善后总局、贵州承宣布政使司以及贵州下游善后总局三家联合发放的土地执照，详细列出了清廷在咸同"苗乱"之后的善后土地政策，那就是尽快结束持续近20年的"苗乱"，结束"居民流散，田土荒芜"局面，"清理田业，广为开垦"③，恢复农业生

---

① 《钦定户部则例》，"户口"，卷四，前引书。
② 《清代档案史料丛编》第14辑，前引书，第176—177页。
③ 《清水江文书——天柱卷》第一辑第二卷，前引书，第85页。

产。从这份清水江文书我们可以看到苗疆经历了咸同时期的社会动荡，在这样的历史背景下，地方与国家力量的政治互动、文化上的冲突与融合、区域秩序的建构过程等鲜活的小历史。

一 "善后总局"对苗疆土地的分类

咸同"苗乱"结束后，苗疆"（田土）荒芜犹多，间有开垦之处，或系官为安插；或系自谋生聚而恃强逞刁之徒，串通朦混影射摇惑，以致耕凿者心志不固，而本司等又无由周知其数，何以定民居而厘田赋"①，所以当局者最重要的任务是"选委妥员分赴各府州县，逐段查给"，明确田土所有权，稳定人心。有鉴于此，这份土地执照将苗疆田土分为以下五类：一是"有主有契之田照常耕管"，姑且称之为常业；二是"其有契遗田确者，应准作为本业"；三是"屯亡田在者，应仍作为屯业"；四是"更有田主远逃，在若存若亡之间者，应暂作为存业"；五是"田主播越本支尽划及倡乱附贼被剿伏诛者，应即作为绝业/叛业"。②

二 分门别类的土地确权措施

对于以上五类苗疆田土，清廷的处理措施是"凡系有田有契之户，务即呈验盖用戳记。其无契者务即分别屯、存、叛/绝，将田土丘数、坐落、地名、计算谷种、应纳丁粮逐一开单报明本团本寨甲长，取具切实甘结，呈请验给执照"。③与清代前期苗疆大员张广泗制定的屯田政策简单地将苗疆土地一律称之为"逆苗叛产"相比，咸同"苗乱"善后措施对苗疆田土的分类更加细化，反映的是中央王朝权威的不断下移，中央王朝对苗疆乡村社会的情况掌握更加深入，制定的政策更加细化，社会控制更加牢固。

为了切实保证该土地政策得到广大苗汉人民的配合和响应，杜绝冒充、多占等情况，清廷还规定："如业主有契不呈验，无契不领照者，均不准其管业。惟该业户领照之初，自应激发天良，各认本业。如将屯、

---

① 《清水江文书——天柱卷》第一辑第二卷，前引书，第85页。
② 《清水江文书——天柱卷》第一辑第二卷，前引书，第85页。
③ 《清水江文书——天柱卷》第一辑第二卷，前引书，第85页。

存、叛/绝各业指为己业，或冒充嫡派及以少报多，一经发觉，定即从严究办，并将团寨、甲长、出结人等及扶同朦混连环保结各户一并分别惩究"。① 因为咸同十八年"苗乱"影响至深，许多苗汉人民并不能及时返回原籍领取官方颁发的田土执照，他们的田土有被冒占的风险，所以执照还详细规定："至各户领照管业之后，本系亡业者，限耕至乙亥（1875年）冬季，无人告发，方准私自出卖。如业主不待限满而辄卖，买主不待限满而辄买，查出田价田土一并充公，仍治以应得之罪。其承耕屯、存、叛/绝各业者，待至乙亥年冬季无人争认，即将原照呈验加盖戳记。或令补充屯卒，或令承充官佃，分别酌定，俾资永业。如临期不呈请加戳，查出追还原照，另召妥佃，亦治以应得之罪。除出示晓谕外，为此仰该耕户等遵照承领，以资管业。再查耕种己业遗失契据者，前曾由局刊发执照，该业户等如已领有，前照亦即呈请换领，以凭截取缴验。"② 大乱之后，为防止苗疆基层办事员狐假虎威，借机压榨苗民、中饱私囊，执照声明："此次清查系为周知田数，厘定民居起见，并不取给照费，倘有故意需索，许各业户据实具禀，等候提究，凛遵毋违，须至执照者。"③

清廷通过"善后"政策，继续采取"弱苗"措施，四处安插汉民，以分苗势。咸同"苗乱"之后黔省下游善后总局颁发的土地执照，应该是普遍性的。这一类型的文书在《清水江文书·天柱卷》中并非个案，仅笔者整理的第七册和第十一册即有十多份，加盖有"善后局"的大印，确保文书的法理性、权威性、有效性。可见咸同"苗乱"之后流官政府分别苗疆田产为常业、本业、屯业、存业、绝业/叛业，属于有计划、大规模、常规性的官方行为。

本章小结

围绕苗疆土地问题的治理，清最高统治者一直处于尴尬的两难状态：一方面，清廷不愿意放弃苗疆，势必加强对苗疆社会的控制，兵农结合

---

① 《清水江文书——天柱卷》第一辑第二卷，前引书，第85页。
② 《清水江文书——天柱卷》第一辑第二卷，前引书，第85页。
③ 《清水江文书——天柱卷》第一辑第二卷，前引书，第85页。

的军屯制度"平时为民,战时为兵",最为节省国家的财政开支,实施军屯势在必行;另一方面,清廷对待苗民与其他少数民族一样,将之一视同仁地看作"赤子",担心客民欺凌苗民,侵占其土地。故而清代前期、中期采取"抑客护苗"的政策,并采取一系列的措施保护苗民的土地和财产,确保其基本的生存权。清廷既要鼓励汉移民开发苗疆,又要对汉民加以种种限制,预防其过分侵占苗产苗业导致苗民无以为生,引发"苗乱"。

晚至咸同"苗乱"结束之时,苗疆已是一个汉民居住城市及交通要道沿线村寨、苗民遍及高山峡谷村寨,形成"你中有我,我中有你"的分布局面。此时,军屯已逐渐失去牵制苗民的军事功效,逐渐退出历史的舞台。从咸同"苗乱"善后土地政策可以看出,清廷在处理土地问题时,已不再简单二元化地区分为汉苗产业,而是分为常业、本业、屯业、存业、叛业/绝业等。可见彼时,经过百余年的王朝教化及民族之间的自然融合,汉苗人民已经形成"你中有我,我中有你"的局面,在统治者的眼中,不再有很严格的苗汉之别,而更多的是"良民"与"叛匪"的区分。伴随着清中央王朝苗疆土地政策的嬗变,流官们落实一系列政令措施的过程,从中体现的是清王朝权威的不断下移。

第八章

"大治化苗"：苗疆学校教育与科考之路

美国社会学家弗伦奇认为，权力可分为强制性（以力制人）、利禄性（以利诱人）、名分性（以义服人）三类。强制性权力经常会让人面服心不服，利禄性权力会随着利害的变化而变化，名分性权力则让人心悦诚服。名分性权力允许社会变迁，能使社会组织在社会变迁中不断由不平衡走向新的平衡。笔者认为，清代在苗疆推行的学校教育和鼓励苗民参加科举考试，即是清中央王朝运用名分性权力，培育苗民对国家大传统文化的认同，消弭其反抗意识，奠定并巩固统治苗疆的思想文化基础。

清代湖广学政潘宗洛本着"施儒教而移其性"的民族同化理念，在《请准苗童以民籍应试疏》中专门提到儒家文化对少数民族进行文化同化的功效十分显著："臣查湖南之新化、安化两县，在宋明名为梅山，仍保留'生苗'巢穴。一归版图，人文渐盛，中进士、举人者每不乏人，不知其为苗，彼已忘乎其为苗矣，数典忘祖，竟可哀也。"① 魏源也认为，"历代以来皆蛮患，而明始有苗患也。……（苗）绝无统属，有贫富无贵贱，有强弱无贵贱，有众寡无贵贱"。② 他认为，宋代用羁縻手段治蛮，明代用防范的办法治苗，都是失败的做法，"王者治四夷之法，太上变化之"，③ 应采用教化的办法治苗才是上策。与以往封建王朝视苗民为"蛮夷"，采取"防""堵""剿"等措施截然不同，清王朝在苗疆推行的学

---

① 转引自吴荣臻等《古苗疆绥宁》，四川民族出版社1993年版，第125页。
② （清）魏源：《苗防论》，载《小方壶斋舆地丛钞》第八秩，前引书。
③ （清）魏源：《苗防论》，前引书。

校教育和鼓励苗民参加科举考试,实施大治"化苗",与其视苗民为"赤子"的态度相一致,实质是儒家一向主张的王道政治,拟定好一套文教标准,利用名分性权力强化苗民对儒家文化的认同,从思想上消弭苗民的反抗意识。当然,苗疆义学教育、书院教育在相当长的一段时期受到乾隆愚苗政策的影响,得不到官方的政策支持、财政支持,仅依靠地方流官和汉苗精英阶层捐资办学,给予苗民子弟政策照顾性质的苗额亦被暗中取消,严重打击了苗民子弟求学的热情。

第一节 苗疆义学教育发展的坎坷之路

清政府兴办苗疆学校教育,主观上是要对苗民进行民族同化,如流官所言:"红苗最为犷悍,犬羊之性,叛服縻常。当无事而谋久安,惟移其习俗,奠其身家,格其心思,苗乃可得而治。"① 但是,学校教育客观上培养了一批各民族的知识分子,对于提高苗民的科学文化水平,促进清水江流域乡村社会的向前发展是有好处的。由于学校教育主要面向清水江流域乡村社会的苗民,使清水江流域乡村社会的少数民族子弟有机会接受正规的教育。此外,这些少数民族学子主动调适自身,自觉接受、融入国家大传统文化,服从中央王朝统治,通过学习掌握汉语文化知识,或科考或以文谋生,进而改变生活境遇,促进国家大传统文化在苗疆地区的普及。教育的正面效果反过来促使流官和地方汉苗精英不遗余力地继续推动学校教育的发展,苗疆学校教育呈现出遍地开花的局面。

苗疆学校教育经过宋元明的不断发展,在部分经制府县和卫所管辖的区域,培养了一批饱读诗书的儒学人士和地方文化精英。苗疆儒学教育的兴盛期是明清两朝,明太祖朱元璋治理苗蛮瑶僚的基本理念就是"惟武功以定天下,文德以化远人"。② 明成祖朱棣也认为:"帝王之治天下以安民为务,而安民之道以教化为先,是以上下相承、风俗淳厚,天

---

① (清)傅鼐:《治苗论》,参见(清)贺长龄《皇朝经世文编》卷88,前引书,第2—3页。

② (清)张廷玉等:《明史》,中华书局2000年版,第5509页。

第八章 "大治化苗":苗疆学校教育与科考之路

下和平。"① 因此,明代开始在苗疆边境的州、县办学,或者在已经纳入流官统治的苗疆地区开展学校教育。明代苗疆学校教育主要对象是土司子弟,土司子弟享有较好的学习条件,还可以到南京参观学习,直接体会中原文化的博大精深,这种实践教学可以从精神上消泯这批将来的土司接班人可能产生的不臣之心。二是对土人入学采取奖励政策。明中央王朝在土司地区兴办教育,主要有两方面的意图:一方面希望促进民族地区文化教育事业的发展,使民族地区与中原地区一体同风,便于统治;另一方面希望冲破土司对土民的愚民政策,践行儒家的教化理念去改变苗疆落后的文化习俗。

清朝立国后,在倡导儒家文化教育的同时,高度重视满族"满语"和"骑射"文化传统。清中央王朝一方面注意加强苗疆的政治和军事统治,另一方面延续历代中央王朝以文教化"蛮夷"的政策。特别是开辟苗疆后,重视发展苗疆的文教事业,大力推行儒学文化教育,"使(苗民)知孝弟礼让,奉公守法,自然不敢行凶杀夺"。② 早在康熙朝,清廷就允许在苗疆办义学、私塾,苗民子弟得以接受较为全面的儒学文化教育。康熙朝贵州巡抚于准在《苗民久入版图请开上进之途疏》中,主张在苗疆要大力发展学校教育,他乐观地预测:"将见汉民因有苗民之进取,益加奋励;苗民以有一体科举之优渥,莫不鼓舞。行之既久,苗民渐可变而为汉,苗俗渐可化而为淳。边末遐荒之地,尽变为中原文物之邦矣。"③ 当时苗疆府厅州县的流官也普遍认可义学教育,认为通过学校教育能够让苗民子弟渐晓尊君亲上之义,对于改造苗民风俗意义重大,只是现实情况是苗民子弟无学可上。"学官为子衿乐育之地,书院乃造取储材之区,均非童蒙所得与也。一村一里中,有知训子弟,且力能延师者,无论已余,或囿于习俗,不知读书,或虽知向上,限于无资,爰设义学,择馆广施蒙养之惠,即古者家塾党庠之遗愿也。……多设义学,

---

① 杨士奇:《明太宗实录》,"中研院"历史语言研究所1962年版,第1199页。
② (清)蓝鼎元:《边省苗蛮事宜论》,载《小方壶斋舆地丛钞》第八秩,前引书,第153页。
③ (民国)任可澄、杨恩元等:《贵州通志》,学校志(3—4),前引书,第42页。

俾苗民幼稚于读书识字之中，渐知尊君亲上之义，裨益岂浅鲜哉？"①

义学，亦称社学，是清代在乡村办学的主要方式。"朝廷为彝、洞设立之学及府州县为彝洞捐立之学，则曰义学，盖取革旧之义，引于一道同风耳。"② 清王朝在苗疆设立的义学、社学，大都属于童蒙教育的范畴，招收未成年苗童读书习礼。苗疆义学的办学途径有二：一是由地方汉苗士绅捐资捐田或民众集资兴办；另一种是流官政府拨款兴办。苗疆义学，分为"屯义学"和"苗义学"，分别是屯民和苗民子弟读书的义务教育性质的学校，由地方官办，经费来源是屯田和苗疆划拨田亩的租金。开办苗疆学校教育的目的，康熙朝的湖广学政潘宗洛在《请准苗童以民籍应试疏》中认为："抚苗之法当先使于熟，必使'熟苗'之渐驯，而后熟可化为民；必使'熟苗'之渐化为民，而后'生苗'可化为熟。"③ 同时期的贵州巡抚王燕在《请添设学校以弘教化疏》也持类似的观点："振兴文教乐育人材乃致治之盛事……黔省虽僻处边陲，甄陶既久，亦已斐然可观。又蒙增广乡试，中式之额益加鼓舞，惟因开辟初年，人文廖落，学校之制尚缺……臣愚以为：'大化翔洽之时，不可不具备其制也……黔地民苗杂处，加以鼓舞作兴，则士气既奋，而蛮夷亦得观感于弦诵诗书，以柔其犷悍之心，诚渐被遐荒之要道也。'"④ 而"化"的中心工作，即是兴办苗疆义学，开科举考试，优先录取苗童。开办苗疆义学的主要原因：一是苗民激烈反抗，清王朝迫于无奈开办义学，希冀化导苗民；二是清王朝为了缓和阶级矛盾、民族矛盾所采取的文教措施，初衷是让苗疆与内地一视同仁，享受同等的文化教育。因此，苗疆义学的名字大多取一个训导苗民之意，如文星义学、养正义学、培基义学、振文义学、振德义学、训苗义学、苗民义学等。

开辟苗疆之后，兴办义学一度得到清廷的大力支持，并成为巩固苗疆统治的一种手段。张广泗在《设立苗疆义学疏》中详细论述了兴办苗

---

① （乾隆）《凤凰厅》，学校志，卷9，载《凤凰厅志》（乾隆志、道光志、光绪志合订本），天马图书有限公司2003年版。
② （民国）任可澄、杨恩元等：《贵州通志》，学校志（3—4），前引书，第55页。
③ 《靖州直隶厅志·艺文》，转引自吴荣臻《"熟苗"论》，载贵州苗学会编《苗学研究》（三），贵州人民出版社1994年版，第24页。
④ （民国）任可澄、杨恩元等：《贵州通志》，学校志（3—4），前引书，第42页。

疆义学的具体操作细节。他在奏疏中论及兴办义学的目的："贵州上下两游新附苗疆二三千里，人户不下数十万"①，"教以服习礼义，庶几循次陶淑而后可渐臻一道同风之效"。② 义学的办学办法是："黔省虽属遐边，叨蒙圣朝休养，德泽于兹，百年民物归醇，人文日盛，所以内地'熟苗'观感兴起，皆知从师受学，出而应试。仰荷圣恩，特设苗籍取进之例。……查苗人亦属血气心知之伦，兹幸霑沐圣慈，概予招徕共为赤子"，"请照东川、湖广之例，于苗人就近乡村设立义学，课读经书，数年之后，果能赴考"，"酌量录取"。"每届岁科，于各府、州、县有苗童者，进取生员一二名不等，以示奖拔"，使苗民"闻风向化，稽首归诚"。③ 他提出了苗疆义学不需要与内地一样瞄准科考中试，重点在于道德教化："训课此等苗人，非同内地俊秀，要在开其知识，使渐晓礼法。应于每处义学俱先将《圣谕广训》逐条讲解，俾令熟读然后课以经书。……就此新附苗人中酌取一二名，以风苗众庶，彼见有进步之荣，久而久之咸切观感之念，陶以文教，消其悍顽，于苗疆治理不无裨补。"④ 从流官的这些主张可以看出，清廷压根就没有打算把苗疆学校教育办好，只是希望给苗童灌注三纲五常的规则制度，消除他们的反抗意识，真正地变成大清的臣民。乾隆五年（1740），针对"苗民多犷悍，不知诗书"的状况，贵州布政使陈悳荣于苗疆设立义学二十四所，选品学皆优的生员作为教习。于是，"'生苗'始知诵习"。⑤ 从这些史料可以看出，雍乾时期，设置大量的苗疆义学主要是希望通过实施文化教育政策，达到文化同化、民族同化的目的。

苗疆义学兴办刚刚取得一些成效，便因清中央王朝苗疆文教政策的忽然倒退而走向衰败。乾隆十六年（1751）七月二十五日，贵州布政使温福奏请："苗地遍立设学，并择内地社师训教。无知愚苗，开其智巧，必将奸诈百出。请密饬地方官，将'新疆'各社学之社师已满三年者，徐行裁汰，未满三年者，亦以训迪无成，渐次停撤，则从学苗童，自不

---

① 《剑河县志》，前引书，第 298 页。
② 《剑河县志》，前引书，第 298 页。
③ 《剑河县志》，前引书，第 298 页。
④ （民国）任可澄、杨恩元等：《贵州通志》，学校志（3—4），前引书，第 56—57 页。
⑤ （民国）《贵州通志·前事志》第三册，前引书，第 323 页。

禁而止。并请岁、科两试，仍准苗童一体应试，但不必另设额数，则苗卷自难入彀，亦可不禁而退。"① 乾隆批准这一奏议，苗疆义学遭到大量裁汰。与学校里的愚苗文化教育政策相配合，乾隆十六年十二月丙午（1752年1月30日），乾隆又批准了湖南布政使周人骥关于设法渐次革除苗兵的请求，"传谕苗疆督抚，令其通行密饬各营伍，嗣后召募名粮，不得仍将苗人充补"。② 由于此后清王朝对苗民教育政策持消极甚至反对的态度，剩下的苗疆义学处于名存实亡的状态，苗生中举较少，也消解了他们下一代继续求学的热情。苗民当兵进入吃"皇粮"的体制之路也被堵死，清王朝又恢复至先前的汉苗隔离政策。总体而言，从乾隆十六年至咸丰朝约一百年的时间里，清政府在苗疆更多是强调无事为安，推行汉苗隔离政策、愚苗政策，较少重视文化教育。清统治者一方面希望通过文化教育对苗民实施思想控制，另一方面又害怕苗民掌握文化后，用之作为斗争的武器，进而反抗他们的统治，因而采取消极办学这种因噎废食的愚苗政策。

经历了咸同"苗乱"造成的巨大损失之后，清王朝上上下下对过去的治苗政策进行深刻检讨和反省，重新强调儒家文化教化的作用。《苗疆闻见录》引明孝宗《谕都匀府敕》"新府之设与旧郡不同，外彝之治与内地殊异，非徒赖尔抚安，而实资控制云云"，认为："（治苗）抚安控制之中加以教化，遵照此次善后章程，以苗疆绝逆产业充作义学赀费，因地置馆，延师设教，牖以诗书，导以礼义，使之日染月化，则数十百年后习俗混同……"③ 所谓延师设教，曾纪凤筹办善后情形上言曾璧光七事有"量有绝产为膏火，慎选士人为塾师，养之教之，渐之摩之，当不难化狉榛为文物也"。陈宝箴的《筹代办苗疆善后事宜》主张："拟以绝逆田产收入官租，募能道汉苗语音而知书者数十百人为教习，或一大寨数小寨各置一人设义学。使苗子弟入学读书，习汉语。"④ 贵州提督周达武等奏

---

① 《〈清实录〉贵州资料辑要》，前引书，第1201页。
② 程贤敏选编：《清〈圣训〉西南民族史料》，前引书，第75页。
③ （清）徐家干著，吴一文点校：《苗疆闻见录》，前引书，第216页。
④ 转引自（清）徐家干著，吴一文点校《苗疆闻见录》，前引书，第216页。

言："设义学而导以礼教，庶几潜移默化。"① 因此，咸同"苗乱"后，清廷大力恢复苗疆原有的书院学馆，同时参照湘西苗疆的做法，在苗疆的台拱、清江、丹江、八寨、古州、上江、下江、都江等厅县，没收"逆苗田产"作为经费，大力兴办苗疆义学。

同治年间，徐家干认为，"治苗之要"在于"抚安控制之中加以教化"②，但他也不得不承认："苗人椎髻跣足，男女兼蓄发。肃清苗疆时原有责令剃发改装之禁，经营数年，卒不能一律如约。异俗惯常，积重难化，用夏变夷诚不易也。"③ 同治十一年（1872）四月，清政府规定，"无论'生苗'、'熟苗'，一律薙发缴械，且变其衣饰，杂服兰白，不得仍用纯黑"，并勒令区保甲长严厉执行。④ 同治十二年（1873），清政府又进一步强调同化政策："要永绝苗患，必先化苗为汉。"因此，除强令"薙发缴械"外，并强令苗民"习礼教，读诗书，能汉语"，又以"绝逆田产，所入官租"，募能通汉苗语言，而又知书识字者数十百人为教习。一大寨或数小寨，各设一"义学"，强迫苗民子弟入学读书，习汉语，"年长者农隙时亦令学汉语"。⑤ 光绪九年（1883），贵州巡抚林肇元奏报，镇远等处苗民，向化改装者已三千余户，但"改装以革其面，犹须设学以革其心"。他主张将所刊"训苗义学章程功课，暨纂辑族谱、婚丧礼简明仪节"，并多购小学应读各书，派员携往苗疆各属，会同地方官"实力董劝，使之读书明理"。⑥ 归纳总结咸同"苗乱"后各级官员"变苗为汉"的举措，除了强调传统的剃发、改装、学校教育等手段外，还主张推广"训苗义学章程功课，暨纂辑族谱、婚丧礼简明仪节"等，希望用儒家的"礼法"来改造苗民。

为了"开化"苗民，达到"大治化苗"的目的，最初在苗疆府城、厅城开办府学，后办书院，并设"考棚"招考。"酌拟应先就已安营汛之

---

① 《钦定平定贵州苗匪纪略》卷36，转引自（清）徐家干著，吴一文点校《苗疆闻见录》，前引书，第208页。
② （清）徐家干著，吴一文点校：《苗疆闻见录》，前引书，第216页。
③ （清）徐家干著，吴一文点校：《苗疆闻见录》，前引书，第214页。
④ 梁聚五：《贵州苗族人民在反清斗争中跃进》，载贵州省民族研究所编《民族研究参考资料》第一集，贵州省民族研究所内部印刷1980年，第94页。
⑤ （民国）《贵州通志·前事志》第四册，前引书，第606页。
⑥ （民国）《贵州通志·前事志》第四册，前引书，第758页。

处，分别苗户多寡，各为设立义学，使之课读，俟其逐渐观感，依向愈殷，然后随地分设庶资实效也。"① 总而言之，虽然清代苗疆学校教育有所发展，但发展程度是有限的，并且各地发展极不平衡。许多府厅州县虽设立了义学和书院，由于民族歧视、管理不善、经费短缺、师资匮乏、教学效果不佳等，不能适应苗疆教育发展实际，入学苗童寥寥无几，学额长期不足，形同虚设。尤其是在咸同"苗乱"期间，苗疆大部分书院被毁，义学亦先后停办，科举考试不能如期举行，苗民文化教育几近停止。咸同"苗乱"被镇压后，清廷又重新重视文教的作用，兴办屯苗义学。清末民初，改为学堂，教育条件不断改善，苗民子弟读书的机会逐渐增多。据（民国）《贵州通志·学校志》所列《贵州各府、州、县、厅义学表》，清代贵州全省共有义学 301 所，其中苗疆的黎平府 27 所、都匀府 31 所、镇远府 13 所。苗疆义学的设置从康熙朝到光绪朝都有，受中央王朝治苗政策、战争、苗疆经济社会发展等因素的影响，义学教育或办或停，或兴或废，发展之路甚为坎坷。

清代在清水江流域、都柳江流域地区普遍设立苗疆义学，表明义学教育得到很好的普及。虽然乾隆十六年之后清王朝中央层面转而对苗民教育问题持消极态度，暗中取消对苗民教育的经费支持、科考的苗额照顾，但苗疆学校教育还是得到了稳步的发展，主要原因：一是流官大多数也是经过科举考试千挑万选出仕的，骨子里浸淫着儒家的教化理念，只要朝廷不公开反对，他们仍旧可以带头号召捐资筹建学校；二是清水江中下游地区汉苗精英通过木材贸易等手段发家致富后，积极带头参与捐资兴办义学、书院等；三是苗疆普通的汉苗人民，也有主动向中原主流文化学习的冲动，不但自己参与捐资助学，而且积极地让自己的孩子接受学校教育，以期改变经济文化落后的面貌。今贵州省锦屏县启蒙镇边沙寨的文昌阁，立有一块刻于乾隆五十年（1785）的碑文，记载了当地侗族人民公议条规管理学校、捐银捐田兴办学校的情况，其条规规定："一：义学馆金膏火，每年共禾一百三十称，俱在秋收后向值年人称。如或更换馆师，值年人与众妥议，不得一人作弊专主；一：凡馆内学生必须久炼五载之后，方可自便，如未合例，又非万不得已，擅出书房者，

---

① （民国）任可澄、杨恩元等：《贵州通志》，学校志（3—4），前引书，第 56—57 页。

依条致罚；一：凡馆诸生必守学规，不许擅离书房，任情散荡，即或有事，必经父兄告假。其在馆中，必遵师训，倘或课程有误，理当惩治，父兄不得溺爱护短。"① 碑文的内容表明，边沙寨侗族人民对办理义学有一套成熟的规章制度，明确规定义学运作馆金膏火的来源、馆师的更换、学生的管理等。清中央王朝在苗疆兴办义学教育，在思想上对苗民灌输儒家文化，实行文化同化政策，儒学的伦理道德渗透到清水江流域乡村社会的各个角落，普遍反映在苗民的民间故事、民歌、格言、礼仪、禁忌、族谱乃至日常行为之中，可见义学教育深刻地影响着苗民的社会文化生活。

清廷推行苗疆义学近两百年，取得的效果并不明显，原因主要是："一、由于汉苗文化之间的隔膜，苗民子弟及其父母不喜欢入校读书。二、苗民子弟对于学习汉语文没有兴趣。三、苗疆义学设置不普遍，主要集中在厅县、集市、屯堡等处。苗民居处偏僻，离学校较远，经济上又不宽裕，入学者较少。四、苗疆的汉人官绅，不能理解清廷的'化苗'大计。出于对苗民的民族歧视，对推行苗疆义学采取不合作态度，多加阻扰。五、清廷的教化政策不能一以贯之，中间有百余年实行'愚苗'政策，苗疆义学一度荒废。六、汉族士子视苗疆为畏途，苗疆义学教员缺乏，清廷又没有政策上鼓励措施。七、苗汉之间的语言文化隔阂，不能互通情感，教学效果不佳。八、清廷主要着力于灌输清王朝的忠孝仁义价值观念，没有因材施教，为苗民专门编订教材，因此苗民学习兴趣不大。九、清廷恩准的'苗额'过少，大部分苗民完成学业后仍旧没有生活出路，不能上升到社会的上层，打消了下一代苗民继续求学的欲望。"②

第二节 苗疆书院艰难的办学历程

由于清代对书院采取严格控制的政策，书院的主持人（先称山长、

---

① 杨有赓：《锦屏清代碑林撷萃》（中），载贵州省民族研究所编《贵州民族调查》（之九），前引书，第213—214页。

② 拙著《改土归流与苗疆再造：清代"新疆六厅"的王化进程及其社会文化变迁》，前引书，第252—253页。

后称院长)、经费、教学内容、教学人员、生徒等都必须经过官府批准，书院成为八股取士的教习所、科举制度的附庸。清顺治九年（1652），礼部颁布《教条》，下令镌刻于石碑上，并立卧碑于各直省儒学之明伦堂，要求生员一应遵守。《教条》第二条要求："生员立志，当学为忠臣清官。"第七条明确，"军民一切利病，不许生员上书陈言，如有一言建白，以违制论，黜革治罪"。第八条规定，"生员不许纠党多人，立盟结社，把持官府，武断乡曲；所作文字，不许妄行刊刻，违者听提调官治罪"。①黔省地方流官还嫌《教条》对思想控制不够，认为苗疆民情刁悍之处，需要加大教化的力度。乾隆九年（1744），署贵州按察使宋厚认为"黔省民情好讼，士习未端"，他建议"每月集文武生员于明伦堂，恭诵圣祖仁皇帝训饬士子文及卧碑所载各条……教官训迪有方，若有成效，督、抚、学臣核实保举，否则分别议处"。②清廷欣然准奏。流官政府通过《训士规条》、各种谕令等训饬士子，规范地方精英的行为并对之进行教化。清朝统治者"忧诸生德之不修，学之不讲"，认为书院是"人材之薮，教化之源"，因此，在苗疆积极兴建书院。其初衷虽然是加强对书院的控制，使书院官学化，巩固清朝的苗疆统治，但是，苗疆书院的大量兴建，打破了苗疆汉人地主官僚、贵族阶层的教育特权，促使教育受众下移，为苗民子弟及汉人贫民子弟提供了受教育机会，促进了苗疆文化教育的发展。张新民先生认为："由于边疆地区本质上也是民族聚居区，因而边疆治理也关涉华夷秩序如何建构的问题，尚有必要重新理解或诠释'大一统'观念的原初本义，看到天道人心既是政治行为正当性的本体依据，也是华夷与天下秩序合法性的形上根源，而只有做到'天下归心'与'天下归仁'，才能长久建立造福人类社会的和平稳定秩序。"③

笔者从晚清时期苗疆一块捐银买书立案碑的碑文内容，谈谈清廷对苗疆书院的控制和书院官学化的情况。光绪十九年（1893），八寨厅同知锡明等将捐银买书立案碑，建于城内两级女子学校。据碑文记载，八寨

---

① 转引自郑绍昌《顺治御制卧碑碑文的意义》，《温州日报》2011 年 5 月 28 日。
② 《〈清实录〉贵州资料辑要》，前引书，第 1205 页。
③ 张新民：《中国古代边疆治理经验的反思与总结》，《中国文化管理》（辑刊）2020 年第 1 期。

厅原有龙泉书院，每年延请山长主讲，"惟因修谷太俭，不能聘请高明，历年均系学师兼理"，且书籍数量和种类太少，因此一众乡贤共同捐资购买书籍满足诸生的求知欲。购书清单有《四史佩文韵府》《十三经注疏》《经世文编》《十子全书》《通鉴辑览》《宋元学案》《历代名臣言行录》《先正事略》《二程全书》《胡文忠公全集》《海国图志》《王阳明全书》《秘书二十八种》《增广事类统编》《唐宋诗文》《醇孙子十家注》《圣武记》《楚辞注》《古诗源》《五子近思录》《十七家赋》《汉学师承记》《幼学求源》《昭明文选》《段氏说文》《东莱博议》《贵州通志》《文心雕龙》《姓氏族谱》《广治平略》《困学纪闻》等。① 捐银买书立案碑固然是为了表彰地方贤达热心公益的义举，但我们从开列的书单可以看出，苗疆书院的教育内容已经跟内地一样，推行传统的儒家教育，教习传统的经、史、子、集内容，将程朱理学、阳明心学的思想灌输给汉苗士子。

随着乾隆十六年（1751）对苗民的统治理念由"化苗"政策转向"愚苗"政策，苗疆书院教育收缩于府、厅、州、县等中心城市，苗乡侗寨修建的书院极少。仅有清水江、都柳江沿岸的码头村镇，由于木材贸易的兴盛，汉苗士绅私人捐资兴建了几所书院。不合理的苗疆教育资源分布格局，造成了汉苗差别、城乡差别、县份差别等教育差距的扩大，致使广大清水江流域乡村社会长期处于落后的状态。

在这种不利的大环境下，清代前期、中期黔省苗疆教育事业还是取得了一定的成绩，一方面，尽管清廷暗中不予支持但未明确反对，许多受过多年儒家文化浸淫的流官仍然积极倡导和推进；另一方面，林木经济发达的清水江下游地区，依靠各种民间力量的积极参与捐资办学。特别是乾隆十六年后清廷采取消极办学政策的大背景下，这些民间力量的积极参与弥补了官方教育的不足，扩大了儒家教育的范围。苗疆除官办书院外，许多地区还有民办的书院，教学质量很高，人才辈出，名声远播。特别是开辟苗疆后，民间力量常常介入已经废祀或行将废祀的官办学校中，将苗疆官学民办化。杉木贸易过程造就了无数的地方精英，他们通过积极参与地方各项事务来凸显自身的价值，筹资办学、修桥补路、捐造义渡常常成为选项。贵州天柱县兴文里远口镇苗族士绅吴万年捐资

---

① 参见附录：捐银买书立案碑。

修建的延陵书院，是兴文里吴姓苗族的文化中心，秀才、贡生多出于此。咸丰末年毁于兵灾。光绪二十二年（1896）重修，民国初年改为学堂。天柱县中寨乡抱塘寨吴、粟二姓苗族修建的凤鸣馆，是当地上二十四寨苗族文化中心，从乾隆二十八年（1763）到清末，长达一百四十余年，培养了不少苗民子弟。天柱县地坌义学同样创建于乾隆二十八年（1763），是当时下二十四寨苗族文化中心，附近各寨有功名的学子多数出自该校。天柱县三门塘义学，是清初苗族地方精英自办的义学，直到民国初年才停办，远近苗族、侗族文人多数曾经在此求学，为四十八寨私学之冠。①贵州锦屏县中林乡寨稿村，有苗族举人吴师贤于光绪九年（1883）兴建振武义馆，延师讲学，教育家乡子弟。吴师贤后又在家乡筹资创办养正书院，亲自讲学，中林一带苗族文教日益兴隆。

表8-1　　　　　清代黎平府、都匀府、镇远府书院建置

府治	朝代	名称	设置情况	地点
黎平府	康熙朝	南屏大舍	康熙二十八年（1689），黎平府知府李大章建	今属黎平县
	雍正朝	龙标书院	雍正三年（1725），里人张应诏捐资重建	黎平府隆里所（今属锦屏县）
	乾隆朝	泰山书院	乾隆三十年（1765）设，道光十二年（1832）重修，咸丰八年（1858）毁，同治七年（1868）重设	黎平府泰溪（今属黎平县）
		黎阳书院	乾隆三十八年（1773）知府吴光廷倡建，四十六年（1781）建成	黎平府城南门内（今属黎平县）
	嘉庆朝	福江书院	嘉庆年间知县陈熙建，旧名格州书院，十九年（1804）知县申启镰倡捐置产，光绪十年（1884）知县白建銎倡捐重建	永从守备署前（今黎平县西南）
		龙溪书院	嘉庆二十五年（1820），黎平府陈熙兴建	黎平府龙里司（今属锦屏县）

---

① 天柱县志编纂委员会编：《天柱县志》，贵州人民出版社1993年版，第700—704页。

续表

府治	朝代	名称	设置情况	地点
黎平府	嘉庆朝	双江书院	嘉庆二十五年（1820），黎平府陈熙兴建	黎平府潘老寨（今属锦屏县）
		双樟书院	嘉庆二十五年（1820），黎平府陈熙兴建	黎平府亮司（今属锦屏县）
		清泉书院	嘉庆二十五年（1820），黎平府陈熙兴建	黎平府湖耳司（今属锦屏县）
		兴文书院	嘉庆十四年（1809），绅士建书院，曰培龙。嘉庆二十四年（1819），知县张应燮易今名。光绪二十六年（1900），县丞周锡珑迁建于城东街	锦屏县旧治城西门外（今锦屏县）
	道光朝	榕城书院	道光十一年（1831），巡道于克襄、同知徐鋐倡重建	古州厅城
	光绪朝	龙岗书院	光绪三年（1877），古州兵备道易佩绅、同知余泽春择地营建	古州厅城西门内卧龙岗上
	清代所建，时间不详	西岩精舍	郡人何东凤建	黎平府城西（今黎平县）
		太平书院	郡人胡一中等重建	黎平府太平山中（今黎平县）
		小段书岩	邑人倪天和建	黎平府平茶所（今黎平县）
		小蓬莱馆	平茶所人高继恺建	今黎平县
		上林书院	里人杨绍泗建，有碑记	黎平府钟林司（今属锦屏县）
		印台书院	不详	黎平府官舟地（今属锦屏县）
		养正书院	司人吴师贤建	锦屏乡中林司（今锦屏县内）
		文峰书院	久废	古州厅城内田陇街

续表

府治	朝代	名称	设置情况	地点
都匀府	康熙朝	失记	康熙时州牧吴秉政创修，胡治续成。光绪三十四年（1908）改设学堂	麻哈州城东文庙中（今麻江县）
	乾隆朝	南皋书院	乾隆初知府鲁南皋建于公祠于府城南，乾隆庚子年（1780），知府宋文型捐金于祠左侧重建，其额曰匀阳书院，光绪三十年（1904）知府汪若梁改设高等小学堂，光绪三十四年（1908）知府王玉麟改设教育讲习所	都匀府城（今都匀市）
		紫泉书院	州人祀州牧赵完璧于孔庙内，添学舍，易名赵公书院，乾隆时州牧肖梅年商诸贡扩建，三年竣工，易名紫泉书院，光绪时改设劝学所	独山州城内（今独山县）
	嘉庆朝	荔泉书院	嘉庆九年（1804）知县蔡元陵于文庙左侧创建，同治十年（1871）知县钱燻复就城东县衙废址改设，清季改设初等小学堂	荔波县城东（今荔波县）
	同治朝	星川书院	同治十年（1871）知府罗星潭，善后委员李晴川及邑绅黄锦堂、石金声等创建，宣统元年（1909）改设学堂	都匀县城龙脑山之麓（今都匀市）
		龙泉书院	同治十二年（1873）同知刘垂祺重建，光绪三十一年（1905）改为二等小学堂	八寨厅城北街（今丹寨县）
	光绪朝	鸡窗书院	光绪二年（1876），建鸡窗书院。光绪九年（1883）废，改设义学	丹江厅鸡讲汛培墉堡（今属雷山县）
		丹阳书院	光绪二年（1876），建丹阳书院。光绪三十四年（1908），通判李文宝奉文办学，将书院改设学校	丹江城厅署右侧（今雷山县）
		炉峰书院	光绪元年（1875）总办卜游，善后道员曾纪凤倡修。光绪三十年（1904）改设第一高等小学堂	清平县城南（今凯里市）

续表

府治	朝代	名称	设置情况	地点
镇远府	乾隆朝	龙渊书院	乾隆中里人山东巡抚朱定元命名，后祀。州牧袁治捐资重建，清季改设县立高等小学堂	黄平州城西门（今黄平县）
	嘉庆朝	蔚文书院	嘉庆间柳霁县城金台召集地方绅董、贡生吴化鹏、廪生罗云英等倡议创修	天柱县城北郭外柳霁城（今天柱县）
	光绪朝	三台书院	光绪三年（1877），台拱同知李道本重修，更名为台阳书院。光绪三十一年（1905），台拱同知何大昕改设初等小学堂	台拱厅城内西街（今台江县）
		文明书院	光绪五年（1879），镇远知县林品南委托城绅李春元、朱燕春等倡捐修建	镇远府城东东山麓（今镇远县）
		莲花书院	光绪十七年（1891），台拱同知周庆芝创建。光绪三十四年（1908），台拱同知何大昕改设初等小学堂	台拱厅城东南隅（今台江县）
		凤山书院	光绪十七年（1891），施秉知县徐士诚募捐重修，易名凤翔。光绪三十二年（1906），施秉知县黄启泰改设育才学堂。光绪三十三年（1907），施秉知县史支昌改设两等小学堂	施秉治城内（今施秉县）
	清代所建，时间不详。	拱辰书院	咸丰六年（1856），毁于火后遂废	台拱厅城内南街（今台江县）
		南山书院	咸丰年间书院被毁，光绪初年以书院旧有田地改办义学	偏桥卫治南（今施秉县）
		秀山书院	又名潕阳书院，知府吴某委托城绅李春元、肖锡珍等捐修	卫城新西门外西秀山麓（今镇远县）

资料来源：《贵州省志·教育志》，"清代贵州书院一览表"，前引书，第44—54页；（民国）《贵州通志·学校志》，前引书，第4—6卷；张羽琼《贵州古代教育史》，贵州教育出版社2003年版；20世纪80年代以来各县市编修的地方志。①

---

① 拙著《改土归流与苗疆再造：清代"新疆六厅"的王化进程及其社会文化变迁》，前引书，第254—257页。

清廷经过长期的积累，在黎平府、都匀府、镇远府三府建立了若干座官办或民办的书院。这些书院对于开启民智、培养人才和苗疆学术思想文化的发展起过积极作用。据表8-1统计，三府之中，以黎平府及所属厅、州、县为最多，总计20座，每个厅、州、县平均4座有余，而都匀府和镇远府分别有9座。可能的原因是开辟苗疆以来，黎平府辖地从木材贸易中获利甚多，流官政府及士绅有较多资金投入教育。从各个书院建立的时间看，康熙朝2座，雍正朝1座，乾隆朝5座，嘉庆朝8座，道光朝1座，咸丰朝无，同治朝2座，光绪朝8座。此外，建置年代不详，确定为清代修建的有11座。据此分析，苗疆重镇黎平府、都匀府、镇远府的书院的建设与国家大历史背景密切相关。从各朝修建的书院数量上看，受乾隆十六年（1751）出台的"愚苗"政策影响，乾隆朝仅建有5座书院，与当时"康乾盛世"鼎盛期国家经济、文化繁荣发展的大形势不相协调。经过乾嘉湘西"苗乱"和嘉庆南笼"苗乱"后，清廷重新加大苗疆学校教育的投入，嘉庆朝建有8座书院。咸同"苗乱"期间，书院建设乃至书院教育几乎停止，大量书院毁于战火。破坏书院的原因也许是广大苗民不能得到教育的机会，将之视为"革命"的对象。同治晚期至光绪朝建有10座书院，并且修复了若干被毁的书院，显示出清廷重新重视教化苗民的政策趋向。从出资情况看，在38座书院中，流官出面捐修或重建的占7座，私人捐资修建的有11座，仅黎平府陈熙一人就捐资兴建有4座。这体现清廷对苗疆教育重视的程度远远不够，当然也体现了苗疆地方精英势力的崛起，积极参与地方公益事业。在经济较为贫困的民族地区，学校本应属国家投资建设的重大项目，然而黎平府、都匀府、镇远府三府有近一半的书院均系私人捐资或流官出面募捐建成。光绪二十七年（1901），清政府颁布了改革科举制度的上谕，贵州各书院按新章程逐步改为大、中、小学堂。清代地方精英能够在兴办苗疆学校中扮演重要的角色，主要原因是：一是清廷长期消极办学政策和流官政治腐败所留下的空隙为地方精英提供的机遇；二是开辟苗疆后，清水江、都柳江流域以林业经济为主的民间各种经济力量的蓬勃发展、各自继续发展的内在要求，还有清水江流域乡村社会仰慕中原文化、普遍尚义向学的风气等。

清王朝在苗疆允许、倡导义学教育和书院教育，苗民因而有机会接受学校教育,一方面,通过读书识字,拥有一定文化基础知识,杉木贸易过程中易于与客商打交道,具备与外界经济交流的文化技能;另一方面,品学兼优者还有机会通过科考跻身"主流"社会,成为乡人羡慕的榜样。与此同时,唐莹认为,"(流官)懂得利用乡约教化乡民,灌输儒家伦理规范,利用乡民自身道德意识的约束来稳定基层社会。在这一意义上,官方政策与宗族利益并不冲突,乡约很快就成为了宗族文化的一部分"。① 流官将苗乡侗寨的族长培养成为乡村行使教化的执行人。据笔者的调查,天柱县瓮洞镇黄巡村苗族蒋氏族谱,清代编撰的有道光二年(1822)和光绪三十一年(1905)两个版本,族谱的首页,都印有康熙《圣训十六条》。据黄巡村的蒋氏后人介绍,过去每年农历六月六是固定的"晒谱"日子,由族长主持"晒谱"仪式,祭祀时还要宣讲《圣训》。蒋氏宗族族长、下属的各房长都以劝谕族内子弟孝敬长辈、遵纪守法、移风易俗作为重要的工作内容。②

第三节 苗民跻身"主流"社会的曲折科考之路

康熙三十八年(1699),贵州巡抚王燕从加强少数民族教化的角度出发,主张重视黔省教育,奏请增设学宫及考点的必要性:"黔省各州县卫,有未设学者,有学宫而附试他庠者。无学宫则不睹声容之盛,而陶淑无由;附试他庠,则不免跋涉之劳,而单寒致阻。黔省民苗杂处,非弦诵诗书,无以化犷悍之心;使之庠序登进,亦化要荒之道也。"③ 开辟苗疆后,清王朝出于民族同化的目的,在乡村开设了一批"苗疆义学",在府厅州县新建了一批"苗疆书院",科举考试规定了专门预留录取少数民族考生的"苗额"。

最初,流官停留在争取苗汉考生一视同仁参加科考的权利上。雍正三年(1725),贵州学政王奕仁奏请民苗士子一体考试,"各属苗童合无

---

① 唐莹:《清水江流域的乡村社会生活》,前引文,第16页。
② 报道人:蒋启金(天柱县瓮洞镇黄巡村村支书),地点:瓮洞镇大段村蒋氏宗祠内蒋氏族人晒谱活动现场,访谈时间:2013年7月11日。
③ (民国)《贵州通志·前事志》第三册,前引书,第149页。

许其一例改为新童,卷面改书新卷字样,以溥文治"①。此外,为了分化离间"生苗""熟苗"之间的关系,清廷往往对两者采取不同的政策。雍正三年(1725),"议准黔省苗人子弟,各该管府州县义学诵习,有文理通顺者,准于各府州县岁科两试加额取进"。② 实际操作中,汉童往往串通考官,占用苗童的名额,流官王奕仁请求让苗童考生互相联保,"如有捏混假冒,即将保结生革究,教职等官册印送考者忝处"。③ 这是通过设立制度来保证科考时苗民子弟能够真正享受优惠"苗额"。清廷的科考政策从最初不允许少数民族参加考试到后来给予少数民族特别的"苗额"照顾,当然是为了更好地"化生为熟、化熟为民"。对苗民开放科举考试的同时,流官还不断地争取增加"苗额",雍正八年(1730)十一月,张广泗疏言:"黔省内地'熟苗'仰荷圣恩,特设苗籍进取之例,每届岁科,于各府州县有苗童者进取生员一二名,以示奖拔……庶陶以文教,消其悍顽,于苗疆治理,不无俾补。"④ 由于张广泗在开辟苗疆过程中功劳甚大,深受宠幸,雍正欣然准奏。雍正十二年(1734),提督贵州学政晏斯盛再次请求:"黎平府之古州,虽未设学,而苗民繁庶,颇知向学,请择其文理明顺者量取一二名,附入府学苗童之后,以示鼓励。"⑤ 乾隆时,曾有明文规定不允许"生苗"参加考试,通过这种区别表示对"熟苗"的优待;参加应试的"熟苗",必须注明"新民籍",一来与汉民考生区别,二来方便录取时"照顾"。⑥

乾隆四年(1739),针对贵州学政邹一桂认为"归化已历百年苗民,令其于汉童内一体应试"的建议,熟谙苗疆情况的张广泗驳斥说:"黔苗有归化虽历百年,而素性愚蒙,实与归化未久无异者。遂于汉童内合校,难邀取录,请仍准其与归化未久之新童一体应试。"⑦ 对于"归化年久"者,他采取折中的办法:"未经定有苗额之先早与汉童合试者,地方官不

---

① 台北"故宫博物院"整理:《宫中档雍正朝奏折》第 18 卷,台北"故宫博物院"印行 1979 年版,第 75—76 页。
② (民国)任可澄、杨恩元等:《贵州通志》,学校志(3—4),前引书,第 54 页。
③ 台北"故宫博物院"整理:《宫中档雍正朝奏折》第 18 卷,前引书,第 75—76 页。
④ (民国)《贵州通志·前事志》第三册,前引书,第 228—229 页。
⑤ 《〈清实录〉贵州资料辑要》,前引书,第 1185 页。
⑥ 吴荣臻:《"熟苗"论》,前引书,第 19—20 页。
⑦ 《〈清实录〉贵州资料辑要》,前引书,第 1187 页。

得因其祖籍苗民仍以新童送试,汉童亦不得以定有苗额阻抑。"① 流官们这些苗童参加科考制度设置上的辩论,其实都是为了使苗民逐步"化生为熟","化熟为民"。所不同的是,某些流官过于心急,早早主张汉苗一体应试;另一些地方官则以苗童有"苗额"为由,将"熟苗"童生排斥在汉童之列,这些都是不利于"化苗"大计的短视之举。

经过长期摸索,清廷逐渐将雍正年间开辟的"新疆六厅"所属三府学额固定下来:黎平府及所属古州厅、开泰县、永从县、锦屏县学额,廪生106名,增生106名②;都匀府及所属八寨厅、丹江厅、麻哈州、独山州、都匀县、清平县、荔波县学额,廪生150名,增生150名;镇远府及所属台拱厅、清江厅、黄平州、镇远县、施秉县、天柱县学额,廪生130名,增生130名。③

清代在苗疆兴科举、办义学的举措,目的在于使苗民子弟"知书达理",消弭其反抗意识,主观上并不希望苗民子弟有更大的人生发展,苗民参加科举考试有许多限制和歧视。例如,只准苗民学文科,不准学武科,学文科的岁考考取"庠生"后,又不得考"贡生",最高只能考到廪生为止。如果想获取更高的功名,还必须隐瞒自己的民族成分,冒充汉民子弟参加考试。有的地方甚至不准苗民参加任何科举考试,虽有个别中举的也是改成了汉民身份参加应试侥幸所得。这些民族歧视的做法直接或间接堵死苗民通过科考向社会上层流动的合法渠道,打击苗民子弟入学和学习积极性,导致苗疆社会阶层固化,极易引起苗疆社会的动乱。

总体而言,清代苗疆科考录取的学额数偏少,苗民通过科考跻身"主流"社会的渠道极其狭窄,更多的苗民子弟读书之后选择经商或者"投笔从戎,建功立业"。尤其是咸同"苗乱"平定后,清廷放松了对苗

---

① 《〈清实录〉贵州资料辑要》,前引书,第1187页。

② 廪生:亦称廪膳生或廪膳生员。明代府、州、县学生员最初每月皆给廪膳,补助其生活,清代则必须经过岁试和科试,成绩优秀者方能取得廪生名义,成为资历较深的生员。廪生的主要职务是具结保证应考的童生无身家不清及冒名顶替等弊事。清代官学生员分为三等,第一等为廪膳生员,享受官府的生活补贴,每年可得四两廪饩银;二等为增广生员;三等为附学生员。增生:科举制度中在廪生正式名额之外增加的生员名额,增额者为增广生员,为官学第二等生员,名额有定数。

③ 贵州省地方志编纂委员会编:《贵州省志·教育志》,贵州人民出版社1990年版,第42页。

民当兵的限制,转而鼓励苗民当兵报效朝廷,经济贫困的苗民子弟更多地选择"当兵吃皇粮"作为人生出路。

本章小结

开辟苗疆以后,流官们把推广儒学教育当成实施民族同化的重要任务来抓,先后在苗疆府厅州县,清水江、都柳江流域的水运码头村镇、营兵驻地、屯堡中心地办起了苗疆义学、苗疆书院,鼓励汉苗子弟入学接受教育。苗疆义学除苗童享受"苗额"的录取照顾外,教员也享有"膏火费"等优惠政策。这些政策措施,对于苗童习汉语、识汉字,系统学习儒家文化思想等,有着积极的作用。当然,清廷在苗疆办学并不是为了从苗民中培养栋梁之材,而是将苗民"格其心思",推进教化,减少统治的障碍。苗疆书院的大量兴建,打破了苗疆汉人地主官僚、贵族阶层的教育特权,促使教育受众下移,为苗民子弟及汉人贫民子弟提供了受教育的机会,促进了苗疆文化教育的发展。

杜赞奇认为,乡村社会不是完全与国家意志相统一的儒家世界,它的权威精英既不是上层文化所倡导的儒家思想的产物,也不是某种观念化的固定集团所创造的结果。"乡村权威产生于代表各宗派、集团以及国家政权的通俗象征的部分重叠及相互作用之中。"① 苗民通过科举考试向社会上层流动,但是"学额"太少打击苗民子弟入学的积极性和学习积极性,导致苗疆社会阶层固化,极易引起苗疆社会的动乱。在苗疆乡村教化体系中,流官政府对苗众实施教化的过程是一个间接的过程,清中央王朝在苗疆兴办学校教育,在思想上对苗民灌输儒家文化,同时也将儒家伦理道德渗透到乡约中,利用乡约教化苗民,实行文化同化政策,稳定乡村社会秩序。经过长期的努力,儒学的伦理道德逐渐渗透到清水江流域乡村社会精神生活的方方面面,普遍反映在苗民的民间故事、民歌、格言、礼仪、禁忌、族谱乃至日常行为之中。

---

① [美]杜赞奇:《文化、权力与国家:1900—1942年的华北农村》,前引书,第29页。

第 九 章

清王朝大一统的教化冲动与汉苗文化互动

儒家学派的创始人孔子主张："远人不服则修文德以来之"①，强调对人民进行伦理道德的教化。孟子对此进一步作了阐释说明，他认为："威天下不以兵革之利。"② 汉代董仲舒"罢黜百家，独尊儒术"以后，孔孟的教化思想被历代中央王朝上升为国家政治统治理念。前文专门讨论了开辟苗疆之后，流官在苗疆推行义学教育和书院教育，其主要目的就是以文教化。当然，"教化往往并不一定局限于正式的学校，从广义上讲，人们生活在社会环境中，就要受到环境的模塑，因而也就是一个受教化的过程"。③ 清王朝的统治者除了高度重视苗疆学校教育之外，也极为重视对清水江流域乡村社会普通民众的教化工作，重视对苗民的思想文化控制。开辟苗疆以后，营兵、屯军、流官、汉移民、商人等大规模进入苗疆，他们带来的中原文化，成为苗民仿效或学习的对象。在长期的社会经济文化交往互动中，汉苗之间互相取长补短，汲取对方风俗文化习惯的优点，改革自身的陋习。

第一节 流官的民族同化政策与苗民对汉文化符号的挪借

苗民因其居住的地理环境，形成独特的山地经济生活，产生了本民

---

① 《论语·季氏第十六》。
② 《孟子·公孙丑下》。
③ 拙文《贵州古代地名蕴含的儒家教化理念研究》，《贵州社会科学》2014 年第 6 期。

族的文化，有着自己的文化认同、族群认同，并形成自身的人观。每个民族自身"独特的生产生活仪式和宗教信仰不仅将族群内聚力、社会价值观和社会感情灌输给人们，而且还能通过定期的仪式遏制乡村社会内部的矛盾和冲突，成为一种恢复社会平衡和稳定的重要手段"①。

清廷开辟苗疆后，通过行政命令，强制改变苗民的习俗。雍正七年（1729），云贵广西总督鄂尔泰奏报，贵州的宗地、摆顶、摆罗等寨于本年二月间，通过已抚苗头带领投顺，其苗俗"无殊异类，男女皆赤身仅以尺布缠裹，上至肩，下及胯。不务耕种，惟以打牲掳人为活。既准抚后，经提督选苗妇数人并带布线等项，前往该寨教以裁剪，授以针纫，而男妇始穿衣，女始着裨。各寨俱自悔前非，互相庆幸"。② 清廷本着履行教化"赤子"的责任心，派"熟苗"妇女专门教授当地苗民"裁剪""针纫"，改革其衣不蔽体的陋习，无疑是有积极意义的。

此外，每次"苗乱"平定后，大量苗民主动要求改为"民籍"。乾隆元年（1736），张广泗由清江、古州、丹江一带回抵凯里，沿途所见苗人，"有已剃头改为汉装者，有赴臣行署呈请愿尽改汉装，并请设立义学，不愿复为苗人者。有各寨私行禁约，尽改汉装，不许复为苗装者"。③ 针对苗民请求改为"民籍"，张广泗声称："但愿尔等苗人安分守法，毋作非为，即是良民，何必改装。"④ 在苗民的再三请求下，张广泗通行晓谕："其不愿者毋许相强，其自愿剃头改装者，官为给帽子一顶"，"剃头改装者愈众"。⑤ 乾隆元年（1736），贵州布政使冯光裕建议在苗疆"禁止巫师""招汉民以变苗习"，主张"此后苗疆除禁扰累、严防范之外，兼宜从容治理，循序化导，使其渐染华风，变为内地，以期千百年久安

---

① 吴雪梅：《国家与地方势力：清代鄂西南土家族地区乡村社会权力结构的演变》，前引文。

② 台北"故宫博物院"整理：《宫中档雍正朝奏折》第13卷，前引书，第777页。

③ 乾隆元年十一月二十日批（军录），"张广泗奏苗疆善后事宜折"，载《清代前期苗民起义档案史料汇编》上册，前引书，第227页。

④ 乾隆元年十一月二十日批（军录），"张广泗奏苗疆善后事宜折"，载《清代前期苗民起义档案史料汇编》上册，前引书，第227页。

⑤ 乾隆元年十一月二十日批（军录），"张广泗奏苗疆善后事宜折"，载《清代前期苗民起义档案史料汇编》上册，前引书，第227页。

长治，方可以云一劳永逸也"。① 乾隆虽然同意禁止巫师的主张，但是认为"使其渐染华风变为内地……则不若仍其苗习而顺导之，使彼知有恩而不忍背，有威而不敢犯"。② 可见，苗疆的巫师在流官看来是蛊惑人心、导致"苗乱"的异端，必须严加禁止，好在乾隆保持清醒的头脑，主张逐渐化导。晚至咸同"苗乱"结束之后，贵州提督周达武奏言："黔中向以剃发者为'熟苗'，蓄发者为'生苗'……平定之后，无论'生苗''熟苗'俱令一律剃发，衣服杂穿蓝白。"上谕曰："一律剃发，改变服色。"③ 不过客观地说，在太平时期，清廷自始至终还是坚持"修其教，不易其俗；齐其政，不易其宜"的民族政策，尽可能地尊重苗疆各民族的风俗，平定叛乱之后激进的剃发改装举措实际上是一批汉文化中心主义思想作祟的流官自己发挥的"杰作"。

清廷有一整套化苗为民的文化措施，包括在苗疆围绕"五缘文化"④倡导修建学宫、会馆、庙宇、牌坊、祠堂，并强令剃发改装，推广苗疆义学等。亲缘、地缘、神缘、业缘和物缘等五缘文化彼此之间相互渗透、相互融合，具有错综复杂的关系。在流官有意识地强化政治、经济、文化诸方面力量的改造下，苗民群体发生了分化，少部分主动学习、模仿汉人的生活习惯等，变为"民人"，剩下的大部分苗民，自身文化或多或少地也发生着变化。

苗人宗族活动的一项重要内容就是敬拜祖先。开辟苗疆之后，清水江流域木材贸易带来了丰厚的经济收益，使当地各大宗族有能力仿效汉人，为供奉共同的祖先建立宗族祠堂。苗疆商业贸易发达的清水江流域，特别是下游的天柱县，建有规模气派的祠堂160多座。"修谱建祠、实施

---

① 乾隆元年十月二十八日（朱折），"张广泗奏议冯光裕治理苗疆事宜折"，载《清代前期苗民起义档案史料汇编》上册，前引书，第213页。
② 乾隆元年十月二十八日（朱折），"张广泗奏议冯光裕治理苗疆事宜折"，载《清代前期苗民起义档案史料汇编》上册，前引书，第213页。
③ 《钦定平定贵州苗匪纪略》卷36，转引自（清）徐家干著，吴一文点校《苗疆闻见录》，前引书，第208页。
④ 所谓"五缘文化"，即指通过对沉淀于中华传统文化和华族社会中的宗族亲友、邻里乡党、宗教信仰、同业同行和物质媒介等内涵关系的文化提炼，明确地定义为"亲缘""地缘""神缘""业缘"和"物缘"的五缘文化关系。吴仁安：《五缘文化与家族史、谱牒文献研究》，《历史教学问题》2004年第1期。

教化显然是国家意识形态及汉文化普及的作用结果。调解纠纷、处理公共事务则属于'议榔''款约'等传统组织的职能，但随着宗族势力的扩大，这些职能遂转移至宗族内部。"① 据民国年间的田野调查资料，黔省"下游"短裙黑苗的神灵信仰有两类：第一类是神，有玉皇大帝、保家菩萨、本己祖宗、阎王、土地城隍、财神、观音菩萨、岳武穆、神农、关圣帝君……第二类是鬼……② 可见，短裙黑苗所供奉的神灵，受汉人民间宗教的影响很大。玉皇大帝、岳武穆、关圣帝君等都不是他们原有的神灵信仰，应该是与汉移民长期接触中，受其文化影响学来的。20世纪60年代的调查资料显示，在汉移民强势文化的影响下，基本上黔省"下游"的苗寨都过起了"客家年"（农历新年），苗族称为"能酿夺"，意译为"客家年"或"汉族年"。在从江县加勉苗语译为"该丢诺浪"。"该丢"即"汉族"，"诺浪"即"吃年粑"。据说苗族近一百多年来才过客家年③，四十多年前客家年还不太热闹，近四十年来比较热闹。台江苗族现在只有不过苗年的，没有不过客家年的了。④ 可见，在流官、乡长、里长等的鼓励和倡导下，加之开辟苗疆之后两百余年汉苗之间密切的经济文化互动，大传统文化不断渗入清水江流域乡村社会，清水江流域地方社会共同体的神灵祭祀越来越多以由大传统文化认可的神灵为正统。尤其是那些较高层次的苗疆地方共同体，如苗疆书院、学宫和会馆，一般都以国家认可的正统神灵为主祭神。这种现象自然会影响到周边少数民族的神灵信仰倾向，为他们提供可以仿效崇拜的"先进文化"神灵。通过文化传播与文化涵化，在更低层次、更边远的清水江流域乡村社会也逐渐建立起这类神祇的祭祀，形成了以这类主祭神为中心、苗民自身的民间信仰为辅，多层次的混合祭祀圈。

自《礼记》正式建构了一个华夏居中、东夷西戎南蛮北狄的五方模式开始，华夏族或者其继承者汉人文化中心主义的优越感油然而生，认为自己是文明的中心，四方蛮夷处于野蛮蒙昧的状态。张光直认为，"食

---

① 唐莹：《清水江流域的乡村社会生活》，前引文，第49页。
② 《贵州苗夷社会研究》，前引书，第23页。
③ 以1960年前后为时间节点——笔者注
④ 贵州省编辑组：《苗族社会历史调查》（一），贵州民族出版社1986年版，第214页。

物、饮食、饭桌上的礼节和人们对它们的概念，使它们成为文化系统中最尖锐的一些象征符号"①，因此衣食住行成为"文明"与"野蛮"的重要标准。雍正年间开辟苗疆后，开始安屯设堡。"各屯户服力其中，田土山场，界限井然"②，各省汉民逐渐移入，圈地置产。汉移民所带来的各种文化与风俗，象征着先进的文明，自然成为在新的政治、经济、文化环境中获得更大利益的苗民的模仿对象，流官也希望通过汉苗之间接触与交流，潜移默化地改变苗民的礼俗。在强势的汉文化影响下，苗文化渐渐地受到文化涵化。苗民文化涵化的主要原因：一是儒学教育，特别是输粮纳籍、归入版图之后，"人文渐盛，中举人进士者每不乏人。不知其为苗矣，数典忘祖，竟可哀也"。③ 二是地方流官虽然在经济上"抑客护苗"，保障苗民的基本生存权，但是在文化上则反其道而行之，基本上是"扬客抑苗"，歧视苗民文化，在社会上造成苗民文化地位低下的态势。苗民要想在"主流"社会中生存，唯有想方设法以苗变汉，才能消除汉人的歧视，生活得更好。归纳总结相关文献，"苗变汉"的好处主要是：政治上不受压迫、歧视，土官能获袭"先人世职"；经济上不受官府、屯军敲诈勒索，也不再受汉人地主的高利贷盘剥；文化教育上能够正常地入学读书，参加科举考试，跻身"主流"社会之列。特别是每次平定"苗乱"之后，在清廷革"苗俗""填汉籍""为汉民"的民族同化政策下，众多"熟苗"就"填汉籍"为"汉民"了，他们也带动许多"生苗"加入这一"归化"的队伍。"熟苗"一般杜撰祖先从中原地区迁徙到苗疆，被"苗化"的悲惨祖源记忆。年代久远，大家都不知道先世来历，渐渐地认同"熟苗"杜撰的祖先传说了。20世纪60年代少数民族社会历史调查时，苗族、侗族、布依族、水族等民族的大姓家族几乎都有自己的祖先来自福建、江西、湖广等地的口传记忆或族谱记忆。

　　清代贵州的苗族，几次大的"苗乱"被镇压之后，引起苗族的大迁徙。据学者研究，黑苗向湘桂二省逐渐迁移；白苗由西北入川滇；花苗则西经安顺而至云南东部，北至武定，延至金沙江畔，又经滇省东南以

---

① 张光直：《中国青铜时代》，生活·读书·新知三联书店1999年版，第390页。
② （清）罗绕典：《黔南职方纪略》卷6"镇远府"，前引书。
③ 转引自吴荣臻等《古苗疆绥宁》，前引书，第125页。

至安南（今越南）东京北部；青苗则四处分散，今湘、桂、滇三省多有其族。① 咸同"苗乱"是贵州历史上苗民与中央王朝最大规模的一次武力冲突，汉民和苗民都遭受了重大的损失，人口锐减，经济遭受重创。在善后措施中，清中央王朝积极鼓励向苗疆移民，这对贵州人口的民族结构是一次重大的调整。② 这场"苗乱"在很大程度上改变了全省人口的民族构成，汉移民所占的比重大幅度上升。

文化变迁总是表现为日常的衣食住行等生活环节，在惯常的生计行为中不断演绎，在其自身的文化传承过程中展现出来的。20 世纪 50 年代的少数民族社会历史调查资料显示，贵州台江县巫脚交的苗族平时除了吃糯米饭用手抓之外，其余场合用餐基本上改用筷子，但在过苗年时仍旧用手抓食。过客家年时，虽然也吃糯米，却使用筷子。这一现象被调查者解释为过苗年敬祖宗，要照祖宗用手抓吃糯米的老规矩。祖宗不过客家年，因此在过客家年时，就没有用手抓的必要。然而，在城郊汉化程度较深的苗寨，过苗年、客家年供奉祖宗均用筷子了。③ 敬奉祖宗时是否使用筷子，体现出不同区域的苗民受汉文化影响程度的深浅。

王日根从共时性的角度将会馆的类型分为京师和省城中的会馆、工商城市中的会馆、郡县场镇中的会馆三大类④，苗疆会馆显然主要是后两类，尤其是最后一类居多。雍正朝开辟苗疆之后，一批商业城镇利用天时地利的优势迅速发展起来。汉苗商人利用便利的水路运输条件，将苗疆的主要资源木材、桐油、五倍子、矿产等运销外地，并从外地购入苗民急需的食盐、布帛、铁器等日常生活用品。苗疆的商业发展还体现在若干水陆交通便利的城镇发展成为商业市镇，例如镇远城、天柱瓮洞、天柱三门塘、黄平旧州、黄平重安江、古州厅城、古州寨蒿镇等。清水江和都柳江流域客籍商贾云集，热闹非凡，会馆由此得以大量建设。人们起初凭借同乡的结合在移民地再造一个乡井的环境，保留自身的语言

---

① 《民国年间苗族论文集》，前引书，第 104 页。该研究将贵州纯苗族分为红苗、黑苗、白苗、青苗、花苗五种，大概是沿用日本学者鸟居龙藏的分类法。
② （民国）凌惕安：《咸同贵州军事史》，载《近代中国史料丛刊》第 124 册，台湾文海出版社影印本 1967 年版，第 1257 页。
③ 贵州省编辑组：《苗族社会历史调查》（一），前引书，第 209 页。
④ 王日根：《明清民间社会的秩序》，岳麓书社 2004 年版，第 190—192 页。

第九章　清王朝大一统的教化冲动与汉苗文化互动　❋　167

习俗。他们建立会馆"崇祀桑梓大神：蜀都曰惠民宫，两湖曰禹王宫，两粤曰南华宫，福建曰天后宫，江右曰万寿宫……察各庙之大小，即知人民之盛衰"。① 苗疆的客民会馆多以乡土神的设置确立了自己的特色。这些地域神的共同特点是：均有功于国家或人民，即使是杜撰附会，基本上是大传统文化中完美形象的体现。由于不同商帮商业成就的差异，导致各地会馆规模大小不一，间接说明某一商帮财力的强弱可能会影响会馆修建的豪华程度。

清代苗疆会馆是寓居苗疆的各省同籍人士的精神归属地，一般都建有神殿、厅舍、戏台和义冢等。以苗疆的福建会馆为例，天后最初只是福建莆田县湄洲的一个地方神祇，天后宫在沿海一带称"妈祖庙"。从北宋到清代中期，她不断得到朝廷的敕封和提升，成为中国东南沿海一带居民心目中地位显赫的神灵。吉姆·威士顿认为，"在这种使神灵标准化的过程中，国家以一种微妙的方式介入了地方，民间信仰由此呈现出国家和地方社会之间交叉重叠的文化意义"。② 清代由于苗疆水道的开通，丰富的木材资源和土特产外运，境内汉苗人民的商品需求量大增。包括福建籍在内的大批客商，纷纷聚集苗疆。今天黔东南的镇远县城、黄平县旧州等地，仍旧保留着天后宫的遗址。在西南民族地区设天后宫是不多见的，天后宫的存在，是历史上潕阳河流域镇远城、黄平旧州一带水运发达、舟船云集的见证。

雍正十二年（1734）八月，贵州巡抚元展成奏报苗疆各镇协营修建万寿宫的情况："苗疆宁谧，苗民向化，自应各建万寿宫为朝贺之所，以肃威仪，以崇瞻仰。而古州为苗疆重地，归化最先，且商贾辐辏不输内地……已拨公项银两，饬发古州同知毛振鳞建造，正在兴工。其台拱、清江等处，亦拟渐次举行。今据方显奏称：'各镇协营并宜兴建。'现在

---

① （光绪）《威远县志》卷一，六省会馆，转引自王日根《明清民间社会的秩序》，前引书，第 196 页。
② 转引自金贤善《明清两湖疫灾：空间分布、影响因素与社会应对》，博士学位论文，华中师范大学，2016 年，第 28 页。原载 James Waston, "Standardizing the Gods: The Promotion of T'ien Hou ('Empress of Heaven') Along South China Coast, 960 – 1960," in *Popular Cultuer in Late imperial China*, David Johnson, Andrew J. Nathan, and Evelyn s. Rawski, ed. University of California Press, 1985, pp. 292 – 324.

饬令各该地文员次第建造。"朱批:"所奏较方显之论更属妥协,可具本题奏。"① 由此可见,苗疆的学宫并非一般意义上的民间集资筹建,清王朝官方从中起着极其重要的推动作用,甚至拨出公款,由流官监督建造。清廷的意图在于"建……为朝贺之所,以肃威仪,以崇瞻仰",强化对苗民的文化教化。在这场有目的、有计划的会馆建造运动中,苗疆的汉民与国家遥相呼应。万寿宫具有双重功能,既是官民朝贺之所,又是苗疆各地客籍官兵寄托乡愁、聚会活动之地。

表9-1 贵州"新疆六厅"学宫、会馆、庙宇、牌坊、祠堂统计

始建时间	所属厅县	名称
光绪初年	八寨厅	龙泉山寺,亦称祖师庙
光绪八年(1882)	八寨厅	万寿宫
光绪十年(1884)	八寨厅	丹寨县城隍庙
清代	八寨厅	王岭花牌坊(有易氏牌坊、成氏牌坊和冯氏牌坊)
光绪十七年(1891)	丹江厅	武显庙
乾隆五十六年(1791)	清江厅	环龙庵
嘉庆年间	清江厅	南哨观音阁
清代	清江厅	原为武圣庙,后称文昌学宫
疑为清代设厅后新建	清江厅	县城观音阁
道光三年(1823)	清江厅	郑杨氏贞节坊
同治十年(1871)	台拱厅	得胜关庙宇
同治十年(1871)	台拱厅	观音寺
同治十二年(1873)	台拱厅	双忠祠
同治十二年(1873)	台拱厅	昭忠祠
光绪元年(1875)	台拱厅	楚军忠义总祠
光绪初年	台拱厅	城隍庙

① 台北"故宫博物院"整理:《宫中档雍正朝奏折》第23卷,前引书,第413页。

续表

始建时间	所属厅县	名称
光绪初年	台拱厅	江西馆，又名万寿宫
光绪二年（1876）	台拱厅	关圣宫
光绪三年（1877）	台拱厅	施洞两湖会馆
光绪十年（1884）	台拱厅	关圣庙
光绪十一年（1885）	台拱厅	龙王庙
光绪十一年（1885）	台拱厅	火神庙
光绪十八年（1892）	台拱厅	文昌宫
光绪二十年（1894）	台拱厅	东岳庙
宣统元年（1909）	台拱厅	双忠祠
乾隆年间	古州厅	两湖会馆
乾隆中期	古州厅	观音庙
道光年间	古州厅	高盘土地祠
光绪三年（1877）	古州厅	五榕庙
光绪中叶	古州厅	四川会馆
乾隆年间	都江厅	城隍庙
乾隆年间	都江厅	寿佛寺，又名湖南会馆
乾隆年间	都江厅	万寿宫，又名江西会馆
嘉庆年间	都江厅	水浒庙
道光年间	都江厅	龙王庙
光绪年间	都江厅	关岳庙，又名武圣庙
光绪二十七年（1901）	都江厅	忠烈祠，又名吕祖殿
疑为清代设厅后新建	都江厅	文昌阁
疑为清代设厅后新建	都江厅	火神庙，又名圣谕亭，清末改为炎帝宫。

资料来源：《雷山县志》（1992年），《剑河县志》（1994年），《台江县志》（1994年），《榕江县志》（1999年），《丹寨县志》（1994年），《三都水族自治县志》（1992年），均据前引书。[1]

---

[1] 拙著《改土归流与苗疆再造：清代"新疆六厅"的王化进程及其社会文化变迁》，前引书，第238—239页。

学宫、会馆、庙宇、牌坊、祠堂祭祀的这些神灵，不少是大传统文化中思想或道德的榜样，因而这些场所往往也被充作教化汉苗百姓的场所。苗民从汉人修建的学宫、会馆、庙宇、牌坊、祠堂中祭祀的神灵，找到了实实在在的文化模仿实体，从而去发明、建构自己的文化传统[①]，修建自己的家谱、祠堂等。从建造时间看，以乾隆朝、同治朝、光绪朝居多，从中反映出开辟苗疆之初，清廷急于改造苗疆的文化冲动。日久无功之后，苗疆的文化建设状况逐渐无人问津，处于"静止"的状态。笔者研读相关的文献发现，除了"苗乱"发生之时，其他时段的国家档案资料中，苗疆记载很少。经历咸同十八年"苗乱"之后，清中央王朝以及地方政府又重新重视起对苗民的文化教化政策来。在这一历史大背景下，同治、光绪两朝，苗疆修建了若干学宫、会馆、庙宇、祠堂、牌坊。如表9-1所示：第一，数量较多的同乡会馆，反映清水江、都柳江开通之后，商品经济的蓬勃发展，进入苗疆经商的各地客商达到了相当大的规模，形成一定的经济势力。第二，八寨厅的王岭花牌坊（有易氏牌坊、成氏牌坊和冯氏牌坊）、清江厅的郑杨氏贞节坊，虽然表彰的可能是汉人妇女，但无疑是王朝礼俗教化的一种昭示，对苗民起着一种潜移默化的影响。第三，经过长期的文化移植，中原地区的宗教文化逐渐在苗疆得以广泛传播。如观音阁（寺）、城隍庙、环龙庵、祖师庙等的建立。第四，清廷还在苗疆树立儒家"忠君"的价值观。如建立忠烈祠、双忠祠、楚军忠义总祠、昭忠祠等专祠、特祭祠，目的当然是希望苗民认同大清，不要再"屡服屡叛"，给朝廷添乱。第五，与中原地区一样，苗疆还多处建有文昌宫，弘扬文教。不过应该是苗疆的汉人士绅筹资所建，目的是希望苗疆的汉民子弟高中科举，并向苗民展示汉文化的优越性和魅力。

笔者认为，清代苗疆学宫、会馆、庙宇、祠堂、牌坊之所以取得大发展主要是清水江、都柳江流域商业的繁荣与汉移民的增多，面对遍地皆苗的局面，在官方的鼓励和民间自发组织下，希望通过这样的方式来彰显汉文化的优越，同时也有划定我族边界的文化意味。清廷曾有过明文规定，禁止商人涉足会馆，在中原地区似乎得到贯彻执行，然而在苗

[①] [英] E. 霍布斯鲍姆、T. 兰格：《传统的发明》，前引书，第2页。

疆，经济实力增强了的商人却总是不断寻找机会彰显自身的价值，捐资修建会馆借以"立功""立德"，求得官府和世人的认可，这无疑是较好的选择。苗疆会馆多数以本籍乡土神作为整合移民的文化象征符号，其意义在于它能让不同阶层的移民在同乡的旗帜下聚集在一起，也可以作为移民向上发展与落魄无归的依靠，具有较强的稳定性，形塑地缘认同，发挥社会整合的作用。

第二节　汉苗风俗习惯的文化互动

经过长期的摸索，流官们对苗疆的治理总结出一套分而治之的办法。首先，将"苗"与"民"划分开来，并对"民"加以细分，称在苗疆定居久者为"村民"，进入苗疆时间短者为"客民"，称原住民为"苗人""峒人"或"苗蛮"。他们认为苗疆的原住民是"化外之人"，不能与"民"享受同等的政治待遇。称汉人居住的寨子为"民村"，称苗民居住的寨子为"苗寨""侗寨"等。"村"与"寨"一字之差，有高下不同的差别。其次，他们对苗疆内部社会作"生""熟"之分，实施分化瓦解，意图分而治之。对归顺朝廷或从苗疆迁居汉地，汉化程度较高的苗民称为"熟苗"；对没有汉化或抗拒朝廷统治的苗民称为"生苗"。

清代两百余年间，苗疆发生了剧烈的社会文化变迁，其中有一个重要的现象就是苗民汉化。苗民汉化有被动汉化和主动汉化两种情况：被动汉化是指清廷凭借武力强制推行的剃发、改装、禁巫师等行为来达到民族同化；主动汉化是苗民出于对汉文化的仰慕，主动变苗为汉，有意改变或掩饰自己的族群身份，融入汉人的主流社会中去。当然，在遍地皆苗的苗疆，汉移民定居点如同处在汪洋大海中的岛礁。通过通婚等方式，汉民也存在苗化的情况。如同秋阳所言，在贵州苗疆汉人"同化"少数民族或为少数民族"同化"是双向过程[①]，不过由于汉文化的强势地位，苗民汉化的情况远远多于汉民苗化。苗民延请汉民读书人，修建家谱，引经据典，建立自己的宗族组织，建构自己的"汉人"祖先流落苗疆是普遍的汉化策略。有研究显示，"苗疆少数民族宗族形成与发展的过

---

① 秋阳：《汉民变苗——读史札记》，《贵州社会科学》2003年第3期。

程，是汉文化与当地原住民传统文化碰撞与融合的过程，身处其中的村民心态显得极为复杂。一方面，他们需要依托正统资源，用符合统治者价值体系的方式达到自身的利益诉求；另一方面，他们又希望能保持自身文化的独特性"①。我们通过以清水江文书为主的各种碑刻、家谱及口述史料，可以理解开发苗疆的历史过程中汉苗风俗习惯的文化互动。

在清廷武力的威慑下，苗民文化处于弱势文化，苗民主动汉化当中实际上也隐含着被动汉化的因素。苗民改汉姓、取汉名是汉化的表现之一，主要有三种情况：首先，开辟苗疆后，面对苗民多半没有姓氏，或者姓名的汉字记苗语苗音导致相同者多，难以区别的情况，清廷为了政治管理上的便利，强制苗民编汉姓、取汉名。"（雍正五年）令（长寨等仲苗）各照祖姓造报户口清册，编立保甲，其不知本姓者代为立姓，以便稽查"。② 贵州台江县的曾繁德告诉调查者，他的舅父名叫李光华。李光华的祖父告诉李："过去我们苗家很'呆'（即笨的意思），连姓都没有。在你的曾祖父的时候，清兵来到我们东扛寨清查户口，问我们的姓名，你曾祖父说我叫'里'（苗音，意为田），于是把我们登记为姓李，而我们从此也就姓李了。同寨的亲戚名叫'王'（苗音，意为塘），从此也就姓王。估计这是清朝嘉庆前后的事。"③ 其次，苗民为了适应新的社会文化环境，主动将苗姓易为汉姓，甚至模仿汉人习俗，按字辈取名。贵州台江城郊各寨，从清光绪以来就有人仿效汉人用字辈取名。关于这些字辈的来源，据前人的调查资料记载，邰玉山（即邰忠良，1957 年有 93 岁）说，邰姓的字辈是邰德胜当兵出去后从江南寄回来的，邰德胜曾经做过清军的统领。台拱寨王姓的字辈，据说是他们家族在清朝出了一个秀才，名叫王平兰，字辈是他搞出来的。至于是否从别处抄录而来就不得而知了。贵州台江县梅影寨欧姓的字辈据说是咸同年间，他们家族有一个当武官的从别处得来的。据 1958 年的调查，台拱寨的 815 人中，按字辈取名的有 178 人，约占总人口的 21.8%，不按字辈而用汉文取名

---

① 唐莹：《清水江流域的乡村社会生活》，前引文，第 77 页。
② 《〈清实录〉贵州资料辑要》，前引书，第 332 页。
③ 全国人民代表大会民族委员会办公室编：《贵州省台江县苗族的家族》（"贵州、湖南少数民族社会历史调查组调查资料之四"），内部出版，1958 年，第 24 页。

的有99人，约占总人口的12.1%，用奶名译音者538人，约占总人口的66%。① 必须注意的现象是：其一，所有按字辈取名的人们，无一例外地仍按本民族固有的习惯，用父子连名的方法取奶名，平时家族中都互相叫奶名。其二，按字辈取名的苗民，经济生活条件一般较为富裕，而普通苗民，多用奶名的译音，作为汉文的名字。汉苗姓名共存的现象体现出在当地苗寨中汉苗文化交杂的现象。一般说来，经济条件好，见识了外面世界的苗民，较易受到汉文化的影响，进而模仿汉人"先进"的文化，用字辈取名。今天黔东南许多苗民支系的族谱、家谱或者口传家族史中，认为自己的祖先来自中原，尤其是江西吉安籍和太和籍居多。主要原因可能是明清以来汉苗民族之间交往中，"苗"的族群身份常常受到流官和汉民的欺压，他们为了避免遭到汉人为主的主流社会歧视和唾弃，往往不惜重金，买通乡里及官府脱离苗籍，或者延请文人雅士为之制造汉人祖先流落苗地的族群记忆。在建构祖源记忆的过程中，周边大量江西籍的屯军自然成为最便利的模仿对象。最后，还有一种特殊的情况是为避祸改为某种汉姓。雷山县西江镇控拜苗寨的李姓，本属雍正末年朝廷钦犯生羊的后代。按他们自己的说法，乾隆初年，清军到控拜来搜捕义军，叫嚣"见杨不留"。杨姓子孙或远走他乡继续保持杨姓，留下来的则改为李姓，但都是一支。②

一般说来，流官和汉民以本己文化为中心，常常将苗民简单地分为两类，第一类是"熟苗"，接受汉文化较早，他们对汉文化的认识、接受和积累已有一定深度，与新老汉移民相处较为融洽。第二类是"生苗"，长期生活在苗疆"生界"，即便开辟苗疆之后，也很少与汉人接触，汉人、汉官、汉文化对他们来说都很陌生。流官们认为，要化导苗民，必须使他们习汉人礼仪，"渐移其俗"。文化与礼俗的演变是流官们认知"生苗""熟苗"的主要标准。流官们除了设置学校直接的文化教化外，还鼓励汉人移民苗疆，允许汉民与苗民接触乃至通婚，逐渐地影响苗民的生活方式。古州镇总兵韩勋在雍正十三年（1735）奏请："古州苗寨接

---

① 《贵州省台江县苗族的家族》，前引书，第49页。
② 报道人：雷山县西江镇控拜苗寨李老汉（雍正朝钦犯生羊后人），地点：控拜村李老汉家，时间：2009年8月12日。

壤郡县，请视湖广例，得与内地兵、民联姻。庶彼此感喻，习知礼义，可底善良。"雍正对于这种化苗为民的主张，大加赞赏，立刻准奏。① 汉苗通婚政策，确实在一定程度上起到了汉化部分苗民的效果。汉苗通婚是否得当，清廷内部长期没有达成共识。有的官员认为，汉苗通婚，在汉人的教唆下，苗民更加狡诈凶顽，可能导致苗疆社会更难治理。此外，由于汉苗之间的频繁接触所引起的土地、经济债务纠纷也令流官头痛。乾隆二十六年（1761），湖南巡抚冯钤奏请禁止湖南"民苗通婚"并得到批准。贵州巡抚周人骥则反对这一禁令在贵州执行："新疆一带全系'生苗'，即附近城汛者亦各结寨，向与汉民异籍。……与兵民彼此结姻，原欲使之亲睦观感，化苗为民。……臣任黔四载，稍知地方情形，务在汉奸绝迹，自可久安长治，原不在民苗为婚之禁与不禁也。"② 乾隆允许贵州苗疆暂不执行"民苗通婚"禁令。尽管汉苗通婚有化苗为民的好处，但是经过上百年的通婚，屯军与当地苗民多有亲属关系，又私下将屯田典卖给苗民，外出谋生等，导致咸同"苗乱"时屯堡已经形同虚设，防御功能失效。

在汉文化的强势影响下，苗民出现主动学习汉文化，改革本民族陋俗的趋向。道光四年（1824），苗民在清江厅（今剑河县）城西摆伟乡凤党村西路口，立有一块"凤党婚碑"。此碑记载凤党村民往包引侄女仰羊包，与其外甥女赏容赖之子号登科结婚，"颠倒人伦、紊乱世系"。凤党寨老经请示镇远府后，刻碑为记，晓谕该寨苗民，嗣后"凡婚嫁之事，务必查明长幼班辈，只许同辈结婚，不准越辈笼娶，以正婚俗"，违者"严行惩办，决不宽贷"。③ 此外，在苗文化的包围下，汉民有意无意地出现"苗化"的现象，汉民中的有识之士往往出于坚守自身文化传统的自觉，联合大众发起抵制"苗化"，恢复传统的倡议。光绪十四年（1888）十月，在清江厅（今剑河县）东小环龙庵前立有一块"永定风规"碑。立碑的背景是清江厅的小广、化敖、谢寨均是侗族村寨，但有少量汉民

---

① 《清史稿》卷二百九十九，列传八十六，前引书。
② 中国第一历史档案馆藏，乾隆朝军机处录附奏折，微缩号：585—2083，乾隆二十六年六月十七日，周人骥，"谨奏为敬筹黔地民苗结婚之例仰祈睿鉴事"。
③ 详见附录：凤党婚碑。

杂居，地处三寨之中的大广杂居汉民较多。原小广等寨的女装是衣服领口、袖口和裤管着绣花框边，外套绣花长裙，发挽髻。男女青年虽有恋爱、唱歌、对歌等自由，但结婚不能自主，存在"女还舅门""舅家礼""吃江钱"（外甥女钱）等陋习，即使姑妈家无女，舅舅家亦要勒索银两。由于汉侗杂居，汉少侗多，汉人的风俗习惯逐渐被侗化，汉民渐渐沿袭侗民的这些陋习。汉民团首潘松乔出于保护汉民风俗，避免侗化的文化焦虑，特地请示镇远府和清江军民府对风俗进行禁革，刻立永定风规碑，严禁当地汉民"侗化"的行为。碑文大意是当时清江厅小广、下敖（今化敖）、谢寨的团首潘松乔"请示改装，恳换婚礼"，革除陋习："舅氏不得专利、同姓不准为婚、诱拐不能成配，男女不许同歌，朝夕不许聚会等。改俗后，姑家、舅家只准取钱九百六十文：姑家用作陪嫁之资，舅家用作纳宴会之席。改装后，女装衣裤无花边，小袖束腰，不套裙，梳短发。"① 从碑文中可以看出，汉人士绅即便身处苗地，内心深处亦有坚守大传统的文化自觉，同时也体现了汉苗民众对国家大传统文化的一致认同。汉苗民众基本达成共识，违背儒家道德文化就是违反王法，破坏国家秩序。从实际效果来看，侗族人民只接受繁装改简装和禁革"还娘头"的习俗，男女青年自由恋爱、行歌坐月和完婚时所举行的种种礼仪继续保持本民族的习惯。

　　受汉文化的强势影响，苗民内部也发生着文化上的分化，如同王明珂探寻出了羌在汉藏之间的社会情境，揭示了羌族民众在日常生活中"一截骂一截"的社会现象。② 由于长期受汉文化的影响，处于交通要道、经济相对宽裕地区的"熟苗"在文化上排斥生活水平较低、经济落后的边远苗寨的"生苗"。据调查，贵州台江县施洞口的苗族把施洞以南的苗族，包括台江城附近和覃膏、巫脚、交下等乡在内，称为"高坡的人"（苗语为"方必"），而台江城附近又把他们南面的地区，覃膏、巫脚、交下等处的人称为"高坡的人"。所谓"高坡的人"，实际上带有轻视的含义。台江施洞镇有一句谚语："老婆找不到，才向高坡找。"在今凯里舟溪一带也有类似的情况。那里的苗族把住在雷山与丹寨交界处的一部分

---

① 详见附录：永定风规碑。
② 王明珂：《羌在汉藏之间》，中华书局 2008 年版，第 62—63 页。

苗族称为"高坡人",他们嫌这些"高坡人"不讲卫生,不善织布,不会绣花,一般不考虑和这些"高坡人"开亲。① 概言之,居住在较为平坦地区的苗族,生活一般较为富裕,在他们看来,"高坡人"是落后的象征。在日常生活中不愿意和"高坡人"交往,一般情况下也不考虑与"高坡人"通婚。

流官们除了在苗疆推行学校教育,采取若干措施促进苗民改汉姓、修族谱、革陋俗之外,笔者发现他们还刻意用地名命名等手段来推动苗疆的王化进程,"中央王朝统治者往往把他们的思想意图、政治意图、生活理想、道德标准寄寓于地名当中。贵州建省之后,历朝统治者通过各种方式来向民众灌输儒家等级、正统、尊卑观念以维系民心,稳定贵州苗疆。通过对大大小小地名的命名,使百姓皆知礼仪尊卑,使苗民皆晓中原'正统'文化,使苗疆各府厅州县皆思平安昌隆,往往是潜移默化的长期过程,故历代统治者在这方面总是绞尽脑汁、费尽心机"。②

本章小结

清代进入了中国封建社会末期,中央集权虽然得以日益加强,但对王朝边陲的清水江流域乡村社会的控制却始终是间接的。清廷开辟苗疆后,为了从思想上控制清水江流域乡村社会的广大民众,清廷通过多种途径和手段来实施教化的任务,既有官方的教化组织形式如保甲、社学、书院、旌表等,也有非官方的教化组织形式如宗族、乡约、私塾、义学、宗教、戏曲等,这些共同构成了一个二元性的乡村社会教化体系。

在苗疆社会文化发展过程中,中原强势文化向苗疆弱势文化渗透,但在某些时候,也不乏苗疆弱势文化向强势中原文化的渗透。太平时期,清中央王朝积极鼓励汉人向苗疆移民,受汉文化的强势影响,苗民亦会主动学习汉文化,革除本民族的陋俗。平定"苗乱"期间,流官们甚至直接通过行政命令强制改变苗民的习俗,实施民族同化。清廷有一整套化苗为民的文化措施,包括在苗疆围绕"五缘文化"倡导修建学宫、会

---

① 《贵州清水江流域部分地区苗族的婚姻》,前引书,第18—19页。
② 拙文《贵州古代地名蕴含的儒家教化理念研究》,前引文。

馆、庙宇、祠堂、牌坊等，强令剃发改装，实施学校教育等。在汉文化的强势影响下，苗民还主动借鉴、模仿、挪借汉文化符号为己所用，自身文化渐渐地受到汉文化涵化。总体而言，清中央王朝对苗疆的控制更多是依靠教化手段，对苗民进行思想道德的无形控制。此外，流官还将教化理念渗透到苗疆地名的命名上，"将传统的儒教文化伦理道德融入其中，体现中国传统文化中寻求平安、安康、和睦的观念。贵州古代地名中所体现的某些美好愿望也符合广大人民的心理需求，在当时或现在都有其积极的一面"[①]。

[①] 拙文《贵州古代地名蕴含的儒家教化理念研究》，前引文。

第十章

清代的苗民国家认同塑造与效度

在中国两千多年的封建社会中，并不是所有的人都能直接接受学校教育，掌握文化知识，"对于文盲或半文盲的广大的基层民众来说，张贴于城乡街头巷尾的朝廷谕令是艰难晦涩难以领会的'天书'"①。尤其是苗疆，清政府的行政机构一般来说只能到达县级，日常政务的繁忙、语言文化的隔阂使州县官不可能深入到清水江流域乡村社会去现身教化。于是，清水江流域乡村社会教化的职责便落在了土司、寨老、族长、汉苗读书人等地方精英身上。在教化过程中，流官政府一般不与苗众发生直接联系，而是由地方精英承担连接两者的纽带，并将中央王朝的教化政策付诸实施，在政府与苗众之间，土司、寨老、族长、汉苗读书人等地方精英是一个缓冲群体，从中协调两者的关系。由于国家资源有限，汉苗语言、文化隔膜等因素，清王朝与清水江流域乡村社会处于一种相对分离的格局，只能依靠苗疆地方精英实施间接统治。为了将苗疆地方精英纳入报效朝廷的正道，中央王朝在国家资源匮乏的情况下，更多地倚重儒家文化的道德魅力使苗疆地方精英的行为符合中央王朝的利益。在清水江流域乡村社会，流官们借助各种组织、手段和形式对苗众进行儒家思想文化教化，培养苗民的文化认同，塑造苗民的国家认同。

第一节　王权表达与苗民国家认同的塑造

清廷鉴于自身在管理西藏、蒙古等地的政治经验，文化政策上采取

---

① 尤永斌：《绅士阶层与清代乡村社会教化》，前引文。

尊重苗民文化习俗的做法,"修其教不易其俗,齐其政不易其宜",同时积极引导苗民认同儒家文化。为了加强新辟苗疆对大清的国家认同,雍正七年(1729),贵州巡抚张广泗等人特地挑选两件苗民拾金不昧的案例作为典型,奏请雍正给予奖励,并在苗疆广为宣谕。

案例1:

(雍正七年)九月二十四日,贵定县"民人"王明在赶场时丢失银包一个,内有银三两并契约一张,麦董寨仲苗阿罗承认拾得并退还。王明情愿请酒谢银,伊并不要。贵定县事试用知县陈以明赏给花红。①

案例2:

古州有土通事杨士可,于(雍正七年)十一月十五日在营盘外捡着布包一个,内系散碎银两,上交营盘驻军主管代为查寻失主。当天下午有失主利洞寨苗民老顿等五人来认领,称同伙卖猪肉生理,共卖有纹银十三两三钱零。失主自愿将银二两酬谢杨士可,而杨士可不肯接受。黎平府知府张钺和黎平协副将赵文英,"复传杨士可奖谕并给赏花锻银牌,以彰善俗"。②

这两件事被上报给当时的贵州巡抚张广泗,张核实后,"复檄藩司公同酌赏银两,交与各该地方官,并给予匾额以示奖励"。这两件拾金不昧的事情,涉及的金额分别是"纹银十三两三钱零"和"银三两并契约一张",在中原地区虽然不说是平常,起码不会如此夸张地惊动到奏请雍正帝亲自下旨嘉奖。此外,苗疆此前应该也有拾金不昧的案例,但此时出现似乎更加体现了圣朝教化有功。而张广泗对此事大张旗鼓地奖励,声明"今黔省之杨士可系苗边土后,其阿罗则系彝仲之流,生性最重货财,鲜识礼义",但是却能够做出拾金不昧的行为,原因是"我皇上圣德感孚,有以潜移默化所致"。③

---

① 台北"故宫博物院"整理:《宫中档雍正朝奏折》第15卷,前引书,第119—120页。
② 台北"故宫博物院"整理:《宫中档雍正朝奏折》第15卷,前引书,第119—120页。
③ 台北"故宫博物院"整理:《宫中档雍正朝奏折》第15卷,前引书,第119—120页。

雍正十三年（1735），贵州巡抚元展成又奏报两起苗民拾金不昧的事情："上年十月二十日，台拱有苗户向拨友走失牛只，为排略寨苗老毛收得。十一月间，又有'民人'周文魁亦失耕牛，为排略寨苗老四收得。俱同本寨乡约送官交还原主。"① 在该地的文武已经奖赏拾金不昧者之后，元展成等至台拱时，"于赏赉各苗众集之所，将老毛、老四另加奖赏，俾诸苗群知踊跃向善"。此事上报朝廷后，雍正的反应比之雍正七年那次更加夸张，下令钦差吕耀曾于三月二十四日至台拱宣谕将苗人老毛、老四加倍犒赏。②

雍正抓住四件拾金不昧的典型，超乎寻常地给予重奖，乃至委派钦差到苗疆宣谕。他希图把儒家的一套文化秩序移植到苗疆，对苗民"移其俗""格其心"。这一举动表明，清王朝高度关注苗疆的政治文化动态，急切推动苗疆的王化进程，因此不遗余力、不惜血本地教化苗民，培养苗民的文化认同、国家认同。

贵州古州厅城内的诸葛台，"雍正七年（1729），始设古州，理苗同知毛振宜实始兹土，乃筑亭于（诸葛）台上，而属常安（时为贵州布政使，笔者注）为之《记》。今台下碑是也，亭中联额则中丞元公展成（时为贵州巡抚，笔者注）所题"。③ 许多史料上记载这样一个故事：张公（张广泗，笔者注）假道时至其地，登陟眺览，苗大惊异，以为神人。又疑其有他图谋，以刀往割其所衣绣袍，觇其意旨，张不为动，笑指当胸处曰："此处甚佳，盍割取。"苗因不疑。不数年，张遂经略其地。④ 清人即已明确指出此故事的荒诞不经和杜撰附会："夫苗既惊畏公，安敢以刀割其衣？世人震于张功烈为此附会之说，不足信也。"⑤ 从文化人类学的视角来看，张广泗不惧苗民钢刀割袍的故事隐喻的是王权的强大不可动摇，因此这一故事很快受到流官、士大夫的欣赏和重视，地方志和私家著述不断转抄，形成众多丰富的"史料"。但是，我们仔细研究这些材

---

① 台北"故宫博物院"整理：《宫中档雍正朝奏折》第24卷，前引书，第307页。
② 台北"故宫博物院"整理：《宫中档雍正朝奏折》第24卷，前引书，第307页。
③ （清）吴振棫：《黔语》，"诸葛台"，前引书。
④ （清）吴振棫：《黔语》，"诸葛台"，前引书；同时可参见（清）林溥《古州杂记》，前引书。
⑤ （清）吴振棫：《黔语》，"诸葛台"，前引书。

料，可以发现，后来的描述细节上比前面记载的要丰富得多，"层累造成的古史"痕迹相当明显。在历代统治者的引导下，当地苗民自身对于诸葛台奉若神明，"岁时伏腊，或负疾疴，必具鸡酒拜祷（诸葛）台下，顾不敢登，云'登辄眩而仆也'"。历任苗疆官员，看到诸葛台能够起到训导苗民的神奇功效，自然不甘落后。流官政府把张广泗的诸葛台故事在史书上大书特书，该地不时有流官筑亭题字，举行各种祭祀仪式。经过长时段、多层次的建构，诸葛台俨然成为古州苗民民间宗教信仰的神圣空间。

贵州雷山县桥港乡掌披寨下寨，距今一百五十年左右（故事采集于20世纪60年代，故事发生的时间当为1810年前后，笔者注），有一个白姓地主叫"绍白寡"，他原来没有汉姓，别人误认为他姓白。他曾经在丹江当土司通事，家住在丹江城里，一度发展到拥有田地约九千挑①的财产。绍白寡的发家史说是有个乞丐死在排调（今属丹寨县）附近，那里原是八寨厅、丹江厅和都江厅三脚屯的交界地方。在边界死了人，三个行政区都有责任，就协商派员亲临现场验尸，并踏勘应由谁负责掩埋。但三家互相推诿，谁也不愿承担责任。他们听说绍白寡很聪明，丹江的官员就请他临场断案。因路远年幼，他由父亲背着去。到达后官员问他尸首应由何厅（州同）负责掩埋。他说死者脸向何厅，即由何厅掩埋。因乞丐尸体脸向三脚屯，结果由三脚屯的州同负责。处理此事之后，他的聪明就更出名了。二十来岁时就当了土司通事，但只得三十三岁就死了。② 这个故事告诉我们：第一，苗民最初的汉姓都是为了与外界打交道，在某种偶然的机会下取的。如故事中的主人公绍白寡姓白，即是根据苗名音译得来的。第二，绍白寡可能是当地有史以来的第一号富户，又在清廷地方政权里当土司通事，这个官职在苗众看来既神秘又神圣，具有清王朝政治权力授予的符号资本，享有科层式权威。同时，流官在处理地方事务时，有时候需要借助当地人的威信，以便妥善解决问题。第三，绍白寡善于将清政府授予的土司通事这一符号资本转化为社会资

---

① 有人认为，九千挑是苗族巫词中的夸张叙述，实际没有那样多。
② 贵州省民族研究所编：《贵州省雷山县桥港乡掌披寨苗族社会历史调查资料》（"贵州少数民族社会历史调查资料之二十五"），内部出版，1965年，第18—19页。

本，并采取种种手段，在十余年内聚敛了大量的田产。第四，清廷在嘉庆年间已经能够有效地处理清水江流域乡村社会的地方政务，苗疆的大部分地区已经不再是雍正初年的"生界"状态，内部有一套管理监督制度在保证刑名钱粮的有效运作，故一具无名乞丐的尸首惊动到三个县级行政区的官员出面解决。

第二节　区别良莠与慕义向化：党堆寨与柳利寨

乾隆中期，清廷治理苗民的手段不断改进，苗民的国家认同也不断提高。乾隆三十五年（1770），贵州古州厅党堆寨香要发动"叛乱"。起事之初，本寨苗民老响劝阻香要等不要"叛乱"，结果"香要杀老响，屠其家，遂作乱。各寨应之，杀土司某及兵役"。清廷派兵前来镇压，为分化苗众，采取"刊刻通俗告示多张，并音出苗语①，发给附近一带苗寨，遍贴晓谕，既以安其疑惧之心，且以阻塞凶苗逃窜之路"。② 这场"苗乱"被镇压后，贵州巡抚宫兆麟下令对苗民老响忠于大清的事迹给予表彰，"于其地建庙祀之。并将其死义被旌与香要叛逆伏诛事，以苗语译出，榜于庙中，使众苗岁时展拜知警"。③ 这个个案告诉我们：第一，乾隆中期，经过清王朝的苦心"教化"，部分苗民开始懂得"王法"是不能犯的，并且在发生"苗乱"时积极站到清王朝的一边。第二，苗疆腹地古州一带的苗民中至少有人掌握了一定的汉语文，因此流官想出刊刻通俗告示多张，并音出苗语，分化、瓦解"叛乱"苗众的办法。第三，对忠于大清并殉难的苗民老响，他们通过建庙立祠的方式，在苗众中旌表忠义之士，树立忠于王朝的典型。同时宣布"香要叛逆"的罪状，宣扬一套忠臣逆子二元对立的儒家价值观，"使众苗岁时展拜知警"，起到一石二鸟的效果。

清代清水江流域乡村社会在面对大量汉移民涌入和新的生产方式传

---

① 即将告示的意思翻译为苗语，再用汉语音代替苗语音写成告示，有认识汉字的苗民一旦念出苗语音，旁观苗人即知其意。

② 乾隆三十五年闰五月初七日批（军录），"吴达善等奏亲抵下江筹办进兵苗寨折"，载《清代前期苗民起义档案史料汇编》中册，前引书，第109页。

③ 《清史稿·兆麟传》，转引自《贵州通志·前事志》第三册，前引书，第361页。

入时，不少苗寨能积极调适，与汉移民相互融合，共同发展，苗民积极地"化生为熟，化熟为民"。无独有偶，开辟苗疆后，除了古州厅党堆寨案例外，清江厅柳利寨苗民亦深明大义，屡次帮助清廷"运粮馈饷""守城助剿"等，多次获得流官的表彰。例如，乾隆年间张广泗"督师剿贼"时，该寨曾经"运粮馈饷，著有微劳"。雍乾"苗乱"被平定后，清王朝在"新疆六厅"安堡设官，柳利寨一切大小夫役，"概蒙豁免在案"。咸丰五年（1855），台拱"苗乱"，"（柳利寨）民等又挑丁壮随同督办下游军务，前升院韩（指韩超，笔者注）援剿并守御清江厅城，后因粮尽援绝，城陷之日，寨中五百余户死亡殆尽，仅余四五十人"。光绪六年（1880）七月十四日，柳利寨民杨义、张正方、杨老里、杨老保、刘老香、张老抱、九乌仰、九条仙、禾耶吊、九多也、我条、大老耶、条九包、条我耶香、九耶佐等，共同向当时在清江厅"查阅营伍"的贵州巡抚岑毓英禀称："咸丰年间，苗匪叛乱，裹胁各寨，惟民一寨誓死不从，踞要堵御，血战毙命者七八十人。至（咸丰）六年八月十三日清城被陷，民寨五百余家，逃脱不过数十人。同治八年（1869），克复清城，民等归梓，一切夫役等与各寨一体。十年来未敢声张。……镇远、台拱、古州、天柱各处往来差事，仍派寨中充当。民等锋镝余生，实不堪命"，柳利寨希望"照旧章免应夫役"，"恳请永远免派等情"。贵州巡抚岑毓英经过核查，认为"该民等自变乱以来，实能同心守义，不甘从贼。似此明于顺逆，勇于孝忠，自应旌别嘉奖，以分良莠"。贵州巡抚岑毓英在"免夫碑"碑文的开头称柳利寨寨民为"苗民"，在随后的历史追溯中则称之为"民"，碑文的结尾郑重其事地宣布"柳利寨'民人'等知悉，自示之后，准将该寨夫役永远裁免，其余民苗不得援以为例"①。

流官从使用"苗民"到"民""民人"的用词变化，绝不是误用，而是经过精心选择后的结果。从这一"免夫役"的历史个案似乎可以推导出，清王朝划分"苗民"和"民人"的标准，不是以血缘为界限，也不完全根据文化的标准，主要看是否效忠于大清。柳利寨苗民集体向贵州巡抚岑毓英请命的名单上，虽然有汉名杨义、张正方、杨老里、杨老保、刘老香、张老抱，苗名则更多，有九乌仰、九条仙、禾耶吊、九多

---

① 参见附录：免夫碑。

也、我条、大老耶、条九包、条我耶香、九耶佐,但只要柳利寨民曾经对大清效忠的事实属实,清王朝仍旧会批准"夫役永远裁免"。清王朝希望通过对个别苗寨的格外赏赐,树立忠君爱国的典型,促使广大苗民像柳利寨学习,服从清王朝的统治,在大是大非面前坚定地站在朝廷的一边。在清廷倡导的儒家文化教化作用下,咸同"苗乱"期间还有"若干村落组织子弟乡邻,协助流官政府镇压本民族的'叛乱'分子,可见维护国家秩序的意识已经深入到村落生活中"[1]。整个清代,随着苗疆再造政策的逐步实施,效果逐渐显现,清水江流域乡村社会与国家之间的对抗逐步减少,而清王朝利用苗民从事夫役,参与输送粮饷,镇压外地少数民族叛乱的事例逐渐增多。咸同"苗乱"时期及其后,在清廷重新允许苗民当兵的政策推动下,地方官员更是收降和招募了大量苗兵参与军事行动。

第三节 苗民对清王朝科层式权威的认同

开辟苗疆后,尽管原有土司仍旧保存,甚至新设若干小土司,便利管理各大小苗寨,但土司权力被严重削弱,政治特权受到诸多限制,经济地位随之逐年下降。在今贵州三都县城西南烂土小学,有一块立于嘉庆十八年(1813)的"烂土司信照条约碑"[2],碑文内容显示,土司向苗寨头人借钱并以碑文的形式,明文规定该土司在哪些情况下对苗民政治上作出何种程度上的让步。该碑文表明,土司制度逐渐崩溃的过程中,苗民开始懂得怎样利用既有经济优势,订立契约,限制土司权力,获取更多的政治权利。在苗众心目中,土司已经不再是高高在上的土皇帝,仅仅是可以与之开诚布公、坐到谈判桌上讲条件的地方政权管理者而已。同时,我们看到苗众对于清廷任命的土司,还是表示某种程度上的顺从,"官为一司父母,谁敢不遵"[3],体现出苗众对清廷科层式权威的认同。

视野回到清江厅,笔者在碑文史料中发现,19世纪初期"新疆六厅"

---

[1] 唐莹:《清水江流域的乡村社会生活》,前引文,第47页。
[2] 详见附录:烂土司信照条约碑。
[3] 详见附录:烂土司信照条约碑。

的部分苗民头人已经懂得利用中央王权及其代表者流官来保护自己免受土司的盘剥。道光二十五年（1845）十一月初一日立"清江府示碑"中，记载乌连、九连、羊条、斩岗四个苗寨头人引勒用等具禀，代办土千总王中兴拖欠粮石、包夫违悮（误），遗累地方，并将伊等上纳兵粮私收挪用，又令重征代赔受累不浅。在四寨头人的请求下，清江清军理苗府下令："嗣后尔等各寨落归府管理，不准土弁藉名派累，所有每年夫、粮，务须亲身赴辕呈领，官封赴紧，照章上纳。券领回，毋许拖延违悮（误），其附居寨内苗汉，应纳粮石夫役，务须交给头人一律办理，毋稍观望，倘有违悮（误），定即驱逐出寨。该苗汉毋得自取重咎，各宜凛遵毋违！"① 根据碑文内容可以推断，清江厅部分村寨的苗民，经过一百多年的教化，开始具有国家认同，他们懂得绕开地方土司，直接与当地的流官政府交涉。因为众怒难犯，同时清江厅也意图打压土司势力，所以批准苗民头人联盟的合理要求。张静指出，"地方权威并不经由官方授权，其所依赖的支持系统主要来自于地方社会，并由一系列相互配套的地方性制度保证，国家治权对乡村社会的控制更多是象征性意义"。② 清代清水江流域乡村社会，苗民通过与中央王朝的不断博弈，主动适应清政府的政治统治等。受土司间接管辖的诸多苗寨苗众，在土司和中央王朝之间不断摇摆，寻求自身利益的最大化，当土司的剥削、压迫和奴役超过一定限度时，清水江流域乡村社会的民众则采取越级告状等方式，借助更高一级的科层式权威来维护自己的合法权益。

批准苗寨归清江厅直管的先例产生良好的连锁反应，光绪十八年（1892）十一月立的"万古流名碑"记载，乌连寨、九连寨、在乃寨、斩岗寨、洋条寨等头人援引"清江府示碑"中四寨归清江府管理的先例，"联名邀恳台前赏准作主，归府管理"，清江厅同样批复："尔等各寨归府管理，不准土弁嗣后藉名派累。所有每年夫粮、一切公事，务须亲身赴辕，赶紧仍照旧章办理，毋稍观望，违误自取重究，各宜禀遵毋违。"③ 这两起苗寨头人请求直接归清江厅管理的个案，表明土司盘剥苗众是苗

---

① 详见附录：清江府示碑。
② 张静：《基层政权：乡村制度诸问题》，浙江人民出版社2000年版，第26页。
③ 详见附录：万古流名碑。

疆不稳定的重要因素，导致苗寨纷纷请求归属清江府直接管辖。虽然流官也免不了剥削，但起码减少土司这一"中间商"的雁过拔毛，意味着苗民被剥削的程度会有所降低。苗寨申请归流官政府直接管理，苗民积极地利用流官政府应对土司盘剥蕴含着丰富的政治文化信息，折射出开辟苗疆百余年之后苗民国家认同的增强，愿意直接求助流官政府保护自己的利益。流官政府无疑想借此机会进一步打压并限制尾大不掉的土司势力，当然流官政府也知道，完全抛弃土司将难以维持苗疆正常的社会秩序运行。苗民请求脱离土司统治，直接归府管理，隐含着两个前提：一是苗民承认流官政府的科层式权威，愿意通过官府来解决问题。二是官府有能力召集各方当事人并保证裁决结果的执行效力。从这个意义上看，苗众愿意认同大清的政治权威，愿意认同大清的司法权威。国家法律开始有效地在苗疆得以行使，标志着流官政府对苗疆地方社会的政治控制和影响力逐步走向深入。

清江厅（今剑河县）东南翁座乡翁座村东路口处，立有一块"例定千秋碑"。嘉庆、道光年间，当地流官政府和汉民士绅对苗民进行无休止的剥削压榨，特别是地方绅士团首，鱼肉乡民，肆意派夫索粮，无恶不作，激起咸同"苗乱"。"苗乱"平息后，同治十三年（1874）贵州巡抚曾璧光为长治久安计，在善后措施中向苗民作出一定程度的让步，制定免夫役条例公布于众，但厅官、土司依然盘剥苗民如故。时隔二十年（即1894年）之后，翁座等苗寨民众将曾璧光的公文勒石刻碑竖于寨侧，采用合法的手段反抗厅官、土司等对苗众的压迫、剥削。碑眉刻"例定千秋"。碑文正文内容为："照得苗疆未定，民困未苏，亟应剔出积弊，加意抚绥，以作长治久安之计。兹据通省善后总局据署都匀府罗（应旒）守具禀：地方官及土司衙门，向有苗民轮流当差应夫并供应器具什物，每遇差使过境，或因公下乡，土司夫役，联为一气、勒派夫马、酒食、洋烟（指鸦片），无不恣意苛求，且有营汛弁兵绅团责令苗服役，其弊相等；各路防营见而效尤，遇有移营、樵采等事，亦相率拉夫。似此劳烦民力，朘削民膏、实不堪命，应即严行禁革，以安闾阎。除行善后局分驻镇道并行各属营遵照外，合行出示严禁。为此，示仰各属地方官绅及营汛员弁、土司、书役、民苗人等知悉：嗣后除主考、学院过境照旧（旧）派夫迎送外，无论何项差役不得派令苗民应夫供役，一切供应陋规概行革除。倘有仍前勒派索扰情弊，一经查出，或被告发，即行照旧条例，分别究办，决不稍宽，勿谓言之不预也。各宜禀遵毋违！"①立碑者显然是想借助石头不易毁损的特点，用石刻文字来公开声明官府的禁令。碑刻抄录官府的苗疆禁令，表明苗众认识到贵州巡抚的命令具有无可置疑的合法性、神圣性、权威性，可以起到以子之"盾"，挡子之"矛"的效果。苗众刊刻碑文的时间滞后曾璧光发布命令的时间20年，苗众在这20年中可能有人接受学校的汉语文教育，知道了上面（中央王朝和省级流官政府）严禁滥派夫役的苗疆禁令，意欲揭穿并抵制下面（厅县及以下的流官、土司）欺上瞒下的做法，才想出勒石为证的方式，抄录贵州巡抚苗疆禁令，防御无休止的盘剥、摊派等。②

第四节　苗民国家认同的效度

传统中国的地方政府主要有两项任务：一是保证钱粮的足额征收；一是维持地方社会的稳定。对于苗疆的流官们来说，各种形式的"苗乱"是需要扑灭的，但太平时期苗民的诉讼请求同样需要流官们给予解决。在清代封建社会强大的专制王权之下，由于汉苗语言文化的差异，清水江流域乡村社会的寨老、族长参与管理苗寨无疑得到了国家权力的认可，至少是不反对地默许，主要原因在于寨老、族长对于协助国家权力控制清水江流域乡村社会是不可或缺的力量。同时，只要中央王朝的徭役夫役负担不是太重，寨老、族长也无意煽动苗民对抗中央王朝，寨老、族长与国家权力之间的关系是可以达到和谐共生的。

雍正朝开辟苗疆后，许多少数民族还没有汉姓，官府下令，"仲苗姓氏多相同者，难于分别，应令各照祖造报户口清册，编立保甲。其不知

---

① 详见附录：例定千秋碑。
② 此外，榕江县计划乡计划寨有"计划禁革碑"，碑文标题为"永垂不朽"。石碑系同治十三年冬月计划等四十三苗寨同立。碑文内容是贵州巡抚曾璧光严禁地方官、土司衙门、营汛、弁兵、绅团派令苗民应夫供役等，与"例定千秋碑"前一部分内容相同。也许清江厅翁座村的苗众是了解到古州厅计划寨的刊刻立有此内容的石碑而仿效刊立，不过已经无法考证。参见《榕江县志》，前引书，第920页。

来姓者，代为立姓，以便稽查"。① 流官"代为立姓"后，各地的"生苗"或"熟苗"大多数以地方官的姓氏籍贯作为自己的姓氏籍贯，这类强迫性的民族同化措施在当时带有普遍性。许多"熟苗"带动"生苗"，"愿呈该土籍"为汉民。雍正五年（1727）三月十二日鄂尔泰奏："已归流之民"，宜令"从国制"，"剃头改装"，"以汉化夷"。清廷采纳这一建议，仅长寨厅"前后剃头者，已数千人"。雍正十年（1732）六月，贵州按察使方显的上奏，开辟苗疆以后，"各苗格被，凡有争诉亦知赴官告理"。② 这可能是清廷开辟苗疆以来，"新疆"境内苗民顺应、接受清王朝司法管理的最早记录。当然，还有相当一部分苗民后代，在改汉姓、取汉民的同时仍然保留着自己的祖源记忆。今贵州雷山县下辖的控拜苗寨，在雍正开辟苗疆时是反清的大本营，曾经产生过三名朝廷的钦犯。钦犯生羊的后人李老汉仍然记住这一段世代口传的心酸历史，其所述内容与官方史料相差无几③，只是双方所持立场截然相反。李老汉不停地述说："现在政策好了，子女们都外出打造银饰挣钱，苗家也扬眉吐气了……"④ 控拜村中寨组杨氏后人近年合族所立的家谱碑文则云："祖先原是在长江中下游地区，由于战乱，为了生存……来到控拜地域。……日后无论你是到天涯海角、繁衍后代，或是出头之日，不要忘记控拜是你的血缘根基。"⑤ 可见控拜人既不忘记自己族群、家族的历史，也认同当下的国家权威。

贵州惠水县卧马、高寨两个自然村寨的苗族祖先有岩洞葬习俗，寨子后山腰岩洞是存放苗民祖先棺椁之地。咸丰末年，当地流官政府的办事人员赵洪兴等进岩洞采硝，遭到当地苗众的强烈抗议，他们认为采硝行为惊动了自己的祖先神灵。值得称道的是，苗众并没有采取不理智的做法，而是通过有功名的本族人杨景春（武庠）多次到定番州告状，寻求知州主持公道。经派员核查，知州便令赵洪兴撤回，另寻硝石开采。

---

① 《清实录·贵州史料辑要》，第332页。
② 台北"故宫博物院"整理：《宫中档雍正朝奏折》，第20卷，前引书，第95—98页。
③ 《清代前期苗民起义档案史料汇编》，前引书，第270—271页。
④ 报道人：雷山县西江镇控拜苗寨李老汉（雍正朝钦犯生羊后人），地点：控拜村李老汉家，时间：2009年8月12日。
⑤ 采集人：张中奎，采集地点：控拜村中寨组路坎旁，时间：2009年8月12日。

两寨人民为了保护祖先洞葬之地不再受到惊扰，特立"敬宗奉示"碑记载此事①。在这一事件中，杨姓苗众通过法律的渠道去维护自己的合法权益，说明在清初大规模的改土归流以后百余年，苗民已具有强烈的国家认同，族人中出了三名有功名的人，在碑文中对文言的娴熟运用也显示出苗民汉语文水平非常高。从碑文内容看，第一，杨姓苗众追溯自己的祖先是明洪武来自江西的汉人，大不可信，似乎只是表明自己也是优等民族之列，"苗汉同源"，提醒地方官匪人在自己祖先安息圣地采硝是毁灭人伦之举，绝不能放任自由。第二，碑文落款人员名单上看，杨姓苗众有一名武庠、两名文庠作为社会资本，地方官对这一支拥有三位功名身份的家族，还不能坐视不管或敷衍了事，必须给出妥善的处理意见，故才有撤销采硝的命令出台。第三，杨姓苗众为了一劳永逸，利用石头不惧风雨的特性，将定番州知州的处理决定勒石为记。当然，清水江流域乡村社会苗民对国家认同的心态实际上是极为复杂，一方面他们需要认同清中央王朝，通过打官司，寻求上级干预的方式阻止采硝行为，"依靠正统政治资源，用符合统治者价值体系的方式来实现自身的利益诉求"②，另一方面他们又希望能继续传承当地苗族岩洞葬的习俗，保护本民族的文化。

本章小结

通过对档案、苗疆碑刻及口述史料的分析，尽可能地还原一幅复杂的清代清水江流域乡村社会王化的活态过程。其中，有清王朝采取塑造典型人物、典型苗寨等方式积极引导苗民的国家认同，有苗民对中央王朝政治权威、司法权威的认同。苗民对流官、土司的压迫与剥削从武力抗争到采取告状的合法斗争方式来维护自己的利益，一方面是清王朝积极推行王化政策，化"生"为"熟"，化"熟"为"民"，苗民开始具有国家认同的表现；另一方面是苗民经过多次流血牺牲的斗争，学会了合法争取自己的利益诉求。苗民的民族文化认同、儒家文化认同与国家认

---

① 详见附录：敬宗奉示碑。
② 唐莹：《清水江流域的乡村社会生活》，前引文，第 47 页。

同之间，存在着相同点与不同点，大同中存小异。苗民的儒家文化认同与国家认同二者之间可以并行不悖，甚至在两种认同基础上可以各自发展原有的特点，从而获得苗民自身的生存和发展之路。从苗疆的社会发展史来看，苗民的儒家文化认同与国家认同意识在大方向上是并行不悖的，苗民遭受压迫忍无可忍的情况下起来反抗流官、土司的统治，并不等于苗民不认同儒家文化，不承认中央王朝的科层式权威。开辟苗疆后相当长的时期内，在中央王权的政治威慑和儒家道德文化的感召下，流官尚未对苗民竭泽而渔，清水江流域乡村社会还能保证正常运转。然而，到了清王朝后期，流官政治日益腐败，土司制度也走向没落，流官、土司放弃一切道德的约束，达成共谋，变本加厉地盘剥苗民，苗民不得不奋起反抗，以求生存。大乱之后有大治，流官政府又采取诸多注重休养生息、奖励垦荒、强调文化教育、严禁滥派夫役、抑客护苗的善后政策措施，苗疆又迎来相对长时段的太平日子。

结论与讨论

历史上，传统中国对待境内少数民族的治理方式不同于西方国家的地方在于采取王道政治为主，而后者常常采取霸道政治。清代清水江流域乡村社会与中央王朝之间的关系不能用简单的二元互动模式加以概括总结，必须尽可能返回到当时的社会政治文化环境中去考察，才能总结出双方错综复杂的关系。双方在政治、法律、经济、文化和教育等方面的博弈过程中，要尽可能调整到彼此都能接受的程度，以求能维持正常的动态平衡关系，在充分考虑照顾对方利益诉求的前提下才能追求各自利益的最佳化而不是片面的最大化。分析清代清水江流域乡村社会与中央王朝的博弈过程，掌握"生苗"→"熟苗"→"民人"，"新疆"→"旧疆"→"腹地"国家化范式的规律①，汲取清代中央王朝治理清水江流域乡村社会的经验教训，必将为我们今天管理民族地区乡村社会提供经验借鉴，为民族地区有效落实中央的"三农"政策提供决策参考，为民族地区与全国一道实现繁荣发展提供历史参照。

第一节 博弈："苗"⟷"民"

清代开辟苗疆之后，雍正、乾隆打破传统中国把南方少数民族作为"蛮夷"的"夷夏之辨"认识，把满、汉、蒙、回、藏、苗、瑶、傈、僮等民族的民众都视为"赤子"，把爱新觉罗氏的统治者建构为"天下共

---

① 拙文《清代苗疆"国家化"范式研究》，《广西民族大学学报》（哲学社会科学版）2014年第3期。

主"，在某种程度上具有积极的意义，强化了各族人民的国家认同。清水江流域乡村社会与中央王朝之间的关系博弈始终处于微妙的状态中，一方面是中央王朝控制范围的扩大和控制力的减弱，另一方面是清水江流域乡村社会各种力量的不断反抗与双方相互妥协达成的平衡。清代中后期，流官吏治逐渐趋向腐败，土司制度走向没落，军屯制度也形同虚设，对清水江流域乡村社会秩序的控制也逐渐减弱。

开辟苗疆不但是清王朝对苗疆"生界"事务从放任自流到直接干预的转变过程，而且是国家权力在清水江流域乡村社会强烈扩张的有效手段。在这场中央王权扩张的过程中，虽然清王朝付出了沉重的代价，其中也难免有对苗民的血腥杀戮，但是，开辟苗疆顺应历史潮流，直接的后果是国家权力深入清水江流域乡村社会，加速了苗疆的国家化进程，总体上是一场具有巨大进步意义的社会文化变革。政治上看，中央王朝在苗疆开始实现了间接统治；经济上看，苗疆处于原始社会末期的自给自足经济形态逐渐转变为封建地主经济形态，尤其是清水江和都柳江流域因开辟苗疆，木材贸易规模得以几何级扩大，反过来进一步促进清水江流域乡村社会向中央王朝靠拢；文化教育上看，开辟苗疆后流官履行国家职能，大规模兴办各种层次的学校教育，促进苗疆文化教育的发展。

中国历代中央王朝在新辟疆土树立与强化中央王朝权威过程中，毫无疑问都存在与地方权力的合作与对抗。换一个角度来看，一种来自社会的对抗力量对于保持政权的活力起着非常重要的作用，"社会中如果没有同国家权力抗衡的自治组织或团体，国家就会通过层层官僚机构将偏离于公共利益的强权意愿直接贯穿到社会底层"，[①]"官僚就有可能以其追随者的利益去取代公共利益，从而危及国家的自主性"。[②] 从长时段历史来看，流官统治、土司统治与苗乡侗寨寨老、族长自治的此消彼长是清水江流域乡村社会控制中渐变的动态过程。

清代开辟苗疆是中央王朝实施国家大一统的一件大事，清廷陆续实施"设土置流""以苗治苗""废土置流"等统治方略，以寻求最佳的方

[①] 周安平：《社会自治与国家公权》，《法学》2002年第10期。
[②] 罗荣渠：《关系、限度、制度：政治发展过程中的国家与社会》，北京大学出版社1996年版，第141页。

式实现"善治"治理苗疆。爬梳史料,每次平定"苗乱"之后,地方督抚都积极建言献策,对此前苗疆治理政策措施利弊逐一点评,并作了周密细致的善后部署与安排。这些善后章程在一定程度上对此后几十年苗疆的军事、政治、经济、社会、文化、教育等方面产生深远的影响。其主要内容包括"设厅置县""安屯设堡""设兵备""设将领""设土官""设苗疆缺""设屯田""编户口""设保甲""设学校""设驿汛""建城垣""疏河道""拓驿道""严吏治""设苗兵""禁夫役""设苗疆则例"等,不但使中央王朝能够更加有效地对苗疆实施统治,而且有利于"苗疆再造",保证了苗疆社会秩序的有效运行,从而解放了清水江流域乡村社会的生产力,促进苗疆政治、经济、社会、文化教育等方面的快速发展。

从长时段历史来看,作为国家政权控制苗疆的辅助性力量,清中央王朝开设的军屯、分封的诸多小土司在清代前期、中期保证了清水江流域乡村社会的长期稳定发展。清中央王朝充分发挥国家权力的作用,先是利用苗疆乡村社会的土司、寨老、族长代为管理苗寨,又在清水江流域推行乡里制度等,利用乡长、里长参与管理。特别是清代晚期,利用咸同"苗乱"造成许多小土司家族绝嗣无后或土司犯法被废除承袭权,广泛推行乡甲制度,实现了国家权力深入苗乡侗寨的目的。

清廷为了教化苗民,甚至对苗疆新置府厅州县的命名和书写都作了特别的规定。雍正十一年(1733),贵州台拱被清军征服,移清江同知驻其地,设台拱厅,挂府衔,称清江府。清江改设通判,挂府衔,称理苗府,以后改为军民府、理民府。此外,在苗疆地名的命名上,"教化色彩地名中带有'定''归''镇''化''威''平'等对少数民族有强烈蔑视感、征服意味、教化意图的地名增多。……从中体现的是儒家文化中心主义的一种自豪,也是中央王朝君主以及大大小小流官推行儒家教化理念、践行王道政治、改造'文化边疆'的历史见证"[①]。清王朝全力推进"生苗"→"熟苗"→"民人","苗籍"→"新民籍"→"民籍","理苗府"→"军民府"→"理民府","新疆"→"旧疆"→"腹地"的王化进程,采取的种种措施都是为了"化生为熟,化熟为民",使"新

---

① 拙文《贵州古代地名蕴含的儒家教化理念研究》,前引文。

疆"最终变为"腹地"。雍正朝开辟苗疆一百多年后，经过从中央到地方各级政府多层次、全方位的努力，虽然苗疆族群差异依然存在，但是国家观念显然已经深深地扎根苗众的心中。特别是清代中后期，相关的档案、碑文、民间文书、口传故事显示苗民已经对大传统文化拥有强烈的认同，以及对大清的司法权威逐步认同。

第二节　博弈中的平衡："赤子"与"帝王"

学界对传统中国汉人乡村社会的研究业已证明，"清代从州县衙门到乡村社会的社会控制，并不完全依赖于国家机器，地方士绅与乡族组织不仅是乡村礼俗控制的承担者，而且在一定程度上也是法律控制的执行者。清朝国家在很大程度上要依赖他们实现对乡村社会的控制管理"。[①] 但是，清代中央王朝对于苗疆乡村的社会控制是如何实现的呢？有学者在论及清代鄂西南土家族地区的治理情况时谈道："国家具有把支配权延伸到民族地区乡村社会底层的意图，并通过一系列治理实践完成了国家权力的渗透与支配。"[②] 总的来说，无论是针对鄂西南还是黔省苗疆，清中央王朝采取一系列治理民族地区乡村社会的措施，最后民族地区乡村社会与中央王朝之间互相博弈、不断碰撞达成动态的平衡。

儒家认为，无论人性善恶，都能够通过道德教化的力量，起到潜移默化的改造功效。这种以教化改变人心的心理上的改造，使人心良善，知羞耻而无奸邪之心，是最彻底、最根本、最积极的办法，这是法家的严刑峻法所不能办到的。开辟苗疆后，义学、书院纷纷建立，最初入学者以屯军子弟与汉移民为主，间杂附近的"熟苗"子弟，后来逐渐扩展到更为边远苗寨的"生苗"子弟，学校担负着教化汉移民与苗民的重任。期间，苗疆教育的"兴→废→兴"这一曲折的发展历程，是由于中央王朝对苗民采取"愚苗"政策抑或是"化苗"政策摇摆不定所致。在经历了惨痛的咸同"苗乱"教训之后，流官主动地选择"化苗"作为治理苗

---

① 贺跃夫：《晚清县以下基层行政官署与乡村控制》，前引文。
② 吴雪梅：《国家与地方势力：清代鄂西南土家族地区乡村社会权力结构的演变》，前引文。

疆的基本理念，重新重视苗疆教育。从清王朝经略边疆政策的发展历程看，往往把"区别对待，因俗而治"等策略纳入国家治理理念中，在面对文化水平较之更高、人口数量较之更多的汉民族时，就主张"华夷一家""满汉一家"，面对文化水平低于汉民族的苗众时，则采取借助儒家文化去加以同化的统治策略。

中国自秦汉以来就是统一的多民族国家，历史发展的经验证明，只有充分尊重少数民族的权利和风俗习惯，对少数民族地区实施正确的社会治理政策，才更有利于维护各民族的团结和国家的大一统。无论是实施土司制度还是实施改土归流，无论是实行设土置流还是实施以苗治苗，甚至废土置流，这些政策、制度、措施的变更均是历史实践的产物。无论是外来的乡里组织还是清水江流域乡村社会自在的"榔""款"，它们均在不同层次上接受或执行国家制度。当然，清王朝的国家制度有时候也是被选择性地利用或者变通执行，清水江流域乡村社会原有的制度，也因为中央王朝力量的进入作出种种妥协和变通，双方都在冲突与合作之间寻找自身合适的位置，博弈中达成平衡。

第三节 清水江流域乡村社会与清中央王朝关系讨论

清朝奠定了今天中国统一多民族国家疆土的轮廓，清代历朝统治者在边疆治理方面不乏成功的经验。将清代苗疆放到统一多民族国家背景下中央王朝与边疆的关系范畴中加以讨论，从"新疆"到"旧疆"再到"腹地"，从"生苗"到"熟苗"再到"民人"的转变，乡村社会与中央王朝之间的碰撞、交流、回应、互动关系有许多值得吸取的经验教训，可作为今天制定民族政策的参考。清中央政府在治理理念上坚持民族平等政策，强调各少数民族"皆为赤子"。然而，实践中清代开国的几位帝王常常偏离自己的治理理念，采取"愚苗"政策，诸多流官在具体事务处理时也常采取的是民族歧视政策。中国历代统治者在处理国内民族问题时，最重要也是最难做好而又必须做到的是民族平等，历次"苗乱"的基本要求是实现汉苗平等。

历史事实表明，中央政府制定的民族政策，只要符合历史发展潮流，符合民族地区实际情况，就能促进民族地区的和谐发展；反之，就可能引起民族关系的恶化，导致社会动荡，阻碍民族地区经济社会的发展，乃至发生严重的社会倒退。清代治理苗疆的历史经验证明，任何一届中央政府，只有制定和实行符合各民族利益、符合社会发展要求的民族政策，国家的边疆才会安定，各民族才会兴旺发展。清水江流域乡村社会与清中央王朝的互动关系归结起来就是在博弈中寻找平衡，启示主要有五个方面。

第一，政治上，中央政府要坚持完善民族区域自治制度，加大对少数民族干部队伍的培养，在民族地区的干部使用上要将本地干部与外地干部合理搭配；整饬民族地区干部队伍，提高干部队伍的素质，在经济待遇、政治待遇、轮岗轮休、转移安置等方面给予一定照顾，保障民族地区干部队伍的稳定。

第二，法律上，中央政府在不违反国家根本大法的情况下，可以允许民族地区因地制宜地进行司法改革，当然也需要根据民族地区经济社会发展的需要作必要的调整。从历史上看，苗民与中央王朝之间必须要保持安全距离，要尽可能调整到彼此都能接受的程度，既不能脱离国家控制，亦不可管得太死。要提高法律制度在民族地区乡村社会的执行力，确保司法公正。历史上清水江流域乡村社会的情况往往是法制不能有效执行，流官政府常常袒护汉民，不根据现实情况秉公办理，苗民无处申冤，"有法不依""执法不严""违法不究"，导致"苗乱"不断。

第三，经济上，中央政府要在不违法国家大政方针政策的情况下颁布一些优惠少数民族的特殊政策，使其感受中华民族大家庭的温暖；加大民族地区道路交通等基础设施建设，持续巩固脱贫攻坚结果，加大乡村振兴推进力度，改进少数民族原有落后的生产生活方式；开发民族地区矿产资源、特色产品的同时，要注意让本地人享受相应的红利；谨慎解决好民族地区各民族之间经济纠纷，客观公正、不偏不倚地处理好民族地区的财产问题。积极推动民族地区经济社会发展，使其与内地经济水平一体化。苗疆开辟以后三百年间的快速发展，离不开中央政府的开发与经营，而中央政府对苗疆的开发，必须继续坚持以民为本，爱民为先，才能促进苗疆地区真正地进步和繁荣。

第四，文化上，中央政府要尊重少数民族的风俗习惯，坚持"修其教，不易其俗；齐其政，不易其宜"原则，也就是费孝通所说的"和而不同"，允许多元文化共存；向民族地区推广先进的科技文化等，使其主动学习其他民族文化中优秀的成分；采取各种措施加大民族之间各种层面上的交往交流交融，促进少数民族内部的阶层流动，促进民族之间的跨族群流动；创造各种机会、提供各种平台帮助更多的少数民族群众改变社会身份地位，进一步推动各族群众增强对伟大祖国、中华民族、中华文化、中国共产党、中国特色社会主义的认同。

第五，教育上，中央政府要始终不渝地在民族地区加强学校教育；加大民族地区各层次的教育基础设施投入；加大民族地区教师队伍的培育；改善民族地区教师待遇，吸引优秀的教师到民族地区任教；优化少数民族考生录取的名额，出台相关措施使教育倾斜对象成为真正的受益者，为民族地区少数民族知识精英提供合法向社会上层流动的机会与平台。

当前，民族问题仍是一个关系中国边疆和谐稳定的重要问题，加强历史上边疆与中央政府关系的研究，"不但可以丰富或扩大区域史的题域内涵和旨趣范围，而且有裨于理解传统中国开发经营边疆的具体运作模式，同时也能够更好地把握王朝大一统秩序格局与疆域体系的建构特征，准确地揭示国家与地方长期复杂互动的整体而全程的历史图景"。[①] 当然，也必将对当下民族地区政策制定和经济发展发挥更多的借鉴作用。

[①] 拙文《改土归流与苗疆再造：清代"新疆六厅"的王化进程及其社会文化变迁》，前引书，张新民序二。

附　　录

附录一　清水江流域厅州县主要地名对照表

清代地名	今地名
台拱厅	台江县
清江厅	剑河县
八寨厅	丹寨县
丹江厅	雷山县
都江厅	三都县
古州厅	榕江县
清平县	凯里市
麻哈州	麻江县
平越州	福泉市
长寨厅	长顺县
定番州	惠水县
归化厅	紫云县
郎岱厅	六枝特区

附录二 仰望"抗贡"碑

万古流芳

署贵阳府贵定县事,定番州正堂程,为据禀给照事案。据□□①方文超等禀称,本年四月二十日,接奉钧扎,因仰王苗民雷阿□禀,年久茶枯,仰□前往确查,据实禀覆,奉此约遵,前往临山踏□,茶老焦枯,并无一株生发,实非苗民治枯捏禀情弊。奉扎查□禀明,伏乞查核,施行上禀等情。据此查茶树既俱枯坏,并无出产□□。除批示外,合行给照,为此照给该苗民等遵守。嗣后该处年年贡茶定数、茶筋及其余所派之茶准行停止,以免采办之累。如有差人□办茶为名下乡滋扰者,许尔等指名禀究,须至照者。据呈□□□银肆百二十两,收后发交殷实之户生复,再年购办该处贡茶。

乾隆五十五年四月立②

附录三 仰望地界碑

万古普芳

特授贵定县正堂加五级纪录六次刘。为出示晓谕事,照得西排仰王青苗雷阿豆等赴府具控生员郑士品等越界砍薪一案,蒙府宪亲查结文,行县票开仰具,官吏查照来文事理,立即束装前诣,勘明诙苗阿苗等四至界址。出示谕令,照界永远管业。□官上盖四至以外,官上亦带。同诣处土司勘明何处系官上,何处系属民地,定立界址。出晓谕嗣后设有砍伐柴薪,毋得越占苗寨地土,致启事端,其苗民等赶场贸易之时设营兵,如敢欺凌苛扰,立即□□纵,仍将遵示缘由,于三日内具文报府备

---

① □处为原碑文文字漶漫不可识。下同。
② 黔南州布依族苗族自治州苗学会编:《黔南苗族》,中国文化出版社2009年版,第432—433页。标点系笔者自行添加。

查等因。奉此，今本县于七月二十四日带同书一办徐玉卿盖□□，弁票开劫，共登山后勘查。雷阿豆所呈之契，除乾隆十二年二月内雷阿沟、阿若得买土司宋经卖仰王□：上抵牛坡其，下抵母猪冲，左抵高寨丫□，右抵深河坡，并无争竞外。又乾隆十二年三月内，雷阿至等得官□□谨上高寨山场水田一契：东抵老五寨坎，南抵排上，西抵老密寨□路，北抵深河庄田小河沟。除东抵南抵□，并无争竞外惟。西抵之梅子冲，生员郑士品、兵丁陈宗华称系官上，以致彼此互控。今查勘得梅子冲，西抵老密寨□路之西，应付雷阿豆等管业，郑士品等毋得再行冒占干咎。但该处兵民人等甚多□皆仰给官上。今查石门之北，云雾山之下，五道河之上，四五里之内一带官山，应付平伐营兵保护□□，不得私卖□苗民等私卖。如有擅得买卖者，除追价入官，将其地主仍归公外，并将私行买卖之人□发□□□。五道河之外，其余各处官山并付兵民护蓄永禁。独买私卖主，该处赶场贸易民苗兵丁应敦和□□□，□扰致生事端。为此出示晓谕：仰王青苗雷阿豆等，平伐营生员郑士品，兵民陈宗华等各执一纸各宜禀遵于是，□□。

嘉庆十三年八月初三①

附录四　烂土司信照条约碑

　　世袭贵州都匀府独山州烂土正长合江司正堂张，为给信照条约，准给各姓俸、上下两屯地方头人，以及十六五百水地方头人等，各俱遵照条约，凑数帮纳。兹承各姓俸及十六五百水扶凑之后，自必照条约所之项，施治安民，决不有负尔等地方相关之谊。以致列开所给信照条约款，各俸以及十六五百水头人姓名列于后。计录条约。为照准条约，一边办公，事照执本司。

　　先祖承恩以来，世守斯土，皆由各姓各俸秉公协力，扶官保印，赞勷公件，厥功素著。兹因本司因公亏欠，承姓俸十六五百水各处地方头人等，协力同心，凑数帮纳，厥功非小。嗣后官目及各寨头地方人等，务宜照单

---

① 黔南州布依族苗族自治州苗学会编：《黔南苗族》，前引文，第437—438页。标点系笔者自行添加。

新议条约，尽力办理，毋得上下相违，以负屡世忠贞辅佐盛举。此示：

计条约 官为一司父母，谁敢不遵，但事权归一，不得混有专权理案。

民间词讼入衙，必先供词，考核首告情理是非虚实。是而实者，方准提讯；非而虚者，合当逐出。

出票提人，只烦一目一差，坐守寨头家传唤，如有抗唤不前，寨头禀到后，加差拿究。

两造如有齐集入辕，即当审结，不得延迟十日，有误农事。如或公出不急讯问，即批乡长案头，理论禀覆准结。

婚姻田土以及小衅者，打不到二十杖，不得全套枷号、压床、脚镣、肘手。其余盗贼邪淫，任律施治。

官族亲友人等，不得擅入十六五水各处地方，私理民情，擅点点诛票，乱锁"民人"。

衙内大目小目以及头役人等，无事不得擅入十六五百水各寨，唆人争讼，买贫告富，包揽词讼。一经查出，请官详办，觧州处治。

民间有事，不许官族亲友人等，问取规矩。如有擅问取获者，地方人众，请官详办觧州。

衙内大目小目，自昔有数，不得改移。共有六大目，各下招差二人，即为总役，十四小目，每目招差一名，即为散役。必招七姓俸之人，不许外来新籍。

六大目十四小目，大小事件，俱皆禀请官示，照理相商，不得私和诈索。倘有情弊，地方具禀革出。

在衙走役人等，凡大小事件，必须禀明管目，待管目禀明司主，以便示出行事，不得越等进言，如越等进言，谄媚蔽聪者，地方具禀革出。

安寨头，必须随其寨头众人启禀，保用何人，官方给照任用。

凡审断词役之际，两旁侍役，惟有照其言语禀传答，不得忘添一言，以致是非颠倒。如有妄添一言，使直为屈者，地方具禀革出。

大人过站，所办夫马差事，必须照各地方古例，原额公派。不许准拆肥己，并口之人，一体同究。

凡所任大目，照虽出于司主，然必要姓俸有愿结，方准招用。

大小目所招人役，虽为各目所招，必要姓俸具有愿结，方准招用。

每年冬月所领之口买，务要六目与各寨头人等，亲身赴州承领。司主不得仍前亲领，以免有误根石。

议每年逢上纳之际，地方人民务要踊跃去上纳，方得平斛响挡。

所给条约，各宜遵守，毋得违误。特示，计信照。

为给信照事，照得本司世守司土，历代皆承各姓俸头人尽忠赞理，扶官保印，□十六五百水伺候效力。兹因亏欠粮石，无处上纳，承各姓俸相商，同心协力。患难相扶。遂集各地方，议借米粮，代署完纳，即于众借之日，更议各条约，勒石垂记。本司既承各姓俸地方，屡如此一体相关，自必照条约所列之项，施治安民，抚恤四境，不得违条肆虐，有负尔等地方相关之谊。如不照条约施治，其众等所借之项粮石，署内如数退还，决不食言。尔等各尽其职，照例办理，上下相关。如或本司业已尽道，尔等倘恃功玩乎于股掌之上，亦属非安分良民。兹因上下一体，官目合德，理合昭照为据。特示。

右谕通知
嘉庆拾捌年正月吉日立①

附录五　凤党婚碑

碑在今柳川区德威乡奉党村，碑文曰：特授贵州镇远府正堂加三级记录十二次凌，为出示晓谕事案。据清江鸡凤党苗民往色引兴控伊外甥赏容赖乖伦，笼娶伊侄女为媳一案。当经□□本府提集原被人证列案讯明，赏容赖系往色引甥，说娶往色引之侄女为媳，班辈不符，本应断离，因往色引、羊包引等之母主婚许配，兼已成婚日久，往色引等不敢违抗母命，恳求免拆等情，故准俯顺苗俗，仍令羊包引之女仰羊包与赏赖之子马登科成婚。嗣后不准为例，取结备案，出示晓谕，为此示仰该寨苗民人等知悉。嗣后该苗等凡嫁女娶媳，务须查明尊卑长幼，班辈相符，始准婚配。如敢效赏容赖等颠倒紊乱，定即严行惩办，决不宽贷。毋违。特示，右仰通知。

道光四年三月十九日立②

---

①《三都县志》，前引书，第739—740页。
②《贵州"六山六水"民族调查资料选编·苗族卷》，前引书，第153页。

附录六　清江府示碑

署清江清军理苗府，随带军功加一级纪录二次王

为出示晓谕事情：案据乌连、九连、羊条、斩岗四寨头人引勒用等具禀，代办土千总王中兴拖欠粮石、包夫违悮（误），遗累地方，并将伊等上纳兵粮私收挪用，又令重征代赔受累不浅，禀请归府管理等情前来。据此，除批示外，合行出示晓谕。为此，示仰头人散户等遵照：嗣后尔等各寨落归府管理，不准土弁藉名派累，所有每年夫、粮，务须亲身赴辕呈领，官封赴繁，照章上纳。券领回，毋许拖延违悮（误），其附居寨内苗汉，应纳粮石夫役，务须交给头人一律办理，毋稍观望，倘有违悮（误），定即驱逐出寨。该苗汉毋得自取重咎，各宜凛遵毋违！特示。右谕通知

乌连头人：往相里、包鸠烈、噶杠乜、讲格今、龙扛乜；九连：包松梭、吴往九、生纹攘、条鹅包；斩岗：噶汪别、乜扛包；羊条：条故今、方里今。

道光二十五年十一月初一日立①

附录七　敬宗奉示碑

敬宗奉示

窃恩万核本乎天人，本乎祖，则知孝子仁人之掩，亦必有道矣。孙等□自□孝子仁人哉，特念始祖洪武年间生江西，来自黔南住，居邑高寨纲经集金斯贻□燕□□□承承生生不已。由是一分于贵筑猫硐，一分于罗甸定水及衍巫山，具载□□，俱有明徵。□□明朝以及清朝历数百年而不替，由定邑以致贵邑，经二百余里而远遥，兹虽支分派□□而实□共祖也。水源木本，宜重孝思勒碑铭，永垂不朽云尔，是为序。

署贵阳府定番州正堂加五级记录七次德，为禁止采硝永远封闭事。照得开采各厂，例应查明无得田园庐墓方准开挖。今有队目赵洪兴等来

---

① 《剑河县志》，前引书，第1040—1041页。

卧马、高寨探硐开硝，嗣武生杨景春暨杨姓合族人等呈报，所开硝硐系杨祖茔，内停棺木数百□，当经本州亲临查勘，核与该武生禀词无异，令赵洪兴撤回另寻硝硐开采外，惟恐后有无知之徒仍于此山采硝，合行禁止永远封闭。为此示仰杨姓人等知悉，刻即封闭。嗣后如有外来匪徒再行开挖，准扭禀到州□□审实定行，按律究办，决不姑宽。凛之、遵之，毋违特示。

耳孙杨景春（武庠） 杨阿广

定水耳孙杨挺洲（文庠） 华州（武庠） 灼州（文庠）

杨阿富　杨应富　杨阿吉　杨阿讲

杨阿拜　杨德□　杨应春　杨应□　合立

同治元年八月初十日①

附录八　老场奉示碑

老场奉示

署贵阳府定番州正堂加五级记录七次吴。

为晓谕事，照得州属摆金老场之设，未经改异，并非开于今日。兹因贼匪出入无常，移新赶旧，皆属畏赋起见。今据乡民斗基吴发铺等禀称，系伊五户摊田开设。条银数两赴程番司上纳，禀请给示照常赶集，免国赋虚悬等情，到州据此合行出示晓谕，为此事仰州属诸色民苗人等知悉，嗣后老场仍照上年日期赶集，毋得混行改移至滥练剪绺移场等类。妄行抢掠，许该场头捆解到州以凭究治，该场头等亦不妄拿无辜，各宜凛遵无违特示。

监生　吴桂芳　陈金富　吴发绕　王望么

师傅　杨仁和　孙玉春

右谕通知

同治六年孟夏　月　吉日立②

---

① 黔南州布依族苗族自治州苗学会编：《黔南苗族》，前引文，第426—427页。标点系笔者自行添加。

② 黔南州布依族苗族自治州苗学会编：《黔南苗族》，前引文，第428—429页。标点系笔者自行添加。

附录九　永定风规碑

尝闻前代之风规，其俗可鄙，其习甚陋矣！举凡备体之服，元色装身，花裙系足，发挽高髻。奇形异体，丑态不堪。不惟穿着可异，而且婚嫁之事更行各殊，或嬢（姑）家有女，舅氏强媒，倘嫁他人，勒索重聘，饱伊鱼腹，则婚可成。我先祖因久住兹土，随同苗疆效行，两异之途，均非体制。前人早请有示，未能改之。不意历年未久，遭叛之秋，离（黎）民四散，难以安生（身）。幸得团内总理潘松乔请兵进剿，奉札委办，设局大广，备运粮草，未及数年，洗平扫荡。我等各归故土，复业安生（身），稳坐太平。则各寨首人，约同共议，请示改装，恳换婚礼。仗蒙厅主谢，准给章程禁止。改装更换婚礼：娘家九百六十文以作陪嫁之资，舅氏九百六十文以纳宴会之席。从改以后，由于父母主张，舅氏不得专权，同姓不准为婚，诱拐不准成配，男女不准同歌，朝夕不许聚会。种种改革以正风俗。我等各守本分，不敢妄为。咸矢（失）尊君亲上之心，毋蹈作奸犯科之罪。循规蹈矩，变成礼仪之邦。淑性陶情，胥归诗书之教化。家学渊源，超仲鲁则箕裘克绍，高文炳焕，夸义荣则棣萼联芳，可驰名艺苑，可树帜骚坛，可通古今之略，可擅著作之才。要皆辉煌乎史册，焜耀于乡邦也！夫是为序。

　　并将各宪告示恭录于左
特授镇远府正堂加二级录三次朱

　　为出示晓谕事：案据清江小广、下敖、谢寨头人潘志明、王士元、彭宁绍、谢贵乔、杨德桂、文登朝具禀，伊等三寨，历属理民。凡婚皆凭媒妁，断不强求。穿着亦依汉形无异。因久住苗疆，竟随苗习。婚则专霸姑表，不需媒证，否则勒索多金。抗婚不许，又于姑耶无女，亦勒要银两，以还娘头。伊等汉民，原无此例，因有不法之人，无中生有，良弱之家，干遭磕害。装辨（扮）亦孝苗样，花衣裙色，男女同歌，彼此聚会，相斗行凶，地方受害，禀恳亦谕等情到府。据此，查舅公礼娘头找，系属苗俗，相沿已久。汉民岂能照依？兹具禀前来合行出示晓谕。为此，示仰该寨居民人等知悉。嗣后男女婚娶，遵照定例，必由两家情愿，请凭媒妁，发庚过聘。不得效法苗俗：唱歌聚会，并舅家强娶，需索舅公礼、娘头钱及强娶滋事。如违，重咎不贷。各宜凛遵毋违。特示。

　　右仰通知

　　嘉庆二十二年十月十四日立

　　告示

署理清江军民府即补直隶州正堂谢

　　为晓谕事情：案据小广、下敖、谢寨绅民潘松乔、潘定元、王宗文、王秀先、王秀乔、文应明、潘学魁、黄河海、彭绍连、王连科、谢秀礼、王秀福、谢芝芳等具禀，伊等三寨，历属理民，凡婚凭媒妁，断不强求。穿着亦依汉形无异。因久住苗疆，竟随苗习，穿则衣裙花色，婚则专霸姑表，不需媒证。否则勒索多金。抗婚不许，故意要人以还娘头。不然，勒要江钱三十五六不等。每每因此争竞，竟至酿成祸端。此等陋习，大为风俗之坏。难免行凶，地方受害。禀恳示谕等情到府。据此，查舅公礼娘头钱，汉民具无此事。兹具禀前来出示晓谕。为此，示仰该寨人等知悉：嗣后凡讨亲者，不拘舅家外姓必须以礼相求，不得以还娘头。纵有两家情愿，其舅家江钱只准取钱九百六十文；生身父母只准捡财礼九百六十文，以作陪嫁之资。所穿衣服，亦宜汉形。尔等速行改革，倘有不遵定，即提案，决不姑宽。凛之，遵之，毋违！特示。

　　右谕通知

　　同治十二年八月二十日示

　　告示

光绪十四年岁次戊子七月①

附录十　镇压苗民碑

　　汉以来，史称苗之叛，皆守令暴敛虐取有以致之，黔之下□□□□□□□定苗疆，设六厅，宴然数十年。守弁、文武苛敛于其上，土司、通事、屯军，汉民剥取于其下，故乙卯之乱，官兵汉民死几尽，岂其天道之循环，人事之往复哉？辛未夏，予以抚军曾公枢元，提军周公渭臣檄令，率一旅会各军讨之，破其巢，焚其积粟，先后擒斩数

---

①《剑河县志》，前引书，第1044页。

万人。老弱妇女，饿殍相枕藉，期年而平。大吏方请于朝，发粟以赈之，而有司则反其所为，任土司、通事、奸民为爪牙，益相鱼肉。癸酉秋，众复叛。予（余）时守都匀，复会各军讨平之。拒者诛，顺者抚，狡狯者数百人，散伏箐林，时出焚劫，我军搜捕，奔命不过，乃用降酋收之为军，其意固自有在也。远近宁谧数月矣，屯军、汉民则相与诽语，苗军疑畏，溃去者半，纷纷劫杀，境内骚然。予（余）于是复往黄茅岭，聚其众歼之于此，合痤为大冢。嗟乎！予即正叛军之罪，而又悲苗之叛非其志也，故书其大略以告来者。其从事是役者，则新署丹江厅杨牧兆麒，武字中右营邱总兵俊书，纬武中营房总兵宝源也。

同治十三年岁在甲戌六月吉日
布政使衔川黔各军营务处即后补道署都匀府事
罗应旒　撰并书①

附录十一　排调严禁滥派夫役碑

石碑为八寨厅同知，兼清军府鲁侯溥于光绪二年（1876）刊立，碑眉刻"永垂不朽"四个大字。碑文：

署都匀府分驻八寨清军府耶、补清军府鲁，为严禁滥派夫役以苏民困事。照得本府案奉抚宪暨通省善后总局宪扎开：照得黔省苗疆地方甫经肃清，民间元气未复，亟宜培养以厚滋生，除督抚主考、抚部学院过境，准其照例应付夫役外，各防营均有长夫，无论文武各差过境，一概不得滥应等。因丰（奉）此合行出示严禁。为此示仰排调司上下二漕花户人民遵照，除督抚主考、抚部学院过境，准其照例应付夫役，其余各差，不得滥应，以示体恤。倘敢故违滥派，准其指名具禀，以凭究治。凛遵毋违。特示

右谕通知
光绪二年岁次丙子二月十四日
告示实刊排调司晓谕②

---

① 《雷山县志》，前引书，第683页。
② 《丹寨县志》，前引书，第932页。

附录十二 免夫碑

太子少保头品顶戴兵部尚书贵州巡抚部院一等轻车都尉岑、马给示永免夫役事。

照得本部院奉旨查阅营伍，道出清江，据厅属柳利寨苗民杨义、张正方、刘老香、刘老九、杨老九、杨老禾、龙老保、龙老九、张老包、张老乔、张得胜、杨老抱等禀称，该寨民自乾隆年间前院张，督师剿贼，曾经运粮馈饷，著有微劳。□□之后，安堡设官，一切大小夫役，概蒙豁免在案。嗣于咸丰五年，台拱"苗乱"，民等又挑丁壮随同督办下游军务，前升院韩援剿并守御清江厅城，后因粮尽援绝，城陷之日，寨中五百余户死亡殆尽，仅余四五十人。现在全省肃清，归复故里，只冀照旧章免应夫役。讵意镇远、台拱、古州、天柱各处往来差事，仍派寨中充当。民等锋镝余生，实不堪命，恳请永远免派等情。据此，本部院询之官绅，均称该寨民深明大义，不但不附和苗匪，复随同官兵效命疆场，以致受害甚惨，殊堪悯恻，自应优加体恤，以激劝除札，饬该厅查照旧章，立案永该该寨夫役外，合行给示晓谕。为此示仰柳利寨"民人"等知悉，自示之后，准将该寨夫役永远裁免，其余民苗不得援以为例，毋违。特示。右谕通知。

光绪六年告示

赏戴花翎特授清江理苗府在任即补同知直隶军民府加三级条五次余。

为晓谕事，照得光绪六年七月十四日，据柳利寨民杨义、张正方、杨老里、杨老保、刘老香、张老抱、九乌仰、九条仙、禾耶吊、九多也、我条、大老耶、条九包、条我耶香、九耶佐等，附恩城北门外住，为仰叩天恩，赏给示谕事。缘咸丰年间，苗匪叛乱，裹胁各寨，惟民一寨誓死不从，踞要堵御，血战毙命者七八十人。至六年八月十三日清城被陷，民寨五百余家，逃脱不过数拾人。同治八年，克复清城，民等归梓，一切夫役等与各寨一体。十年来未敢声张。今幸仁天莅任斯土，视民如子，故敢冒渎蒙批，据禀均属实情，自应如禀照准，以别良莠而示体恤。仰诵之下，叨恩无既。伏思既以戴德于今日，尚祈施惭于无穷。可否给示，泐石使后世子孙永垂不朽。出自逾格等情，据查该民等自变乱以来，实能同心守义，不甘从贼，似此明于顺逆，勇于孝忠，自应旌别嘉奖，以分良莠。先人诚勉效义，复口实叨恩沐恩体恤，允口夫役永免，出批示外，合行出示该谕，为此示仰各该寨人等知悉，嗣后益加奋勉，朝夕勿忘祖德宗功也。切切特示，右谕通知。

光绪告示 七月二十六日①

附录十三　万古流名碑

钦加知府衔，补用同知特授清江理苗府杨

为晓谕事：案据乌连寨首士王得胜、李麻子、往相里、戎蒋格；九连寨头人唐老九、吴老九、吴老聪；首人：在乃寨杨故行、往免条、邰老我；首士：斩岗寨杨老白、洋条寨往秀葛等禀恳天恩归府管理，免受派累事。窃道光年间有代办土千总王中兴夫粮违误，派累地方，是以乌连寨、九连寨、在乃、洋条、斩岗各寨禀恳，前署厅主王，各寨斯府管理，业蒙出示晓谕，勒碑在案，令伊后嗣，意在仍蹈故澈，复行派累银两，故甲里等禀求恩呈，自愿归府，免受索派、世代沾感。是以不揣冒昧，联名邀恳台前赏准作主，归府管理，施行计抄，粘碑示一纸等情前来。据此，查土弁籍公派累，久经通行严禁在案，既据该里甲等公禀前来，除准差查应如所请归府管理不得违误外，合行出示晓谕。为此，是仰头人散户等遵照：嗣后尔等各寨归府管理，不准土弁嗣后藉名派累。所有每年夫粮、一切公事，务须亲身赴辕，赶紧仍照旧章办理，毋稍观望，违误自取重究，各宜凛遵毋违，特示。

右谕通知

光绪十八年十一月 立②

---

① 《贵州"六山六水"民族调查资料选编·苗族卷》，前引书，第153—154页。
② 《剑河县志》，前引书，第1040—1041页。

附录十四　例定千秋碑

太子少保头品顶戴兵部侍郎兼都察院右副都御史、巡抚、贵州等地方提督军务、加节通省兵马衔理粮饷军功、加二级世袭云骑尉曾

钦命二品顶带赏花翎、分巡贵东道兵备道兼统黎都上荔各练营总理下游营务处赵

为出示严禁事：照得苗疆未定，民困未苏，亟应剔出积弊，加意抚绥，以作长治久安之计。兹据通省善后总局据署都匀府罗（应旒）守具禀：地方官及土司衙门，向有苗民轮流当差应夫，并供应器具什物，每遇差使过境，或因公下乡，土司夫役，联为一气、勒派夫马、酒食、洋烟，无不恣意苛求，且有营汛弁兵绅团责令苗服役，其弊相等；各路防营见而效尤，遇有移营、樵采等事，亦相率拉夫。似此劳烦民力，朘削民膏、实不堪命，应即严行禁革，以安闾阎。除行善后局分驻镇道并行各属营遵照外，合行出示严禁。为此，示仰各属地方官绅及营汛员弁、土司、书役、民苗人等知悉：嗣后除主考、学院过境照田（旧）派夫迎送外，无论何项差役不得派令苗民应夫供役，一切供应陋规概行革除。倘有仍前勒派索扰情弊，一经查出，或被告发，即行照旧条例，分别究办，决不稍宽，勿谓言之不预也。各宜禀遵毋违！特示。

计开条规于后：

——差役奉票下乡，路过之处，不准需索小钱停留，并不准派夫迎送。应到之家，只准一宿两餐。如多带轿兜白役，需索鸡鸭酒肉，即票上无名，妄拿妄锁案开花，坐吃多日等事，其禀官究治。

——结盟拜会，最为乱根，先奉旨严拿。如该甲内有私称哥弟，坐堂老冒等者，准其密速禀官缉办。凡我良民切勿受其飘布保家，已受者准其出首，销毁免罪，但不得挟钱栽诬干咎。

——各寨务要设立梆锣，夜间轮流支更，搜查林峒，以防贼盗、失火等事。遇有抢劫重案，无分昼夜闻报，立即传锣齐团，先扎要口，迅往捕拿，活擒者照格给赏，不得擅杀干咎。如贼拒捕，当场格毙者不赏，并究明有无已拘执装点格情事，分别究办。团丁受伤者由官及本团分别酌赏；观望不前者，事后分别罚处。如有籍案抄户、隐匿赃物或有因隔

插花，坐视不理者，查出同罪。

——如遇贼盗劫窃，呼救不及者，候其去后，事主邻右务要潜身窥探，远远相随，看其走向何口（疑为"方"字），报官缉拿，得实者有赏。

——城乡各寨，照前编联保甲。不准敛钱，庵庙、船店、烟馆不准容留匪人；如有携带妇女、牛马、什物，来历不明，於（放）闷烟贩私钱者，盘查送究，不准得钱卖放，亦不准刁难好人。

——黎平一带格属，联团谓之联款，嗣后小事不准开款，万一遇有成股贼匪四出窜扰，方准款众齐款抵御。其平日偷窃强抢案件，只由邻近之团料理，俱须送官，不准齐款去河烧杀致死。如再有犯以小事开款者，定即重惩。

——团甲等人务须秉公持正，毋得假作威福欺平民，遇事科派勒索夫马酬谢；且官只谈公事，如有挟嫌陷人，藉公肥己，并出外妄传官口（疑为"方"或"家"字）口语，吓诈乡愚以及包庇应传之人，及恃隔属不令投案，查出革究。

——如有假委员、书差、兵练，刊刻假印、假示、假照、假扎门牌敛钱等事，查出立捆送官。

——凡有成群难民乞丐，不准小寨估讨，只由大寨量其人数给米资遣；停留不准过一日。者（假）有估讨暗偷，恃众滋事者，报明附近汛练弹压驱逐；不准团甲私打私罚。若有强搜人少之家钱米，即以强盗论，捆送地方官究治。其划龙船、看西洋镜、拿黑案、卖假药、游僧野道、异言异报、摇惑人心等类，多系匪人假充，一律驱逐，不准入境，惟善讨乞丐仍便施舍，不必驱逐，尤不准该团甲等以小报大，见事生风。

——有窝娼聚赌，豢贼分肥，充当躲头，容留面生歹人，截留拐来妇女、牛马、什物，窝留私贩硝磺小钱匪人，并不投团报官，该口（疑为"家"字）一并禀官究治，知情不举，邻右甲首同坐。

——乞丐病毙及无名路毙，由附近营汛团甲公往看明。无伤者，将其衣履年岁面貌、身上有无疤痣，一一写记，当众措资掩埋，若有冒认尸亲者，照律治罪；有伤者，必须禀官验究。

——田土不清，准其控告。不准夺牛阻耕。挖水抢获，致干重咎。

——禁止聚众斗龙、擅用火器、带刀横行，违者重办。

同治拾叁年十月二十一日曾示
光绪贰拾年六月初十日众等公立①

附录十五　捐银买书立案碑

右侧文曰：

案：据厅属贡生萧鸣远等禀称：厅城原设龙泉书院，每年延请山长主讲，惟因修谷太俭，不能聘请高明，历年均系学师兼理。今史训导守藩，业经撤差在案，蒙恩捐廉倡修斋房，置办器具，筹添山长束修伙食银两。聘请任举人承纪前来，主讲此席。课励士子，作育人材，两庠诸生均为悦服。生等仰体至意，不揣冒昧，故乘考试之时，爰集众议，共捐银贰百两作为买书之资。禀请专人赴省采买。各种书籍归入书院，以便诵读。互相讲究，俾得坐院肄业而立功名，并据职员杨仁富捐银二十两，充作刀石之用，其银发交教习刘立本等造办，以课武庠等情，据此卑职覆（复）查诸生所捐银两，系为书院买书起见，自应札饬，随年齐长具领收存。俟训导萧沛春赴省送考时再为采买应用，各种书籍到日再行另文申报外，合将公捐采购书籍、刀石银两缘由先行详请宪台俯赐查核立案，牒准都匀府正堂区批牒，称厅属诸生捐资采买书籍归入书院以便诵读，足见励志诗书。殊深欣慰可嘉之至，希候如牒立案可也。册存转奉各大宪批准，其如详立案册存等因，奉此随将捐项银两移交儒学正堂萧，并派廪生佘元铎、史定魁随同前往采买书籍，兹准牒称买来《四史佩文韵府》《十三经注疏》《经世文编》《十子全书》《通鉴辑览》《宋元学案》《历代名臣言行录》《先正事略》《二程全书》《胡文忠公全集》《海国图志》《王阳明全书》《秘书二十八种》《增广事类统编》《唐宋诗文》《醇孙子十家注》《圣武记》《楚辞注》《古诗源》《五子近思录》《十七家赋》《汉学师承记》《幼学求源》《昭明文选》《段氏说文》《东莱博议》《贵州通志》《文心雕龙》《姓氏族谱》《广治平略》《困学纪闻》。准此除申报另议看画章程外，合行札饬，为此札仰该齐长康永龄等

---

① 《剑河县志》，前引书，第1039—1040页。

刊碑立案以垂久远，切切特谕。①

附录十六　禁革驿站积弊碑

兵部尚书兼都察院中都御史总督尚书、署处地方军务兼理粮饷富，为通饬禁革驿站积弊，以肃邮传，而苏民困事：照得滇、黔驿处边徼，常有京差经过，需用夫马本属无多。前因办理军需，运送粮饷，差务频繁，额设关马不敷（敷）应付，不得不（此后4行约184字不清）谕旨：饬令加意整顿，仰见圣主，保持心赤，无微不至。本都堂访悉，前弊积习已深，自应亟需整顿，庶可以苏民困，而清邮政。除通行各府、厅、州、县严行禁革外，所有应口各条……②

附录十七　光绪二十六年闰八月十五日 杨照珠父子卖地土字

立卖地土字人屯老村杨照珠父子，今因家下要钱使用，无所出处，自愿将到土名岭大地土壹块，上下左右抵胜豪土为界，四至分明，要钱出卖。自己请中上门问到亲房杨胜豪名下承买，当日凭中言定价钱壹千恶（正）。其钱亲手领足应用，其地土付与买主耕管为业。自卖之后不得异言，若有不清卖主理落，不关买主之事。恐口无凭，立有卖字为据存照。

请笔　龙均乾

光绪贰拾六年润（闰）八月十五日　立

【文书原持有者：杨廷芳；来源地：石洞镇摆洞村】③

---

① （民国）王世鑫纂：《八寨金石附志稿》，载新文丰出版公司编辑部编《石刻史料新编》第三辑，第23册，台湾新文丰出版公司1979年版，第213—214页。

② 贵州省地方志编纂委员会编：《贵州省志·文物志》，贵州人民出版社2003年版，第287页。

③ 参见张新民主编《清水江文书——天柱卷》第一辑第二卷，前引书。GT—007—001 光绪二十六年闰八月十五日杨照珠父子卖地土字。

附录十八　光绪二年三月陈万祖田土执照红契

执　照

贵州通省善后总局承宣布政使司下游善后总局　为

發給執照事。照得黔省賊擾之區，居民流散，田土荒蕪，茲幸全境肅清，亟須清理田業，廣為開墾。除有主有契之田照常耕管外，其有契遺棄，應准作為本業；屯亡田在者，應仍作為屯業。以上各項產業，現在荒蕪猶多，間有續墾之處，或係官為安插；田主播越本支盡剋及倡亂附賊被剿伏誅者，應即作為絕業、叛業。茲本司等刊刷三聯印照，選委妥員分赴各府州縣，逐段查給。凡係有田有契之戶，務即呈驗蓋用戳記，其無契者務即分別屯、存、叛、絕，將田土坵數、坐落、地名、計算谷種、應納丁糧逐一開單報明本團本寨申長，取具切實甘結，呈請驗給執照。如將屯、存、叛、絕各業指業主有契不呈驗，無契不領照者，均不准其管業。惟該業戶領照之初，自應激發天良，各認本業，如將屯、存、叛、絕各業指為己業，或冒充嫡派及以少報多，一經發覺，定即從嚴究辦，並將團寨、甲長、出結人等及扶同朦混連環保結各戶一併分別懲究。至各戶領照管業之後，本系亡業者，限耕至乙亥冬季，無人告發，方准私自出賣。其承耕屯、存、叛、絕各業，俟至乙亥年冬季無人爭訟，即將原照呈驗加蓋戳記。或令補充屯卒，或令承充官佃，分別酌定，俾資永業。再查耕種己業遺失契據者，前曾由局刊發執照，該業戶等如已領有，前照亦即呈請換領，以憑截取繳驗。總之，此次清查系為周知田數，釐定民居起見，並不取給照費，倘有故意需索，許以
業戶據實具稟，等候提究，凛遵毋違，須至執照者。

計開：

漢民陳萬祖耕管業田土　三坵塊　計穀雜糧種石斗升合，合約收穫伍挑，坐落七甲左鄉擺硐寨，離城六十裏。
其田東土西抵孟龍腳河　南北抵岑橫牙坡額征丁銀糧　拾兩錢　分厘　毫〇石〇斗壹升貳合柒勺玖抄　領牛

　　　　　　右照給耕戶陳萬祖　收執

光緒貳年三月　日　土名圭計孟龍田三坵，下禾貳拾稱
　　實在糧壹升貳合柒勺玖少柒乍陸圭肆立　收谷伍挑

【文书原持有者：陈守林；来源地：贵州省天柱县石洞镇摆洞村】①

---

① 参见张新民主编《清水江文书——天柱卷》第一辑第二卷，前引书。GT-007-023 光绪二年三月陈万祖田土执照红契。

参考文献

一 学术著作

（一）中文著作

（东汉）郑玄注：《礼记》第三册，中华书局2015年版。

（光绪）《清会典事例》，中华书局1991年版。

（民国）郭辅相修，王世鑫等纂：《八寨县志稿》，贵阳文通书局，民国二十一年（1932）铅印本。

（民国）凌惕安：《咸同贵州军事史》，载《近代中国史料丛刊》第124册，台北文海出版社影印本1967年版。

（民国）刘锦藻：《清朝续文献通考》，浙江古籍出版社2000年版。

（民国）佘贻泽：《中国土司制度》，正中书局1944年版。

（民国）王世鑫纂：《八寨金石附志稿》，载新文丰出版公司编辑部编《石刻史料新编》第三辑，第23册，台北新文丰出版公司1979年版。

（民国）赵尔巽等：《清史稿》，中华书局1977年版。

（明）郭子章：《黔记》，《北京图书馆古籍珍本丛刊》第43册，明万历刻本影印本，书目文献出版社1998年版。

（乾隆）《凤凰厅》，载《凤凰厅志》（乾隆志、道光志、光绪志合订本），天马图书有限公司2003年版。

（乾隆）《钦定大清会典则例》，台北商务印书馆1986年影印版。

（清）鄂尔泰：（乾隆）《贵州通志》，巴蜀书社2006年版。

（清）方显：《平苗纪略》，清同治朝武昌刻本。

（清）福格：《听雨丛谈》，中华书局2007年版。

（清）顾祖禹：《读史方舆纪要》，中华书局2005年版。

（清）李台：（嘉庆）《黄平州志》，巴蜀书社2006年版。
（清）罗文彬、王秉恩编纂，贵州大学历史系点校：《平黔纪略》，贵州人民出版社1988年版。
（清）年法尧：（康熙）《定番州志》，巴蜀书社2006年版。
（清）潘文芮：（乾隆）《贵州志稿》，贵州省图书馆复制油印本1965年版。
（清）王复宗纂修：（康熙）《天柱县志》，载《中国地方志集成·贵州府县志辑》，巴蜀书社2006年版。
（清）魏源：《圣武记》，中华书局1984年版。
（清）倭仁等修：《钦定户部则例》，同治四年（1865）刻本。
（清）徐家干：《苗疆闻见录》，吴一文点校，贵州人民出版社1997年版。
（清）严如煜：《苗防备览》卷十三，绍义堂，道光二十三年（1843）刻本。
（清）易佩绅：《贵东书牍节钞》，光绪十八年（1892）刻本。
（清）余泽春修，余嵩庆纂：（光绪）《古州厅志》，光绪十四年（1888年）刻本。
（清）俞渭修，陈瑜纂：（光绪）《黎平府志》，光绪十八年（1892年）刻本。
（清）张廷玉等：《明史》，中华书局1974年版。
（西汉）司马迁：《史记》，中华书局2007年版。
《小方壶斋舆地丛钞》第八秩，西泠印社1985年版。
《小方壶斋舆地丛钞》第七秩，西泠印社1985年版。
《诸子集成》，上海书店出版社1986年版。
陈绍令等修，李承栋纂：《民国黄平县志》，民国十年未刊本，载《中国地方志集成·贵州府县志辑》第21册，巴蜀书社2006年版。
陈寅恪：《唐代政治史述论稿》，上海古籍出版社1982年版。
丁道谦：《贵州经济地理》，商务印书馆，民国三十五年（1946年）版。
丁尚固修，刘增礼纂：《民国台拱县文献纪要》，民国十年未刊本，载《中国地方志集成·贵州府县志辑》第20册，巴蜀书社2006年版。
杜文铎等点校：《黔南识略·黔南职方纪略》，贵州人民出版社1992年版。

费孝通：《乡土中国·生育制度》，北京大学出版社1998年版。

费孝通：《乡土重建》，岳麓书社2012年版。

龚荫：《中国土司制度》，云南民族出版社1992年版。

贵州省编辑组：《苗族社会历史调查（一）》，贵州民族出版社1986年版。

贵州省丹寨县地方志编纂委员会编：《丹寨县志》，方志出版社1999年版。

贵州省地方志编纂委员会编：《贵州省志·教育志》，贵州人民出版社1990年版。

贵州省地方志编纂委员会编：《贵州省志·文物志》，贵州人民出版社2003年版。

贵州省剑河县地方志编纂委员会编：《剑河县志》，贵州人民出版社1994年版。

贵州省雷山县志编纂委员会：《雷山县志》，贵州人民出版社1992年版。

贵州省民族事务委员会，贵州省民族研究所编：《贵州"六山六水"民族调查资料选编·苗族卷》，贵州民族出版社2008年版。

贵州省民族研究会、贵州省民族研究所编：《贵州民族调查（之四）》，内部印刷，1986年。

贵州省民族研究所编：《贵州省雷山县桥港乡掌披寨苗族社会历史调查资料》（"贵州少数民族社会历史调查资料之二十五"），内部出版，1965年。

贵州省民族研究所编：《贵州民族调查（之九）》，内部印刷，1992年。

贵州省民族研究所编：《民国年间苗族论文集》，"民族研究参考资料第二十集"，内部出版，1983年。

贵州省民族研究学会编：《贵州民族调查（之八）》，内部出版，1990年。

贵州省榕江县地方志编纂委员会编：《榕江县志》，贵州人民出版社1999年版。

贵州省台江县志编纂委员会编：《台江县志》，贵州人民出版社1994年版。

贵州省文史馆点校：《贵州通志·前事志》第三册，贵州人民出版社1988年版。

贵州省文史馆点校：《贵州通志·前事志》第四册，贵州人民出版社1991

年版。

黄才贵：《独特的社会经纬——贵州制度文化》，贵州教育出版社2000年版。

黄宗智：《清代法律、社会与文化：民法的表达与实践》，上海书店出版社2001年版。

李德芳等：《贵州近代经济史资料选辑》第二卷，四川省社会科学院出版社1987年版。

梁聚五：《贵州苗族人民在反清斗争中跃进》，载贵州省民族研究所编《民族研究参考资料》第一集，贵州省民族研究所内部印刷1980年。

林辛：《贵州近代交通史略》，贵州人民出版社1985年版。

罗荣渠：《关系、限度、制度：政治发展过程中的国家与社会》，北京大学出版社1996年版。

罗书勤等点校：《黔书·续黔书·黔记·黔语》，贵州人民出版社1992年版。

马国君：《〈平苗纪略〉研究》，贵州人民出版社2008年版。

黔东南苗族侗族自治州地方志编纂委员会编：《黔东南苗族侗族自治州·文物志》，贵州人民出版社1992年版。

黔南州布依族苗族自治州苗学会编：《黔南苗族》，中国文化出版社2009年版。

瞿同祖：《清代地方政府》，范忠信、晏锋译，法律出版社2003年版。

全国民族代表大会民族委员会办公室编：《贵州省从江县加勉乡苗族调查资料》，"贵州、湖南少数民族社会历史调查组调查资料之七"，内部出版，1958年。

全国人民代表大会民族委员会办公室编：《贵州清水江流域部分地区苗族的婚姻》，"贵州、湖南少数民族社会历史调查组调查资料之三"，内部出版，1958年。

全国人民代表大会民族委员会办公室编：《贵州省台江县苗族的家族》，"贵州、湖南少数民族社会历史调查组调查资料之四"，内部出版，1958年。

任吉东：《多元性与一体化：近代华北乡村社会治理》，天津社会科学出版社2007年版。

（民国）任可澄、杨恩元等：《贵州通志》，贵阳文通书局，民国三十七年（1948年）铅印本。

（民国）阮略纂修：《剑河县志》，贵州省图书馆1965年复印本。

三都水族自治县志编纂委员会编：《三都水族自治县志》，贵州人民出版社1992年版。

上海博物馆图书资料室编：《上海碑刻资料选辑》，上海人民出版社1980年版。

唐力行编：《国家、地方、民众的互动与社会变迁》，商务印书馆2004年版。

天柱县志编纂委员会编：《天柱县志》，贵州人民出版社1993年版。

王夫之：《读通鉴论》，全三册，中华书局1975年版。

王夫之著，张子正蒙注：《黄书》，中华书局1983年版。

王科：《控制与发展：南京国民政府建立初期的乡村治理变革》，中国社会科学出版社2010年版。

王日根：《明清民间社会的秩序》，岳麓书社2004年版。

王志明：《雍正朝官僚制度研究》，上海古籍出版社2007年版。

温春来《从"异域"到"旧疆"：宋至清贵州西北部地区的制度、开发与认同》，生活·读书·新知三联书店2008年版。

吴晗、费孝通：《皇权与神权》，岳麓书社2012年版。

吴荣臻、吴曙光编：《苗族通史》第三册，民族出版社2007年版。

吴荣臻：《"熟苗"论》，载贵州苗学会编《苗学研究》（三），贵州人民出版社1994年版。

吴荣臻等：《古苗疆绥宁》，四川民族出版社1993年版。

吴荣臻等编：《苗疆通史》第二卷，民族出版社2007年版。

吴永章：《中国土司制度渊源与发展史》，四川民族出版社1988年版。

徐新建：《西南研究论》，云南教育出版社1992年版。

杨庭硕、潘盛之：《百苗图抄本汇编》下册，贵州人民出版社2004年版。

张光直：《中国青铜时代》，生活·读书·新知三联书店1999年版。

张静：《基层政权：乡村制度诸问题》，浙江人民出版社2000年版。

张荣铮等点校：《大清律例》，天津古籍出版社1993年版。

张中奎：《改土归流与苗疆再造：清代"新疆六厅"的王化进程及其社会

文化变迁》，中国社会科学出版社 2012 年版。

张应强：《木材之流动：清代清水江下游地区的市场、权力与社会》，社会科学文献出版社 2021 年版。

赵世瑜：《小历史与大历史：区域社会史的理念、方法与实践》，生活·读书·新知三联书店 2006 年版。

赵秀玲：《中国乡里制度》，社会科学文献出版社 1998 年版。

赵之恒：《大清十朝圣训》，燕山出版社 1998 年版。

郑晓云：《文化认同与文化变迁》，中国社会科学出版社 1992 年版。

中国科学院贵州民族调查组：《黄平重安江苗族调查资料》，内部资料未刊，1960 年。

中国科学院民族研究所贵州少数民族社会历史调查组、中国科学院贵州分院民族研究所编：《〈清实录〉贵州资料辑要》，贵州人民出版社 1964 年版。

中国社会科学院历史研究所清史研究室编：《清史论丛》第二辑，中华书局 1980 年版。

中国社会科学院历史研究所清史研究室编：《清史资料》第四辑，中华书局 1983 年版。

朱诚如主编：《清史论集——庆祝王钟翰教授九十华诞》，紫禁城出版社 2003 年版。

（二）外文译著

［法］皮埃尔-安德烈·塔吉耶夫：《种族主义源流》，高凌瀚译，生活·读书·新知三联书店 2005 年版。

［美］克莱德·M.伍兹：《文化变迁》，何瑞福译，河北人民出版社 1989 年版。

［美］罗伯特·雷德菲尔德：《农民社会与文化：人类学对文明的一种诠释》，王莹译，中国社会科学出版社 2013 年版。

［德］马克斯·韦伯：《新教伦理与资本主义精神》，康乐、简惠美译，广西师范大学出版社 2007 年版。

［德］马克斯·韦伯：《支配社会学》，康乐、间惠美译，广西师范大学出版社 2004 年版。

［法］雅克·勒高夫：《新史学》，姚蒙译，上海译文出版社 1989 年版。

［美］E. A. 罗斯：《社会控制》，秦志勇、毛永政译，华夏出版社1989年版。

［美］杜赞奇：《文化、权力与国家：1900—1942年的华北农村》，王福明译，江苏人民出版社2010年版。

［美］费正清主编：《剑桥中国晚清史》上卷，中国社会科学院历史研究所编译室译，中国社会科学出版社2007年版。

［美］柯文：《在中国发现历史：中国中心观在美国的兴起》，林同奇译，中华书局1989年版。

［美］孔飞力：《叫魂·1768年中国妖术大恐慌》，陈兼、刘昶译，上海三联书店1999年版。

［美］施坚雅《中国农村的市场和社会结构》，史建云、徐秀丽译，中国社会科学出版社1998年版。

［美］施坚雅主编：《中华帝国晚期的城市》，叶光庭等译，中华书局2000年版。

［美］史景迁：《皇帝与秀才：皇权游戏中的文人悲剧》，邱辛晔译，上海远东出版社2005年版。

［美］张仲礼：《中国绅士——关于其在19世纪中国社会中作用的研究》，李荣昌译，上海社会科学院出版社2002年版。

［日］吉田祯吾：《宗教人类学》，王子今、周苏平译，陕西人民出版社1991年版。

［英］E. 霍布斯鲍姆、T. 兰格：《传统的发明》，顾航、庞冠群译，译林出版社2004年版。

［英］弗里德曼：《中国东南的宗族组织》，刘晓春译，上海人民出版社2000年版。

二 中文期刊论文

别廷峰：《乾隆御制〈避暑山庄百韵诗〉注释和说明》，《河北民族师范学院学报》1986年第4期。

陈国生、罗文：《清代贵州土地开发的新变化》，《贵州师范大学学报》（社会科学版）1993年第2期。

邓敏文、吴浩：《侗款的历史变迁》，《民族论坛》1994年第2期。

龚荫：《20世纪中国土司制度研究的理论与方法》，《思想战线》2002年第5期。

郭松义、桑士光：《清代的贵州古州屯田》，《清史研究》1991年第1期。

哈恩忠：《雍正初年镇压长寨苗民史料（上）》，《历史档案》2008年第3期。

韩荣培：《古代水族社会基层组织和土地、山林的管理方式》，《贵州民族研究》1999年第4期。

贺跃夫：《晚清县以下基层行政官署与乡村控制》，《中山大学学报》1995年第4期。

胡卫东：《黔东南台江县苗族林权习惯法研究——以阳芳寨为例》，《广西民族大学学报》（哲学社会科学版）2011年第1期。

黄金兰：《传统中国的乡村社会控制方式——兼及宗族的社会控制功能》，《民间法》2013年第12卷。

科大卫、刘志伟：《宗族与地方社会的国家认同——明清华南地区宗族发展的意识形态基础》，《历史研究》2000年第3期。

兰林友：《村落研究：解说模式与社会事实》，《社会学研究》2004年第1期。

李大龙：《转型与"臣民（国民）"塑造：清朝多民族国家建构的努力》，《学习与探索》2014年第9期。

李飞：《静静的清水江》，《贵州文化遗产》2008年第3期。

李良品、李思睿：《乡里制度：国家权力在西南民族地区乡村社会的深入》，《西南民族大学学报》（人文社会科学版）2015年第7期。

李世宇：《康雍乾时期民族政策与西南民族地区的开发》，《贵州民族研究》1992年第1期。

李廷贵：《简论苗族的社会组织》，《贵州文史丛刊》1999年第4期。

李照艳：《清至民国桂北民间纠纷治理研究——以桂林地区契约、碑刻为研究视角》，《枣庄学院学报》2014年第6期。

廖佳玲：《清代西南民族地区乡村社会与国家间的双向调适》，《重庆三峡大学学报》2015年第4期。

林开强：《"华夷"之别思想的辩驳与消弭——以清雍正年间思想整合运动为中心》，《中华文化论坛》2009年第3期。

林芋:《从清水江文书看近代贵州民族地区土地制度——清水江文书(天柱卷)简介》,《贵州大学学报》(社会科学版)2012年第6期。

刘风云:《理论与方法的推陈出新:清史研究三十年》,《史学月刊》2013年第1期。

刘风云:《清代督抚与地方官的选用》,《清史研究》1996年第3期。

刘如仲:《明代贵州卫所的建置》,《中国历史博物馆馆刊》1985年第6期。

刘志松:《中国古代基层社会权威体系及其博弈》,《吉首大学学报》(社会科学版)2013年第3期。

罗志田:《夷夏之辨的开放与封闭》,《中国文化》1996年第14期。

蒙爱军:《国家化进程中的水族传统宗族社会》,《西南民族大学学报》(人文社会科学版)2010年第5期。

缪坤和:《明初贵州卫所屯田与财政金融》,《云南行政学院学报》2009年第6期。

潘洪钢:《清代乾隆朝贵州苗区的屯政》,《贵州文史丛刊》1986年第4期。

彭勃:《国家与乡村社会关系——古代传统的中西比较》,《新东方》1999年第5期。

齐敬之:《避暑山庄和外八庙碑文选注之四——普乐寺碑记(1)》,《河北民族师范学院学报》1983年第1期。

邱捷:《同治、光绪年间广东首县的日常公务——从南海知县日记所见》,《近代史研究》2008年第4期。

秋阳:《汉民变苗——读史札记》,《贵州社会科学》2003年第3期。

粟丹:《传统侗款的法文化探析》,《贵州社会科学》2008年第12期。

孙九霞:《文化变迁的类型》,《中山大学研究生学刊》(社会科学版)1995年第3期。

孙立平:《"过程—事件分析"与对当代中国国家农民关系的实践形态》,《清华社会学评论》2000年第1期。

孙鞾:《黔东南苗族村寨民间调解机制探析》,《广西民族大学学报》(哲学社会科学版)2012年第3期。

唐力行:《"千丁之族,未尝散处":动乱与徽州宗族记忆系统的重建——

以徽州绩溪县宅坦村为个案的研究》,《史林》2007 年第 2 期。

廷贵、酒素:《略论苗族古代社会结构的"三根支柱"——鼓社、议榔、理老》,《贵州民族研究》1981 年第 4 期。

王先明、尤永斌:《略论晚清乡村社会教化体系的历史变迁》,《史学月刊》1999 年第 3 期。

吴雪梅:《国家、民间权威、族群:清代民族边缘地区乡村社会的权力关系——以鄂西南土家族地区为中心的考察》,《中南民族大学学报》(人文社会科学版)2009 年第 1 期。

吴雪梅:《国家与地方势力:清代鄂西南土家族地区乡村社会权力结构的演变》,《云南社会科学》2008 年第 2 期。

肖坤冰、杨正文:《纸行天下:清朝夹江地区的手工造纸业与地方政治》,《西南民族大学学报》(人文社会科学版)2009 年第 10 期。

行龙:《怀才不遇:内地乡绅刘大鹏的生活轨迹》,《清史研究》2005 年第 2 期。

徐晓光:《清政府对苗疆的法律调整及其历史意义》,《清史研究》2002 年第 3 期。

杨庭硕、李银艳:《土流并治:土司制度推行中的常态》,《贵州民族研究》2012 年第 3 期。

杨永俊:《我国古代民族羁縻统治政策的变迁及其原因探究》,《西北史地》1999 年第 2 期。

杨正文:《鼓藏节仪式与苗族社会组织》,《西南民族学院学报》(哲学社会科学版)2000 年第 5 期。

杨正文:《清水江流域的白银流动与苗族银饰文化的成因》,《民族研究》2015 年第 5 期。

杨志强、赵旭东、曹端波:《重返"古苗疆走廊"——西南地区、民族研究与文化产业发展新视阈》,《中国边疆史地研究》2012 年第 3 期。

尤永斌:《绅士阶层与清代乡村社会教化》,《理论界》2012 年第 11 期。

余宏模:《试论清朝前期贵州的土司制度》,《贵州民族研究》1997 年第 1 期。

袁翔珠:《官规与民规:清代道光时期的苗疆土地政策》,《求索》2010 年第 1 期。

袁翔珠：《乾隆时期的苗疆土地问题治理：以奏折资料为主的研究》，《华东政法大学学报》2009年第6期。

张新民：《清水江文书的整理利用与清水江学科的建立——从〈清水江文书集成考释〉的编纂整理谈起》，《贵州民族研究》2010年第5期。

张新民：《中国古代边疆治理经验的反思与总结》，《中国文化管理》（辑刊）2020年第1期。

张岳奇：《剑河屯堡的安设及其消亡》，《贵州民族研究》1980年第1期。

张中奎：《贵州古代地名蕴含的儒家教化理念研究》，《贵州社会科学》2014年第6期。

张中奎：《论清代前期贵州苗疆人口贩卖屡禁不止的原因》，《中南民族大学学报》（人文社会科学版）2009年第2期。

张中奎：《清代苗疆"国家化"范式研究》，《广西民族大学学报》（哲学社会科学版）2014年第3期。

张中奎：《清帝国时期的苗疆叙事考察》，《西南民族大学学报》（人文社会科学版）2010年第3期。

赵旭东：《从质疑秩序到质疑文化》，《民俗研究》2003年第3期。

郑绍昌：《顺治御制卧碑碑文的意义》，《温州日报》2011年5月28日。

周安平：《社会自治与国家公权》，《法学》2002年第10期。

周林、张法瑞：《清代的皇木采办及其特点》，《农业考古》2012年第1期。

周相卿：《清代黔东南新辟苗疆六厅地区的法律控制》，《法学研究》2003年第6期。

朱文哲：《"夷"与"满汉"：晚清民族主义起源探微》，《北方民族大学学报》（哲学社会科学版）2012年第1期。

三　档案文献

程贤敏：《清〈圣训〉西南民族史料》，四川大学出版社1988年版。

贵州总督兼管巡抚事张广泗："揭请以平越府湄潭县知县周登鳌陞补安顺府归化营通判苗疆要缺又请以试用知县胡锦委署湄潭县知县"，乾隆二年九月十六日。"中研院"历史语言研究所明清档案工作室，全文影像：066013。

台北"故宫博物院"整理：《宫中档雍正朝奏折》，台北"故宫博物院"印行1979年版。

清世宗胤禛批，允禄、鄂尔泰等编：《朱批谕旨》，北京图书馆出版社2008年版。

王云五主编：《道咸同光四朝奏议》，第1册，台北商务印书馆1970年版。

云贵总督尹继善："题报请以贵州铜仁协左营左哨千总贾启奉升补铜仁协左营中军守备苗疆要缺查该员系未经引见之员可否送部引见请旨遵行"，雍正十三年三月二十六日。"中研院"历史语言研究所明清档案工作室，全文影像：121911。

张伟仁编：《明清档案》第264册，"中研院"历史语言研究所现存清代内阁大库原藏，"中研院"历史语言研究所1992年版。

张新民主编：《清水江文书·天柱卷》第一辑第二卷，江苏人民出版社2014年版。

中国第一历史档案馆、中国人民大学清史研究所、贵州省档案馆编：《清代前期苗民起义档案史料汇编》上册，光明日报出版社1987年版。

中国第一历史档案馆、中国人民大学清史研究所、贵州省档案馆编《清代前期苗民起义档案史料汇编》中册，光明日报出版社1987年版。

中国第一历史档案馆编：《清代档案史料丛编》第14辑，中华书局1990年版。

中国第一历史档案馆编：《英使马戛尔尼访华档案史料汇编》，国际文化出版社1996年版。

中国第一历史档案馆编：《雍正朝汉文朱批奏折汇编》，江苏古籍出版社1989年版。

中国第一历史档案馆藏，乾隆朝军机处录附奏折，微缩号：585—2083，乾隆二十六年六月十七日，周人骥，"谨奏为敬筹黔地民苗结婚之例仰祈睿鉴事"。

中国第一历史档案馆藏，乾隆朝军机处录附奏折，微缩号：585—2085，乾隆二十七年五月初六日，赵英"跪奏为酌定苗人犯罪以肃法纪事"。

四 学位论文

陈福山:《清代贵州嘉禾现象探析》,硕士学位论文,贵州师范大学,2012年。

陈世伟:《土地流转背景下的村社治理研究》,博士学位论文,华中师范大学,2011年。

金贤善:《明清两湖疫灾:空间分布、影响因素与社会应对》,博士学位论文,华中师范大学,2016年。

罗兴佐:《治水:国家介入与农民合作——荆门五村研究》,博士学位论文,华中师范大学,2005年。

沈文嘉:《清水江流域林业经济与社会变迁研究(1644—1911)》,博士学位论文,北京林业大学,2006年。

唐莹:《清水江流域的乡村社会生活》,硕士学位论文,贵州大学,2011年。

五 英文文献

An Qi, "Protecting the 'Children': Early Qing's Ethnic Policy Towards Miao Frontier——A Historical Study of Multiethnic China", in *Journal of Cambridge Studies*, June 2009, Vol. 4, No. 2.

James Waston, "Standardizing the Gods: The Promotion of T'ien Hou ('Empress of Heaven') Along South China Coast, 960—1960," in *Popular Cultuer in Late Imperial China*, David Johnson, Andrew J. Nathan, and Evelyn s. Rawski, ed. University of California Press, 1985, pp. 292 – 324.

后 记

这本书是在我主持的国家社会科学基金西部项目"清代苗疆乡村社会与中央王朝关系研究"（批准号：11XZS009）结项报告基础上修改而成，也是在我的博士学位论文《改土归流与苗疆再造：清代"新疆六厅"的王化进程及其社会文化变迁》基础上继续研究的成果。感谢多次田野调查过程中热心的村民和地方学者给予我的帮助和启发。感谢国家社会科学基金项目匿名评审专家极具价值的卓见。感谢多年来学界帮助过我的诸多良师益友。感谢杨正文教授欣然作序，为本书增色颇多。

张中奎

2024 年 1 月 12 日于成都